핵심보험
이론과 실무

핵심보험
이론과 실무

● 서영수 지음 ●

한국학술정보(주)

▌머리말

이 책은 저자가 그동안 보험에 관한 이론과 실무 경험을 강의하면서 준비한 강의 노트를 기초로 하여 보험회사에서 직접적으로 관련 업무를 수행하면서 터득한 업무노하우를 재정리한 것이다. 보험의 고유한 이론과 금융의 한 축을 담당하고 있는 보험회사로서의 다양한 기능을 추가하여 이를 체계적으로 정리해야겠다는 발상에서 이 책은 탄생되었다. 그러므로 여러 면에서 미흡한 점이 많고 예기치 않은 오류나 누락이 발견될 수 있을 것이라고 사료된다. 하지만 보험산업에 종사하는 사람들과 보험에 관심 있는 분들에게 보험에 대한 핵심적인 논의를 제공하고 이의 관심을 유발하는 동기부여 차원에서 미완의 초고임을 인식하면서도 출판을 결심하였다.

이 책은 총 12장으로 구성되어 있으며, 제1장부터 제5장까지는 보험의 기본이면서 전체적인 측면, 즉 보험의 정의와 특성, 보험관계자, 보험경영 및 마케팅에 대하여 서술하였고, 이후 제6장부터 제10장까지는 보험의 각론에 해당되는 생명보험, 손해보험, 보험수리, 리스크관리, 보험세제에 대하여 기술하였다. 마지막으로 제11장과 제12장에서는 연금제도 및 기타보험에 대하여 서술하였다.

본서는 기본적으로 보험의 경직된 이론에서 탈피하여 실무적으로 활용하는 데 초점을 두었기 때문에 현업에 종사하시는 분들에게 일정부분 도움이 될 수 있으며, 한정된 시간에 보험의 핵심적인 이론과 실무지식을 터득하기 위한 일반 독자들에게도 도움이 될 것이다. 특히 보험계리사나 손해사정사 등 보험관련 자격증 취득에 관심 있는 독자들에게는 나름 도움이 될 것이라고 자신한다.

　재삼 이 책이 보험이론과 실무를 학습하는 데 있어 독자 여러분들에게 조그마한 도움이 되기를 진심으로 기원하며 독자 여러분들의 아낌없는 조언, 질타 및 충고도 기대해 본다. 또한 이 책에서 다루지 못하였던 분야에 대해서는 앞으로 꾸준히 보완하여 더욱 의미 있는 책으로 거듭나도록 노력할 것이다.

　이 책이 출판되기까지 관련 자료 제공 및 조언을 해 주신 많은 분들에게 무한한 감사를 드리며, 더불어 본 서적의 성공적 출판을 위하여 끝까지 지원해 주신 서울사이버대학교 출판부와 한국학술정보(주) 채종준 사장님 이하 모든 직원들께도 깊은 감사를 드린다. 끝으로 늘 사랑과 헌신으로 가정을 이끌어 준 아내 박성애와 사랑스런 두 자녀 승민과 유나에게도 진한 사랑을 전한다.

2009. 10.

저자 씀

차 례

The Core Theory and Practice of the Insurance Industry

chapter

01

보험의 정의

study

The Core Theory and Practice of the Insurance Industry

1. 보험이란 무엇인가?

1) 실무적 정의

보험이란 관련하자 또는 이해관계자마다 가기 달리 정의할 수 있지만 보험 실무적으로 접근하면 다음과 같이 정의할 수 있다. 즉 "사고의 발생을 어느 정도 예측할 수 있는 우연한 사고로 인한 경제적 손실을 보전하기 위해 다수의 계약자가 결합하여 공동의 준비재산을 형성하는 경제준비의 사회적 형태"이다. 이것을 각각 나누어서 살펴보면 보험의 핵심적인 정의를 좀 더 쉽게 파악할 수 있다.

첫째 요건으로 "사고의 발생을 어느 정도 예측할 수 있어야 한다."는 것이다. 이는 보험의 가장 기본적인 성립요건으로 볼 수 있으며 미래의 불확실성에 기초한 사고 발생이 객관적으로 측정 가능해야 한다는 것이다. 이는 사고발생 횟수나 그 영향력을 누구나 인식해야 한다는 것을 의미한다. 사고발생을 예측하기 위해서는 기본적으로 과거 사고발생에 대한 통계데이터가 집적되어서 이의 결과치가 최소한 미래의 사고발생 확률 값으로 사용되기 위해서는 어느 정도 데이터양이 구성되어야 하며, 이는 많을수록 좋다. 이것을 통계적으로 표현하면 대수의 법칙(Law of Large Numbers)[1]이라 한다. 따라서 이러한 대수의 법칙이 적용될 수 있는 다양한 위험률[2]이 집적된 과거 경험적인 생명표가 준비되어야 보험으로서 존재가치가 있으며 그래야만 보험 상품으로의 설계가 가능해진다. 그렇다면 이와 같은 다양한 위험률을 생성하고 관리할 수 있는 내부적인 전산시스템을 보유하고 있느냐, 없느냐로 해당 국가나 혹은 보험회사의 보험수행능력의 우열을 판단할 수 있게 된다. 한편, 전산시스템은 굳이 하드웨어적인 개념은 아니며 규모에 따라 유연하게 관리할 수 있을 정도의 인적자원과 프로세스 등 전체적인 관리시스템을 의미한다.

둘째 요건은 "우연한 사고로 인한 경제적 손실을 보전해야 한다."는 것이다. 보험 자체가 미래의 우발성에 기초한 보험사고를 담보로 하는 것이기 때문에 이와 같이 우연한 사고가 아니면 보험으로서 성립되지가 않는다. 따라서 보험회사는 담보로 한 위험이 우연인지 혹은 고의인지 구분하고 걸러낼 수 있는 능력이 요구되며, 이의 능력의 차이가 보험수행능력으로 발전된다. 이와 같은 능력을 언더라이팅(Underwriting)이라 한다. 언더라이팅 또는 계약심사·선택이란 보험계약의 체결을 위하여 청약자로부터 제시된 위험을 선택하고 분류하는 과정을 말한다. 기본적으로 보험회사는 위험인수과정에서 양질의 위험을 선택하여 가능한 한 미래손실을 줄이고 적정규모의 이익을 창출하려고 노력한다. 보험회사의 경영에 있어서 가장 중요한 핵심원리 중 하나는 보험자가 담보하는 리스크의 질적 수준에 적합한 보험가격을 적용하여 대수의 법칙에 따라 장기적으로 수지가 균형을 이루도록 하는 것이다.[3] 이러한 언더라이팅은 보통 계약시점과 보험사고가 발생한 경우에 수행되는데 결과적으로 이와 같은 전문기술 확보 여부가 보험수행 능력의 우열을 가릴 수 있는 잣대가 된다.

---

1) 이는 독립적으로 발생하는 사건에 대하여 관찰 횟수를 대량적으로 발생시키는 확률은 일정한 값에 가까워진다는 법칙이다.
2) 이는 보험에 담보된 율로서, 사망률, 입원율, 수술률, 재해장해율 등 지급사유별로 구분하여 작성한다.
3) 이경룡(2009), pp.189 - 190 참조

한편, 보험사고는 인간에게 치명적인 사고, 즉 사망과 관련되어 있기 때문에 누구든지 원치 않는다. 이것은 보험가입을 꺼리게 하는 가장 중요한 단서가 된다. 인간은 속성상 사고에 대한 불안감을 갖고 있으며 이로 인한 불편한 마음을 보험을 통해 해소하기보다는 보험가입으로 인해 오히려 보험사고에 더 신경이 쓰인다는 것이다. 또한 보험사고로 인한 혜택을 본인이 직접 수령하지 않기 때문에도 더더욱 가입을 꺼리게 된다. 결과적으로 이와 같은 사고에 대한 비자발성으로 인해 이를 꾸준히 안내하고 효용을 전파해야 하는 전문적인 모집조직이 필요하게 된다. 모집조직은 전통적인 보험설계사에서부터 전문화된 조직으로 구성되어 있으며 보험의 특성상 보험 상품 판매를 적극적으로 권유하는, 즉 푸시(Push)형 판매촉진을 하게 된다. 따라서 이런 푸시(Push)형 영업형태를 지속할 수 있는 판매채널[4]을 갖추는 것이 보험경영에서는 아주 중요하며 이의 구축 여부로 보험수행 능력의 우열을 가릴 수 있게 된다. 또한, 경제적 손실은 사람의 생존과 사망을 담보로 하는 생명보험과 재산상의 손해를 보상하는 손해보험으로 구분할 수 있다. 이러한 경제적 손실의 유형, 규모, 발생원천에 따라 다양하게 보험을 분류할 수 있게 된다.[5] 따라서 다양한 고객의 니즈(Needs)를 수용할 수 있는 손실유형을 미리 확보하고 고객에게 제공하는 보험회사는 그만큼 경쟁력을 확보할 수 있으며 더 나아가 이의 상품개발과 유지능력 여부가 보험수행 능력의 우열을 가리는 지표가 될 수 있다.

셋째 요건은 "다수의 계약자가 결합하여 공동의 준비재산을 형성한다."는 것이다. 이는 보험의 탄생 배경인 '일인은 만인을 위하여, 만인은 일인을 위하여'와 일맥상통한다. 한편, 이처럼 불특정 다수를 상대하기 위해서는 업무의 편의나 보험계약자의 편의를 위해서 누구에게나 적용되는 가입조건은 규격화할 필요가 요구된다. 이것을 보험약관이라 한다. 보험약관은 보험계약에

---

4) 이러한 채널은 일반적으로 대면채널과 비대면 채널로 구분되며, 대표적인 대면채널로는 개인영업채널, 단체영업채널, 대리점영업채널이 있으며, 비대면 채널은 Cyber, Tele marketing 등이 있다.
5) 자세한 내용은 후술하는 3. 보험의 분류 참조

서 보험자와 피보험자의 권리와 의무 및 계약의 이행에 따른 제반 조건과 절차를 규정하는 계약조항을 말하며, 보통보험약관과 특별보험약관으로 구분한다. 보통보험약관은 다수의 계약자에게 공통적으로 적용되는 일반적이고 표준적인 계약조항을 의미하며, 특별보험약관(특약)은 소수의 필요를 충족시키기 위해 보통약관의 내용을 수정하거나 보완하는 계약조항을 의미한다.[6]

또한 불특정 다수를 상대하기 위해서는 보험 상품도 다양하게 준비해야 한다. 보험 상품은 그 가입대상, 조립형태, 배당유무, 생명보험과 손해보험 겸영 여부, 예정이율[7] 적용방법, 피보험자수와 위험정보 여부, 건강진단 여부 등에 따라 구분된다.[8] 그리고 시장이 발달되면서 고객의 상품선호도가 세분화된다든가 소비계층이 다원화되면서 갈수록 고객 입맛이 까다로워지고 있다. 한편, 계약자 채무를 성실히 이행할 수 있는 공동의 준비재산, 즉 보험계약준비금이 안정적으로 적립되어야 한다. 보험계약준비금은 보험계약으로 보험계약자에게 미래에 지급해야 할 각종의 보험금을 대비한 자금이므로 대차대조표에서 부채로 적립되며, 그 종류는 보험사업의 종류와 준비금의 목적에 따라 여러 가지 종류로 분류한다.[9] 보험회사는 이러한 보험계약자에 대한 의무를 성실히 이행하기 위해서 해당 회사의 자산운용에 대한 노하우(Know-How) 확보와 자산별 리스크관리 프로세스(Process)를 구축·운영해야 한다.

결과적으로 이와 같은 인프라 구축 여부가 보험수행 능력 여부를 가리는 지표로 활용될 수 있다.

넷째 요건은 "경제준비의 사회적 형태이어야 한다."는 것이다. 흔히 보험회사는 주식회사와 상호회사 형태로 운영된다. 주식회사는 상법에 명시된

---

6) 이재복(2008), '제7장 보험증권의 구조와 분석' 참조
7) 생명보험과 장기손해보험은 수지 상등의 원칙에 따라 장래 수입될 현재가치와 장래 지급될 보험금의 현재
   가치를 일치시키는 방법으로 보험료를 산출하는데 이때 적용되는 이자율을 예정이율이라 한다.
8) 자세한 내용은 후술하는 '3. 보험의 분류' 참조
9) 자세한 내용은 '제9장 보험수리 편 3. 책임준비금' 참조

규정에 의해 설립된 조직이며, 상호회사는 보험업법에 명시된 보험고유의 회사를 말한다.[10] 한편, 보험은 그 영위형태상 공공성, 사회성 등으로 정부 감독 당국의 규제를 심하게 받는다. 대표적인 규제로는 시장진입조건의 까다로움, 재무기준 강화, 상품내용 공시, 보험민원처리 등이다.

2) 학술적 정의

(1) 경제적 관점

경제적 관점에서 보험의 근본적 목적은 재무적 손실에 대한 불확실성을 확실성으로 전환시키는 것이다. 보험가입자는 언제 발생할지 모르는 우연한 사고에 대해 보험가입으로 사고가 나더라도 보상을 받을 수 있기 때문에 재무적으로는 확실한 상태를 유지할 수 있게 된다. 한편, 보험은 개별적 위험과 십난석 위험을 모두 삼소시키는 기능을 갖고 있다. 개별적 위험은 위험 이전에 의하여, 집단적 위험은 위험의 결합에 의하여 효율적으로 위험을 관리하게 된다. 즉 보험가입자는 보험거래를 통해 본인의 위험을 보험자에게 이전시킴으로써 본인의 위험을 감소 또는 제거할 수 있고, 보험자는 대수의 법칙에 따라 개별위험들을 결합시켜 관리함으로써 집단적 위험을 감소할 수 있게 된다.

(2) 법적 관점

우선 보험은 법에 의하여 제도적으로 뒷받침되지 않고서는 현실적으로 존재할 수 없기 때문에 보험을 위한 여러 가지 관계법이 제정, 시행되고 있으며 해당 감독기관이 이를 유지, 관리하고 있다. 이러한 보험은 법적인 관점에서 보면 기본적으로 보험가입자와 보험자 사이에 맺어진 보험사고로 인한 재무적 손실의 보전을 목적으로 하는 법적 계약이며, 이것의 증빙으로 보험

---

10) 자세한 내용은 '제3장 보험관계자 편 2. 보험사업자' 참조

증권이라는 수단을 교환하는 것이다.

　보험계약을 통하여 보험가입자는 미래의 불확실한 거대한 손실과 확실한 적은 손실을 보험자와 교환하는 것이다. 다시 말하면 피보험자는 미래의 거대한 손실의 불확실성을 보험료 형태의 대가를 지불하면서 보험자에게 전가하며, 이러한 거래를 구체화하는 수단이 보험계약인 것이다. 하나의 계약이 보험계약으로 성립하기 위해서는 보험계약을 위한 고유의 법률적 요건을 구비하여야 한다. 한편, 미래의 불확실성을 전가하며 손실의 보상을 보장하는 계약의 형태는 보험 이외에도 다양하다. 그러나 이러한 계약들이 보험으로서 인정되지 않는 것은 보험계약만의 원칙과 법적 특성이 존재하기 때문이다.

3) 사회적 정의

　보험은 기본적으로 '일인은 만인을 위하여 만인은 일인을 위하여' 하는 상부상조의 정신이 내재되어 있다. 즉 사회적으로 불특정다수가 모여 예상치 못한 손실을 원상태로 보전하고자 하는 노력에서 탄생되었다. 따라서 보험은 소수인에 의하여 성립될 수 없으며, 다수인의 힘으로 소수를 돕는 것이 기본원칙이다. 또한 구성원 모두는 각각 개별적으로 공평한 책임을 가지고 있다. 이러한 책임하에 구성원 각자는 소정의 기금, 즉 보험료를 갹출하여 이를 기금으로 적립하고 이를 통해 손실 분담이 가능해진다. 이런 이유 때문에 보험은 보통 자선단체사업이나 사회복지기관의 공적 부조와 다르다.

4) 수리적 정의

　보험은 기본적으로 요행이나 사행이 아니고 대수의 법칙, 수지 상등의 원칙, 급부반대급부의 원칙 등 보험수리적인 확률과 통계기법을 통하여 미래에 발생하는 손실의 규모와 빈도를 예측하는 수리적 제도이다. 수리적 관점에서 보험의 목적은 미래의 불확실한 손실을 다각적으로 예측하여 모든 보험가입자들이 공평하게 부담해야 할 몫을 배분하는 데 있다.

2. 보험대상 위험의 요건

1) 위험과 리스크[11]

우리가 살아가고 있는 세상은 불확실성(Uncertainty)의 세계이다. 이러한 미래의 불확실한 시간 속에서 위험이 존재하며 위험은 통상적으로 순수위험과 투기위험으로 구분된다. 순수위험은 위험의 발생결과가 반드시 손실로 나타난다. 그러나 투기위험은 위험의 발생결과가 손실 또는 이익으로 나타난다. 이렇게 수익을 창출하기 위해 불가피하게 발생되는 위험, 광의적으로 투기위험을 리스크라고 하며, 협의적으로 그중 이익을 제외하고 미래의 손실가능성만을 리스크라 정의한다. 보험 측면에서 살펴보면 보험대상이 되는 위험은 투기적 위험을 배제하고 순수위험만을 부보대상으로 삼고 있으나, 실제적으로는 순수위험이라도 일정한 조건들을 갖추어야만 보험의 대상이 된다.

한편, 리스크를 좀 더 구체화하면 불확실성의 노출(Exposure to Uncertainty)로 손실발생 또는 수익의 기대수준 미달 등과 같이 불리한 결과가 발생할 가능성을 의미한다. 따라서 불리한 결과의 발생가능성이 높다 하더라도 모두 예상이 가능하다면 회피가 가능하므로 진정한 의미의 리스크라고 할 수 없다. 불확실성의 핵심은 앞으로 어떻게 변할지 모르는 데 있으며 여기서 리스크는 보유포지션의 가치 또는 현금흐름의 변화가 예상치(기댓값)를 벗어나 변

---

11) 리스크란 영어의 risk를 한글로 표기한 것이다. 우리말로 번역하면 위험이다. 그러나 위험과 리스크는 분명 다른 뜻이 있다고 판단되어 이를 각각 다르게 사용하고자 한다. 한국은 1997년 외환위기 전까지만 해도 'risk management'를 '위험관리'라 번역하였는데 이는 잘못된 번역이라 필자는 생각한다.

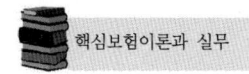

동할 가능성의 크기로 볼 수 있다. 계량적 의미로는 투자수익의 변동성 (Variability) 또는, 기대수익률로부터 편차가 발생할 가능성으로 분산 또는 표준편차로 측정한다. 전통적으로 재무관리 측면에서는 리스크를 기업의 이익 또는 순현금흐름의 변동성을 의미하며 기대 이상의 이익이 발생하여도 리스크에 노출됐다고 한다.

2) 보험대상 위험의 요건

보험으로 성립하기 위한 위험요건으로는 우선적으로 다수의 동질적인 순수위험이어야 한다는 점이다. 그 이유는 서로 독립적인 위험이 다수 존재하여야만 대수의 법칙을 이용하여 손실을 예측할 수 있으며 보험료를 계산할 수 있기 때문이다. 여기서 동질성을 갖는다는 것은 위험이 동일한 확률분포를 갖는 확률변수이어야 함을 의미한다. 두 번째로 손실발생이 우연적이고 고의성이 없어야 한다. 이는 보험계약자의 고의나 사기의도가 개입되면 기타 선의의 피해자가 발생하고 신의성실의 원칙을 위반하여 보험회사를 속이기 때문이다. 한편, 건물의 감가상각처럼 미래에 확실하게 발생하는 손실은 보험에 가입할 필요를 못 느낀다.

세 번째로 손실은 확정적이고 측정 가능해야 한다. 보험대상이 될 수 있는 손실은 그 발생 원인이나 발생한 시간과 장소, 손실의 크기 등을 명확히 식별하고 측정할 수 있는 것이어야 한다. 그 이유는 손실이 명확하지 않을 경우에는 보험료 산출이 불투명하고 그런 손실에 대한 상품을 조립할 수 없기 때문이다. 네 번째, 예상하는 손실이 너무 거대하거나 작지 않아야 한다. 천재지변으로 인한 손실 등 손실의 규모가 재난적일 만큼 과도하여 보험회사의 능력으로 도저히 보상할 수 없을 정도의 위험과 너무 작은 위험은 보험회사가 인수할 수 없기 때문이다. 다섯째, 경제적으로 부담 가능한 보험료이어야 한다. 아무리 보험료 계산이 가능하다 하더라도 보험료 수준이 지나

치게 높아 보험가입자가 경제적으로 부담을 느끼면 보험 상품 자체가 판매되지 않기 때문이다.

3. 보험의 분류

1) 일반적 분류

보험은 정책적 관점에서 접근하면 공보험과 사보험으로 구분할 수 있다. 공보험은 국가경제 전체적, 사회 정책적 관점에서 행해지는 보험으로 산업재해보상보험, 수출보험, 의료보험 등이 대표적이다. 사보험은 사경제적 관점에서 행해지는 보험으로 개인생명보험, 해상보험 등이 대표적이다. 경영주체에 따라서는 공영보험과 사영보험으로 나뉜다. 공영보험은 국가나 기타 공적인 기관에서 경영하는 것으로 공보험과 동일하다. 한편, 사영보험은 개인이나 사법인이 경영하므로 사보험과 동일하다. 또한, 보험의 목적물에 따라 인(人)보험과 물건보험으로 구분한다. 보험목적물이란 보험에 부보되는 대상을 의미하는데 인(人)보험은 사람을 보험목적물로 한다. 한편, 물건보험은 글자 그대로 물건이나 기타 재산을 대상으로 한다.

그리고 보통 보상방법에 따라 손해보험과 정액보험으로 구분한다. 손해보험은 실제 발생한 손실액만큼 보상하므로 반드시 보험사고가 발생해야만 보상받을 금액을 알 수 있다. 한편, 정액보험은 보험계약에서 약정된 금액을 보상하며 보험계약을 체결할 때 이미 보상금액을 알 수 있다. 일반적으로 인(人)보험, 즉 사람을 대상으로 하는 생명보험은 정액보험이다. 한편, 보험가입 강제유무에 따라 강제보험과 임의보험으로 구분한다. 강제보험의 대표적인 예로서 국민연금, 의료보험, 고용보험, 산재보험 등이 있다. 한편, 임의보험은 개인과 단체의 자발적인 판단으로 가입유무를 결정하는 사보험, 즉

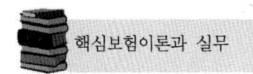

손해보험과 생명보험 등이 대표적이다. 그 외 보험사고 발생장소에 따라 육상보험, 해상보험, 항공보험 등으로 나뉘고, 인수과정에 따라 원보험과 재보험으로 구분한다. 원보험은 보험자가 피보험자로부터 직접 인수한 보험을 말하며, 재보험은 특정 보험자가 인수한 계약의 전부 또는 일부를 다른 보험자가 인수한 보험으로 보험의 보험을 말한다.

2) 실무상 분류

보험 종류별로 교육보험, 연금보험, 보장성보험, 생사혼합보험으로 구분한다. 교육보험은 가입자녀의 학자금을 주된 보장으로 하는 보험을 말한다. 따라서 가입자녀가 주피보험자가 되며, 부모가 종피보험자가 된다. 연금보험은 노후의 생활연금을 주된 보장으로 하는 보험으로 연금을 불입하는 제1보험기간과 연금을 수령하는 제2보험기간으로 나누어서 보장한다. 보장성보험은 생존 시 지급되는 보험금의 합계액이 이미 납입한 보험료를 초과하지 아니하는 보험을 말하며, 순수보장성은 생존 시 만기보험금이 전혀 없는 보험을 의미한다. 생사혼합보험은 생존보험금과 사망보험금이 있는 보험으로서 교육보험, 연금보험, 및 보장성보험을 제외한 보험을 말하며 보통 양로보험이라 말한다. 또한, 가입 대상별로는 단체보험과 개인보험으로 분류한다. 단체보험은 회사, 사업장, 비영리법인, 동업자 등 5인 이상의 구성원을 주피보험자로 하고 주피보험자의 배우자, 자녀, 부모, 배우자의 부모를 종피보험자로 하는 보험을 말한다. 한편, 개인보험은 단체보험에 해당되지 아니하는 보험을 말한다.

조립 형태별로는 주보험과 특약이 있다. 주보험은 각각을 독립적으로 판매할 수 있는 보험으로 보통보험약관에 포함되며, 특약은 주보험에 부가하여 특별위험을 추가한 형태로 특별약관에 포함된다. 이는 주보험에 부가하여 보장을 추가하거나 보험계약자 등의 편의를 도모하기 위해 도입되어 운영되고 있다. 또한 배당 유무별로는 유배당과 무배당보험이 있으며 유배당은 이익 발생 시 계약자에게 배당을 해 주는 보험이고, 무배당은 배당이 없는 대신 보험료가 상대적으로 저렴하다.

그리고 생명보험과 손해보험 중 어느 분야에 속하는지 불명확한 보험인 제3분야보험으로 사람의 신체에 관한 보험이란 점에서 생명보험으로, 그리고 신체에 발생한 비용 손해를 보상한다는 측면에서 손해보험으로도 분류될 수 있는 특성이 있다. 이 보험은 상해보험, 질병보험, 장기간병보험이 있다. 상해보험은 우연한 외래의 사고로 신체상해에 대한 치료비용 및 상해의 결과에 기인한 사망 등의 위험을 담보하는 보험이다. 질병보험은 질병에 걸리거나 질병으로 인한 입원, 수술 등의 위험(질병으로 인한 사망은 제외)을 담보하는 보험이다. 한편, 장기간병보험은 활동불능 또는 인식불명 등 타인의 간병을 필요로 하는 위험을 담보하는 보험으로 흔히 치매보험이라고도 한다.

한편 예정이율 적용방법별로 구분하여 금리확정형, 금리연동형, 그리고 실적배당형으로 나뉜다. 금리확정형은 상품개발 시 사용된 에징이율이 보험가입 시부터 보험기간이 종료할 때까지 고정이율로 적용되며 흔히 전통형 상품이라고 표현한다. 그리고 금리연동형은 영업보험료 중 순보험료를 보장부분과 적립부분으로 구분하여 보장부분은 확정이율을 적용하며, 적립부분은 별도의 부리이율을 적용하는데 예를 들어, 해당상품의 약관대출이율, 공시이율[12] 등에 연동시킨다. 따라서 부리이율에 따라 적립금이 수시로 변동된다. 한편, 부리이율에는 최저보증이율[13]이 설정되어 있으며 중도해약 시 경과기간별 중도해지이율을 적용하기도 한다. 한편, 실적배당형은 영업보험료 중 저축보험료 부분을 일반자산과 분리된 펀드로 구성해 채권, 주식 등에 투자하여 운용실적에 따라 투자수익을 계약자에게 배분함으로써 보험금이 변동하는 보험을 말한다. 변액보험이 대표적인 실적배당형 상품이다.

---

12) 공시이율은 해당 보험회사의 운용자산이익률과 회사채수익률, 국고채수익률 등의 객관적 외부지표를 이용한 시장금리를 산술 평균하여 공시기준이율을 산출하고 향후 예상수익 등을 고려한 조정이율을 가감하여 결정한다. 한편 조정이율의 차감한도는 공시기준이율의 20%이다.

13) 이는 보험 상품에 최저보증이율을 선택할 수 있는 옵션이 부가된 것이라 할 수 있다. 따라서 계약자는 이러한 옵션을 행하면 보험자는 반드시 응하여야 하는 의무가 있는 것이다.

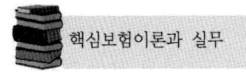

4. 보험의 기능

　보험제도는 그 정의에서처럼 다수경제주체의 결합을 통해 사회적, 경제적 안정을 제공해 주는 긍정적 역할이 있는 반면, 보험이 존재함으로 인하여 야기되는 여러 가지 사회적 비용 등이 발생되는 등 부정적 역할도 동시에 수행하고 있다.

1) 긍정적 기능

　우선 경제적 손실을 보상하는 기능이다. 이는 보험 본래의 기능이라 할 수 있는 제1의 기능으로서 보장적 기능을 의미한다. 즉 사망, 상해, 화재, 도난 등의 우발적 사고가 발생했을 때 손실을 당한 개인이나 기업이 입게 되는 경제적 손실을 보상하여 경제생활의 안정을 도모한다. 따라서 보험은 그 의미가 저축보다는 보장에 훨씬 치우쳐 있으며 돈을 불리기 위한 투자로 서의 기능보다는 순수한 보장기능이 당연히 앞선다. 두 번째, 투자자금의 원 천으로서 자본의 축적기능을 들 수 있다. 이는 보험의 제2기능인 저축적 기 능을 의미한다. 보험회사의 책임준비금 적립은 바로 저축적 기능이 있기 때 문이며 해약 시 해약환급금의 재원이 된다. 특히 생명보험의 경우 보험료 수입과 보험금 지급 사이의 시간적 격차가 발생하기 때문에 거액의 자금이 축적되어 이는 주식, 채권, 부동산, 대출 등에 운용되어 국가 전체적인 금융 기능을 수행한다.

　세 번째, 사고예방으로 손해방지 및 감소 기능을 수행한다. 보험회사는 사 고발생으로 인한 손해를 보상하는 것을 목적으로 하는 것이지 사고 발생 자 체를 방지하는 것을 목적으로 하지 않는다. 다만, 부수적으로 손실의 예방과 감소를 위하여 보험료 할인, 할증제도를 이용하거나 캠페인 활동을 전개한다. 네 번째, 신용향상 및 자본을 효율적으로 관리하게 한다. 보험은 가입자의 신용을 증대시킨다. 예들 들어, 개인 신용대출 시 보증보험은 개인의 신용도를 높여 주고, 건물이 화재보험에 가입되어 있으면 건물에 대한 담보력이 증대된다. 또한 보험이 존재하지 않는다면 해당기업은 불의의 사고에 대비하여 스스로 거액의 자금을 적립해야 하는데 이를 보험이 대신해주므로 자본을 효율적으로 관리할 수 있게 해 준다.

2) 부정적 기능

보험의 부정적 기능을 살펴보면 첫째, 사업비 과다 부가로 인한 보험계약자의 손실을 초래한다는 점이다. 보험사업자는 보험 사업에 필요한 경비, 즉 신계약모집과 유지비용, 그리고 보험료 수금비용을 보험가입자가 부담하는 보험료에 부가하여 집행하고 있다[14]. 그러므로 보험사업 운용상 그 복잡함을 이용하여 이를 과다하게 부과할 경우 계약자 손실을 초래할 수 있다. 두 번째, 인위적 사고 유발 등 보험의 도박화를 가져온다. 이는 보험계약의 사행성에 기인한다. 이런 사행성으로 인해 보험의 도박화, 방화 및 살해 등의 인위적인 사고를 발생시켜 사회질서를 문란케 하고 이는 결과적으로 보험료 증가를 초래하여 대다수 선의의 보험계약자들에게 피해를 준다. 세 번째, 보험금 과다청구 및 손해예방을 소홀히 할 수 있다. 이는 보험사기의 일종으로 특히 교통사고의 경우 진료비 과다청구, 변호사를 통한 과다보상 요구, 자동차 수리업소의 허위수리 등이 보험금 과다청구의 대표적인 예이다.

---

14) 이의 원인은 다음과 같다. 대체로 은행의 예금, 적금은 고객이 직접 상품을 구입하기 위해 은행창구를 방문하기 때문에 회사입장에서 상품판매에 따른 추가적인 비용이 발생치 않는다. 반면, 보험 상품은 그 특성상 판매조직이 고객을 직접 찾아가서 판매하기 때문에 판매수당 등의 인건비와 교육훈련비, 그리고 계약시점의 언더라이팅 비용 등이 추가되고 바로 이 비용이 보험료에 부과된다.

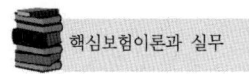

5. 보험과 도박 / 저축 / 공제의 비교

1) 보험과 도박

이의 유사점으로는 첫째, 보험과 도박 모두가 요행계약의 특성을 갖고 있다는 것이다. 보험의 경우 보험계약 이후 보험료대비 많게는 수백 배의 보험금을 받을 수 있다는 점에서 도박과 유사하다. 둘째, 손실을 분담한다는 의미에서 서로가 유사하다. 즉 소수를 위하여 다수가 희생하는 제도이다. 셋째, 확률원리와 대수의 법칙을 근간으로 한다. 보험과 도박 모두 통계적인 확률계산에 근거하고 있으며, 보험자와 도박업자는 대수의 법칙을 적용하여 경영상의 손실을 감소시킨다. 한편, 보험과 도박의 차이점을 살펴보면, 보험은 사회경제적인 면에서 절대적으로 필요한 제도이지만, 도박은 사회악으로 치부되고 있다. 우선 보험은 그 가입동기가 본인에게 노출된 일방적인 미래 손실의 위험을 사전에 제거하거나 감소시키겠다는 것으로 이것은 보험을 통하여 회복 가능하다. 그러나 도박은 투기적 의도로 위험에 노출시키는 것이라 한 번 실수하게 되면 회복이 불가능해진다. 이를 정리하면 다음 <표 1-1>와 같다.

표 1-1 ➡ 보험과 도박의 차이점

	보험	도박
동기	위험의 제거 또는 감소	부의 획득, 쾌락, 경제적 불안
대상위험	순수위험	투기위험
손실의 정도	회복 가능	회복 불가능

2) 보험과 저축

보험은 기본적으로 우연한 사고에 기반을 두나, 저축은 확정된 사고에 근거를 두고 있어 보험과 저축은 가입목적상 확연한 차이가 있다. 또한, 보험은 상부상조 정신에 근거하여 가입자 공동으로 준비재산을 형성한 반면, 저축은 개개인의 개별적인 목적을 위해 각자가 스스로 준비재산을 형성한다.

3) 보험과 공제

공제사업은 대표적으로 농협, 수협 등이 실시하고 있는 화재공제, 생명공제, 어선공제, 선원공제 등이 있으며 그 밖에 건설공제, 운송회사의 자동차공제, 교원공제 등이 크게 번창하고 있다. 보험과 공제는 우선적으로 가입자의 범위에서 차이점이 있다. 보험은 불특정다수인으로 개인의 자유의사에 따라 가입할 수 있으나, 공제는 가입자 범위가 조합원으로 한정되어 있다. 그러나 최근 조합원 이외에 불특정다수인까지 가입자로서 혜택을 부여하는 공제가 등장함에 따라 점차 보험과 공제의 구분이 모호해지고 있는 실정이다. 또한 보장금액면에서도 차이가 존재한다. 보험은 보장에 대한 회사부담능력이 허용하는 한 고액가입이 가능하나, 공제는 위로금적인 성격이 강해 가입금액을 일부 제한함으로써 그 보장금액이 적을 수 있다. 한편, 모집조직의 활용 측면에서도 보험은 생활설계사 등 모집조직이 절대적으로 필요하나, 공제는 모집조직이 불필요할 수 있고, 또한 조합원을 주로 보험대상으로 하기 때문에 해약이 많지도 않다.

The Core Theory and Practice of the Insurance Industry

chapter *02*

보험 고유의 특성

The Core Theory and Practice of the Insurance Industry

1. 보험 고유의 특성

1) 보험사업 측면

보험은 대수의 법칙을 기초로 하기 때문에 보험가입자와 보유계약이 크면 클수록 보험료산출의 정확성과 안정성을 기할 수 있어 다른 산업에 비해 보다 경영규모를 확대하려는 경향이 강하며, 특이하게 보험 사업은 사람과 종이 자체만으로도 상품개발 및 판매, 계약인수, 유지관리에 이르기까지 전체 관리가 가능하므로 인적 구성요소가 다른 산업에 비해 마찬가지로 아주 강하다. 또한, 기본적으로 보험 본래의 기능인 보장기능 외 저축기능도 수행하고, 수익의 일부분을 계약자에게 배당하는 등 금융기관의 성격을 가지고 있다. 대신 자기자본이 많을 필요는 없다. 왜냐하면, 보험은 무형의 상품을 판매하므로 우선적으로 이를 조립하는 제조공장이 필요 없으며, 운영경비는 보험료 중 일부를 차지하는 부가보험료로 집행하고, 보험금 지급은 준비금 적립으로 충당되어 해결할 수 있으므로 대체적으로 거대한 자기자본[1]이 필요 없다.

한편, 보험료와 보험금 산정이 기본적으로 대수의 법칙과 수지 상등의 원

---

1) 통상 사업에 필요한 적정 자기자본을 유지토록 감독 당국이 규제하고 있다.

31

칙에 의해 비교적 정확하고 안정적으로 계산되므로 일반기업에 비해 상대적으로 위험의 노출이 적고, 필요하다면 재보험으로 인수한 위험을 전가시킬 수도 있다. 그리고 보험료율 산정 시 수리적 기술성과 전문성이 요구되며 약관작성이나 해석 시 법률적 전문지식이 요구된다. 또한 보험은 그 자체가 불특정 다수를 상대하기 때문에 여타 산업에 비해 공공성과 사회성이 아주 요구된다. 이는 보험경영의 성과가 계약자는 물론 불특정 다수의 국민경제 생활 전반에 직접적으로 영향을 미치기 때문이며 따라서 보험업법 등에 의한 국가감독의 엄격한 규제가 요구된다. 그러나 보험 사업은 신용을 판매하는 사업이므로 이윤극대화만을 목적으로 하는 일반사업과는 달리 이윤추구, 성장추구, 안전추구를 목적으로 하고 있으며 기술성, 단체성, 사회성, 공공성, 선의성 등 보험의 특성에 비추어 볼 때 사업의 안전이 매우 중요시된다. 궁극적으로 보험 사업은 영리성을 목적으로 한 주식회사라 하더라도 이윤극대화만을 목적으로 하는 일반기업과는 다른 특성을 가지고 있다.

보험시장도 다른 금융시장에 비해 불완전 성격이 강하다. 완전경쟁시장에서는 수요와 공급에 의하여 가격이 형성되고 동일한 상품은 무차별 법칙에 의하여 하나의 가격만이 존재한다. 이러한 조건은 경제이론상 가능한 것으로 실제 현실에서는 정도의 차이가 있지만 불완전 시장만이 존재한다. 특히, 보험시장은 다른 시장에 비하여 불완전시장의 성격이 매우 강하며 그중 생명보험을 비롯한 가계성 보험이 으뜸이다. 그 이유는 다음과 같다. 첫째, 보험수요자는 보험회사에서 판매하고 있는 다양하고 복잡한 상품에 대하여 이해하기가 곤란한 편이다. 보험 상품은 기본적으로 복잡한 수리통계적인 방법에 의하여 제조되기 때문에 일반적인 보험수요자 입장에서는 충분한 사전 지식이 없이는 구조적으로 상품제조과정을 이해할 수 없게 되어 있다. 둘째, 보험 산업은 일반제조업체와 달리 수익과 지출이 발생하는 시기가 크게 차이가 나고 상품에 따라 지출의 발생이 미확정적이다. 보험계약시점의 보험료 수입과 보험기간 중에 발생한 보험금 지출은 항상 시간적인 차이가 존재하며 보험계약 종료시점에 최종적으로 수입과 지출이 확정되는 상품이다.

따라서 보험기간 중에 발생한 수익으로 보험경영의 우수성 여부를 판단하는 것은 신중하게 접근해야 한다. 셋째, 보험은 그 성격상 여타 산업에 비하여 간섭과 규제가 많다. 무엇보다 공공성과 사회성이 중요하기 때문이다.

2) 생명보험의 특성

다양한 보험 분야 중 생명보험은 특히 다양한 위험률의 산출과 보정, 상품개발, 보험료 및 책임준비금 계산 시 복잡한 보험 수리적 기술이 요구되며 이는 보험경영에 아주 결정적인 역할을 한다. 또한 생명보험 자산은 보험가입자가 납입한 보험료를 기초로 형성되므로 보험경영자는 재산관리자로서의 역할을 수행해야 하며, 이의 운영에서 발생된 이익은 유배당 상품인 경우에는 계약자 배당형태로 환원해야 하므로 자산운용이 아주 중요해진다. 그리고 생명보험은 무형의 상품을 판매하고 위험집단이 크면 클수록 안전을 더욱 도모할 수 있으므로 이의 특성상 적극적인 판매활동이 요구된다. 따라서 생활설계사라는 독특한 채널에의 판매의존성이 다른 업종에 비해 크다. 또한 생명보험은 보험 상품 판매부터 계약만기까지 장기간에 걸쳐 보험료를 받고 해당 기간에 보험사고가 발생하는 경우 이를 보장하는 장기계약의 형태를 취한다.

3) 손해보험의 특성

손해보험은 단위당 위험이 커 위험인수와 보험사고 발생 시 위험에 대한 합리적인 손해사정기술이 경영성과에 바로 영향을 미치므로 무엇보다 이의 관리가 아주 중요하다. 또한 인수하는 보험의 대부분이 기업형태의 보험이며 보험기간도 생명보험에 비하여 상대적으로 단기적이다. 한편으로 손해보험은 인수위험이 크기 때문에 적절한 위험분산을 통한 경영의 안전성을 확

보해야 한다. 따라서 재보험이 필수적으로 수반되어야 하며 대부분 풀(Pool) 형태의 국제적인 거래가 많다.

2. 보험가격 결정원리

1) 결정원리

보험가격 결정은 보험의 사회성, 공공성 등으로 인하여 그 사회에 미치는 영향이 크므로 이의 산출 시 상당한 주의가 요구된다. 통상적으로 보험 상품을 개발할 경우 보험료와 책임준비금 산출기준을 반드시 명시하여야 하는데 이때 사용하는 가장 기본적인 원리는 대수의 법칙, 수지 상등의 원칙, 급부반대급부 균등의 원칙이다.

(1) 대수의 법칙

보험 사업은 다수 경제주체의 결합을 기반으로 하는 제도이므로 이의 안정성을 위해서는 동질의 위험을 갖는 보험단체 또는 위험집단이 '대수의 법칙'을 적용할 수 있을 정도의 규모로 반드시 존재하여야 한다. 이러한 대수의 법칙에 근거하여 개개인의 우연한 사고의 발생유무 또는 발생 시기 등은 불확실하지만 다수의 경제주체가 보험단체 또는 위험집단을 구성할 때는 우연한 사고의 발생을 예측할 수 있게 되는 것이다. 보험은 원칙적으로 장래의 발생확률을 예측할 수 없거나 계량화할 수 없는 불확실한 사건은 그 대상이 될 수 없는데 대수의 법칙은 위험 발생확률을 측정하고 수치화를 가능하게 해 주며 과거의 경험치를 미래의 발생확률로 간주하게 해 주는 가장 기본적인 보험의 기술적, 수리적 원리이다. 한편, 대수의 법칙의 확률적 정의는 다음과 같다. 대수의 법칙이란 독립적으로 발생하는 사건에 대하여 관찰횟수를 대량적으로 발생시키는 확률은 일정한 값에 가까워진다는 법칙으로 통계적 의미는 '어떤 사상이 일어날 확률을 P라고 할 때 n회 시행 중 그 사상이 일어난 횟수를 r회라고 한다면 n을 크게 할수록 r/n은 P에 접근한다.'이다

(2) 수지 상등의 원칙

이는 대수의 법칙에 의해 파악된 사고발생 확률을 가지고 장래 수입될 보험료의 현재가치와 장래 보험사고로 지급될 보험금의 현재가치를 일치하도록 하는 원칙이다. 한편, 이러한 수지 상등의 원칙은 다음의 3가지 조건을 충족해야 한다. 첫째, 보험 상품의 순보험료 총액과 지급보험금 총액의 현재가치가 일치해야 한다. 이를 수식으로 표현하면 다음과 같다. P: 순보험료, N: 보험가입자수, K: 보험사고건수, S: 사고보험금이라면 수지 상등의 원칙에 따라 '순보험료 총액 = 지급보험금 총액'이므로 N×P = K×S 성립한다. 따라서 순보험료 P를 구하면 P = (K/N)×S가 된다. 둘째, 영업보험료의 총액과 지급보험금 및 운영경비 총액의 현재가치가 일치해야 한다. 셋째, 보험기업의 총수입과 총지출의 현재가치가 일치해야 한다.

(3) 급부반대급부 균등의 원칙

이는 보험계약자가 부담하는 보험료는 가입자 개개인의 위험도에 비례하여 장래 보험사고 발생 시 보험자가 지급할 보험금의 수학적 기대치와 일치하여야 한다는 원칙이다. 수지 상등의 원칙이 한 개 종목 또는 전체 종목에서 보험가입자 전체와 보험자 사이의 관계를 파악한 것이라면, 급부반대급부 균등의 원칙은 보험자와 개개의 보험가입자 사이의 관점에서 파악한 것이다.

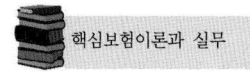

2) 가격 구성요소

흔히 보험계약자가 납입하는 보험료는 영업보험료라 하며 이는 순보험료와 부가보험료로 구성된다. 순보험료는 다시 위험보험료와 저축보험료로 구분한다. 위험보험료는 기본적으로 사망, 상해, 입원, 퇴직 등의 보험금 지급재원이 되는 보험료이다.

따라서 예정된 위험보험료보다 지급되는 보험금이 많이 발생하면 보험회사는 손실이 발생하게 되며, 그 반대인 경우에는 이익이 발생하게 된다. 이것을 위험률차 손익이라 한다. 위험보험료를 결정하는 요소는 예정 위험률이며, 이것을 인상하면 영업보험료는 상승하게 되며, 반대로 인하하면 영업보험료는 하락하게 된다.

저축보험료는 만기보험금, 생존급여금 등의 지급재원이 되는 보험료를 말한다. 이러한 저축보험료는 보험계약 당시에 정해진 규칙[2]에 의해 매 기간마다 적립되며, 동 금액을 운용하여 자산운용수익을 발생한다. 따라서 매 기간에 발생한 저축보험료와 자산운용수익 합계액이 생존급여금과 지급이자보다 적게 되면 보험회사는 손실이 발생하게 되며, 그 반대인 경우에는 이익이 발생하게 된다. 이것을 이차손익이라 하며, 예정이율이 보험가격결정요소가 된다. 예정이율은 보험료의 장래 수입될 현재가치와 장래 지급될 보험금의 현재가치를 일치시키는 할인율을 말한다. 한편, 예정이율을 인상하면 보험료는 하락하게 되며, 반대로 인하하면 보험료는 상승하게 된다.

부가보험료는 보험계약을 모집, 유지 및 관리하기 위한 경비로 예정신계약비, 예정유지비, 예정수금비로 구성되며, 예정사업비라고 한다. 보험회사는 실제 지출된 사업비, 즉 실제사업비를 예정된 사업비보다 초과하여 집행한 경우 손실을 초래하게 되며, 그 반대인 경우에는 이익이 발생한다, 이것을 사업비차 손익이라 하며 보험회사는 주기적으로 사업비지출의 효율성을

2) 예정이율 또는 공시이율 또는 약관대출이율 등이 해당된다.

검증하고 보완하여 적정이익을 실현하고자 끊임없이 노력한다. 한편, 예정사업비율을 인상하게 되면 보험료도 자동적으로 올라가게 되며, 그 반대인 경우에는 하락하게 된다.

보험료 구성요소를 정리하면 다음과 같다.

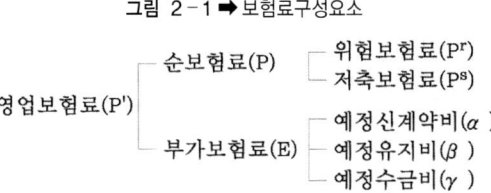

그림 2-1 ➡ 보험료구성요소

$$영업보험료(P') \begin{cases} 순보험료(P) \begin{cases} 위험보험료(P^r) \\ 저축보험료(P^s) \end{cases} \\ 부가보험료(E) \begin{cases} 예정신계약비(\alpha) \\ 예정유지비(\beta) \\ 예정수금비(\gamma) \end{cases} \end{cases}$$

3) 가격결정 과정

(1) 목표수익 설정

보험 상품 가격결정 시 목표수익을 설정하여야 하는데 그 이유로는 상품 수익성 평가에 따라 해당 상품을 계속해서 판매할 것인가를 결정하며, 수익성을 고려하여 비용관리, 언더라이팅 기준 개선, 위험인식에 필요한 조치 등을 할 수 있으며, 판매와 수익을 극대화하고 내, 외부 경영환경 변화에 신속하게 대응할 수 있는 상품개발 프로세스를 구축하는 데 필요하기 때문이다. 이의 설정 방법으로는 우선적으로 해당 회사의 역량을 고려하여야 하는데 현재 판매 중인 상품의 수익성을 기준으로 비교 평가할 수 있는 기준을 마련하고 평가지표는 회사 특성에 부합하는 기준을 선택해야 한다. 한편, 상품 수익성 지표로는 수입보험료 현가대비 이익현가 비율(PM; Premium Margin)이 있다. 이는 수익기준에 대해 직관적으로 이해가 쉽고 상품별 비교가 용이하므로 상품군별로 지표를 설정하여 실무적으로 가장 잘 사용되고 있다. 그리고 배분 가능한 이익잉여금의 현가인 PVDE(Present Value of Distributable

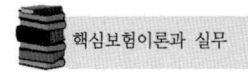

Earnings), 미래이익의 합계가 0(Zero)의 현재가치를 가지게끔 하는 할인율인 내부수익률(IRR; Internal Rate of Returns), 초기의 손실이 차후의 수익으로 보상되는 필요한 경과 연수인 손익분기점 연수(Break Even Year), 특정년도 자산할당액, 즉 책임준비금의 일정비율로 평가하는 방식, 계약 첫해 수입보험료대비 계약 첫해 이익의 비율(First Year Strain), 즉 신계약 체결이 얼마만큼의 비용이 드는가를 나타내는 수익분석 지수 등을 들 수 있다.

(2) 경험실적 분석

연도별 회사의 투자수익률, 보험금지급률, 실제사업비율, 계약유지율 등 과거 경험데이터를 전산시스템을 통하여 상세하게 분석할 필요가 있으며, 사업비 배분을 보험종목별 배분기준을 통하여 채널별, 상품별로 구분하여 산출해야 한다.

(3) 초기 가정의 설정

이는 과거 경험데이터를 바탕으로 합리적인 미래를 추정하기 위한 기본가정을 어떻게 설정하느냐는 문제이다. 우선 관련부서별로 보유하고 있는 정보를 통합하여 가정치의 유용성과 일관성을 확보해야 한다. 그리고 마케팅 부서의 상품판매 목표물량, 시장세분화 내용, 상품수명주기 등을 고려해야 한다. 한편, 너무 빈번하게 가정치를 변경하는 경우 기 판매 중인 보험 상품에 대한 가격 조정 시 수익성분석 모델의 신뢰성에 문제가 발생할 수 있으므로 가정을 결정할 경우 추세를 고려하여 변동성을 최소화하고 단기적 변동요인을 제거한 경험치를 지속적으로 축적하고 이를 관찰해야 한다. 주요 가정치를 요약하면 다음 <표 2-1>과 같다

표 2-1 ➡ 주요 손익 가정

가정		적용방법
투자수익률		− 고정금리상품: 자산운용수익률 − 변동금리상품: 연평균 순 투자수익율과 공시이율의 평균치
실제위험률		상품군별 경험실적치를 사용하되 경험사망률 변경 등의 위험률 개정효과를 반영
실제사업비율	신계약비	− 회사별 수당규정에 따른 비례수당과 고정성수당으로 구분 − 판매채널별로 구분
	유지비	단위당 코스트를 산출하여 계약건, 예정유지비 규모에 따라 적용
	수금비	계약별 수금비 할인(자동이체, 단체취급할인) 기준 반영
실효해약률		상품특성에 따라 상품군별 경과년도별 유지율 적용하되 가입연령, 가입금액, 납입보험료 수준을 고려
배당률		배당재원별로 구분하고 과거 경험치 및 미래배당 고려
법인세율		해당기준 적용
재보출재		사전수익과 리스크를 고려하여 재보 출재율, 경과연도별 할인율, 재보수수료율, 이익수수료율 반영
지급여력		현행기준 적용하되 보수적 기준도 일부 반영
기타비용		교육세, 예금보험료, 제세공과, 감독수수료 적용
판매 분포		유형별, 성별, 연령별, 보험기간별, 납입기간별 분포 반영
신계약물량		과거 3−5년간 상품판매 추이를 파악하여 물량목표 반영
할인율		− 투자수익 연동방식: 투자수익＋위험프리미엄＋국가리스크 − 내/외부 고려한 주관적 할인율 적용: 15% 내외 수준 결정

(4) 가격결정 및 재결정(Pricing & Repricing)

이 과정에서는 회사, 즉 주주가 원하는 목표수익을 충족하는 영업보험료를 산정하고 경쟁회사 간 상품경쟁력을 감안하여 가격을 조정한다. 특히 매출액 증가를 위하여 이익규모를 적절하게 축소하고 최저 이익만을 감안하여 상품가격 책정 시 실제 가정과 차이가 발생하게 되면 예상치 못한 손실발생 가능성이 크므로 사전에 적정가이드라인이 필요하다. 그리고 다양한 시나리오별 민감도 분석을 통하여 실제 발생될 결과의 손익을 평가하고 채널별 특성이나 판매 분포별, 의료기술 변화 등으로 인한 수익의 변동을 커버할 수 있는 안정된 수익원을 마련해야 한다. 더 나아가 상품 이외에 비가격적인 요소, 즉 상품브랜드, 마케팅능력, 사후변동에 관한 손익변화까지도 반영해야 한다. 최종적으로는 회사 목표수익 달성과 상품판매 활성화를 위한 최적

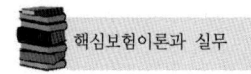

가격을 도출한다.

(5) 손익 및 실적 분석

정형화되고 주기적인 분석을 통하여 관리의 효율성을 기하고 노출된 문제점을 상호 비교하여 일관성 있는 상품개발 가이드라인을 수립해야 한다. 또한 감독 당국의 각종 재무보고, 연도별 사업계획 등과 비교하여 실제치와 예상치의 차이를 분석하고 필요하면 이를 수정해야 한다. 그 외 성별, 연령별 등 상품판매 패턴이나 주요 경쟁사의 경험치도 조사, 분석한다. 이러한 분석 자료는 초기 가정치의 적정성 검증에 유효하게 사용된다.

4) 가격결정요소별 보험료영향

보험가격을 결정하는 핵심요소는 예정 위험률, 예정이율, 예정사업비율이다. 예정사업비율은 예정신계약비율, 예정유지비율, 예정수금비율로 세분화된다. 통상 보험회사는 이러한 결정요소를 보험경영의 성장, 긴축, 유지 등 자사 경영환경에 따라 요율 인상 또는 인하로 보험료가격을 결정한다. 이러한 요율 중 보험가격 결정에 가장 영향력이 높은 것은 예정이율이다. 그 이유는 보험계약 자체가 10년 이상의 장기이며 동기간 동안 보험료 산정에 지대한 영향을 미치기 때문이다. 다음으로 예정 위험률, 예정사업비율 순이다. 한편, 경쟁회사들과의 가장 경쟁하기 좋은 요율은 예정유지비율이다. 예정 위험률은 보통 장기 안정적인 할증요율을 적용하고, 보험회사 이익의 근본이 되기 때문에 가격경쟁 가능성이 낮은 편이다. 예정이율도 가격영향도가 높은 만큼 가격경쟁에 대한 위험부담이 높아 경쟁하기까지 의사결정이 다소 어렵다. 예정사업비율 중 예정신계약비율은 판매수당의 재원으로서 단기손익의 영향도는 높지만 가격등락폭이 높지 않아 경쟁가능성은 낮다. 또한 예정수금비율도 회사별 격차가 작아 경쟁가능성이 낮다.

보험가격 결정요소가 각각 10% 변화할 경우 그에 따른 보험료가 변화하는 비율을 살펴보면 예정이자율이 9.3%, 예정 위험률 4.2%, 예정신계약비율 1.6%, 예정유지비율 1.0%, 예정수금비율 0.2%로 나타났다. 이를 요약하면 다음 <그림 2 − 2>와 같다.

그림 2 − 2 ➡ 보험가격결정요소별 보험료영향도

보험료 영향도: 가격결정요소가 각각 **10%** 변화 시 보험료가 변화하는 비율 (가격결정요소 전체 **10%** 변화 시 보험료 영향도 **16.3%**)			
결정요소	보험료 영향도	경쟁가능성	Rationale
예정 위험률	4.2%		− 자사위험률 사용 시 가격차이는 발생하지만 보험사 이익의 근본이며, 장기 안정적 고려요소이기 때문에 섣부른 경쟁 가능성 낮음
예정이자율	9.3%		저금리 기조지속으로 변동요인은 적으나, 가격경쟁 발생 시 가격영향도는 높음
사업비율	예정 신계약비율	1.6%		판매 Commission의 재원으로서 단기손익의 Impact는 높지만, 예정신계약비 인하로 인한 보험료 인하폭은 적어 경쟁가능성은 낮음
	예정 유지비율	1.0%		규모의 경제에 도달한 회사에서 전략적인 가격경쟁을 유발할 가능성이 큰 요소임
	예정 수금비율	0.2%		예정 신계약비와 함께 영업조직에 영향을 끼치는 요소이며, 회사별 격차가 작아 경쟁 가능성이 낮음

(출처: 미래에셋생명 상품개발 분석자료, 2004)

5) 가격자유화

보험가격은 보험사업의 공공성과 사회성 등으로 인하여 감독 당국의 주된 관심사이며 계약자보호와 보험회사의 부당한 불이익을 방지하기 위하여 오랫동안 엄격하게 통제되어 왔다. 이를 살펴보면, 1994년 4월 이전까지는 보험가격 고정요율제도를 적용하여 전면적으로 보험가격이 통제되었으나, 그 이후 1단계 가격자유화 조치로 예정사업비율의 부분적인 자유화가 허용되었었다. 1997년 4월 이후 2단계 자유화 조치로 예정 위험률이 완전 자유화되었으며, 2000년 4월 이후에는 예정이율 등 모든 요율들이 전면적으로 자유화되어 보험회사가 아무런 규제 없이 보험가격을 결정할 수 있도록 하였다. 한편, 이와 같은 가격규제 완화로 인해 보험회사별 과당경쟁을 초래하고 그에 따른 재무건전성 악화와 계약자 불이익을 방지하기 위해 표준책임준비금제도와 표준해약환급금 제도가 도입되었다.

표준책임준비금은 감독 당국이 제시한 객관적이고 표준적인 기초율을 사용하여 현행 준비금 적립방식과 동일하게 순보험료식을 적립하는 방법이다. 따라서 보험료를 산출하기 위한 기초율과 준비금을 적립하기 위해 사용된 기초율이 다르다. 한편, 표준해약환급금은 보험가격자유화에 따른 과도한 사업비 부과를 방지하기 위하여 도입되었으며, 이는 예정신계약비율의 한도를 설정하여 그 이상을 넘지 않도록 규정하는 방식이다. 국내 보험가격자유화 진행과정을 정리하면 다음 <그림 2-3>과 같다.

그림 2-3 ➡ 국내 보험가격자유화 진행과정

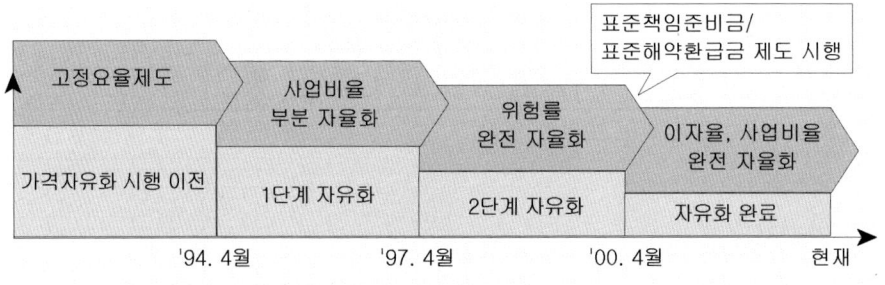

※ 표준책임준비금제도, 표준해약환급금제도 : 가격 자유화로 인한 과당경쟁으로 재무건전성 저해 및 계약자 불이익을 방지하기 위한 제도

3. 역선택과 도덕적 위험

1) 의의

　역선택(Adverse Selection)[3]이란 정보를 많이 가진 측이 의도적으로 감추어서 보험계약 전에 보험사고의 발생가능성이 높은 위험을 계약자가 자진하여 선택하는 것을 말한다. 보험회사는 보험 상품 판매 시 보험가입자의 가입의사에 대한 정보를 충분히 파악하기에는 한계에 봉착한다. 이는 가입자가 고의 혹은 고의가 아니든 간에 보험가입에 대한 정보를 자세히 알려 주지 않기 때문이다. 따라서 보험회사는 보험가입자의 위험정도를 합리적으로 구분할 수 없게 된다. 즉 보험가입자의 위험이 높으냐 또는 낮으냐에 관계없이 동일한 보험료, 즉 평균보험료를 부과할 수밖에 없다. 평균보험료는 위험이 높은 가입사에게는 유리하나, 위험이 낮은 기입지에게는 불리하게 된다. 즉 부당하게 보험료가 높아지게 된다. 그 결과 우량가입자는 결국 보험가입을 포기하거나 가입하여도 보험에 대한 수요량을 줄이게 마련이다. 반면에, 위험이 높은 가입자는 보험가입을 더욱 선호하게 되고 보험에 대한 수요량도 늘어나게 마련이다. 이러한 역선택은 대부분 보험판매 전에 발생한다. 한편, 도덕적 위험(Moral Hazard)은 보험계약자 또는 피보험자가 고의나 과실로 보험계약 후에 사고발생 확률이 높아지도록 행동하거나 마음을 먹는 것을 말한다. 즉 보험을 판매한 후에 보험회사가 가입자를 감시하지 못하는 상황에서 보험가입자가 고의로 사고를 내고 보험금을 청구하거나 피해액을 부풀림으로써 보다 많은 보험금을 수취하려고 하는 비양심적인 위험 상태를 의미한다. 이러한 도덕적 위험이 심각해지면 보험회사는 예상보다 보험금 지급액이 많아지게 되고, 최악의 경우 도산할 수도 있게 된다.

---

3) 역선택은 원래 중고차시장에서 연유되었으며, Akerlof는 그의 논문에서 중고자동차시장에서 좋은 차와 나쁜 차를 구분 못하는 정보의 비대칭으로 인해 역선택이 존재하면 궁극적으로 중고차시장은 기능을 상실하게 된다고 하였다.

이러한 역선택과 도덕적 위험 모두 다수의 선의 계약자에게 상당한 피해를 입힌다. 특히, 보험료산출에 대한 보험회사의 신뢰를 무너뜨려 경제적인 문제 외에 보험의 존립에까지 영향을 미치게 된다. 반면, 위험관리 능력이 우수한 보험회사는 그렇지 못한 회사보다는 유리한 가격경쟁력을 가지게 되나 이의 지나친 관리는 오히려 모든 계약자들을 잠재적인 범죄인으로 인식하고 때때로 과잉반응으로 보여 자칫 신뢰감을 잃을 수도 있다. 그 외, 두 위험 모두 보험사고의 발생확률을 증가시켜 대수의 법칙에 의한 수지 상등의 원칙이 무너져 보험회사에게는 손해를, 보험계약자에게는 보험료 인상의 부담을 준다. 또한, 두 위험 모두 개인의 도덕적, 심리적인 특성에 기인하므로 사회전체적인 문제로 확대될 수 있다.

2) 도덕적 위험 방지를 위한 보험제도[4]

(1) 보험계약 체결시점

보험계약 체결과정에서는 첫째 보험자의 승낙을 들 수 있다. 보험계약은 불요식의 낙성계약으로 보험계약자가 청약을 하고 보험자가 승낙을 하여야 계약이 성립되도록 하여 불량위험을 사전에 배제할 수 있는 권리를 보험자에게 부여하고 있다. 둘째 보험사고의 불확정성이다. 즉 보험계약 당시 이미 발생한 사고나 발생할 수 없는 경우에는 그 계약은 원천적으로 무효가 된다. 세 번째 보험가입자의 고지의무를 들 수 있다. 보험계약 시 당해 위험에 대해 가장 잘 알고 있는 보험계약자나 피보험자는 보험계약상의 중요한 사항을 보험자에게 고지하여야 하며, 이를 위반하면 계약을 해지할 수 있고 보험금 지급을 거절할 수 있도록 규정하고 있다.

---

4) 황희대(2005), pp.215 – 218 요약정리

(2) 보험계약 유지시점

보험계약 유지시점에서는 우선적으로 위험유지의무가 있다. 보험기간 중에 보험계약자 또는 피보험자는 스스로 당해 위험을 보험회사 동의 없이 증가시켜서는 안 되며 이를 위반 시 보험회사는 계약을 해지할 수 있다. 두 번째로 위험변경, 증가 시 통지의무이다. 계약이 성립한 후 보험계약의 대상이 된 위험이 크게 변경하거나, 증가된 경우 이 역시 보험회사에 통지하여야 하며, 이를 위반 시 보험회사는 계약을 해지할 수 있다.

(3) 사고발생 시점

우선적으로 보험사고 발생 시 통지의무가 있다. 보험계약자 등은 사고 발생을 알게 될 때에는 지체 없이 이를 보험회사에게 통지하여야 한다. 또한 배상책임보험에서는 필요서류, 증거제출 등 협조의무를 규정하고 있다. 두 번째 인위적 사고에 대한 보험자의 면책을 들 수 있다. 보험사고가 보험계약자 등의 고의나 중과실로 인하여 생긴 때에는 보험회사의 책임을 면제하여 인위적인 사고의 발생을 방지하고자 하는데, 생명보험에서는 고의로 인한 사고에 대해서만 보험회사의 책임을 면제하고 있다.

(4) 손해보험에서의 방지제도

① 피보험이익

피보험이익은 손해보험계약의 전제조건으로 보험으로 부보되는 목적물을 의미한다. 따라서 피보험이익이 없는 계약은 무효이다. 보험사고 발생 시 피보험이익의 평가액을 법정 책임한도로 하여 실 손해액 이상의 보상을 받지 못하도록 규정하고 있다.

② 초과보험과 중복보험

보험계약자 등이 보험가액을 과대하게 평가하여 보험계약을 체결한다 하

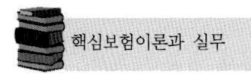

더라도 당사자가 선의인 경우에도 보험가액 이상의 손해보상을 받지 못하게 하고 있으며, 보험계약이 보험계약자의 사기로 인하여 체결된 때에는 초과부분이나 중복된 부분뿐만 아니라 계약전부를 무효 처리하고 있다.

③ 보험자대위제도

보험자 대위는 보험계약자나 피보험자가 보험금을 지급받고 보험의 목적이나 제3자에 대한 권리행사로 이중의 보상을 받아 이득을 획득하지 못하도록 규정하고 있다.

(5) 생명보험에서의 방지제도

생명보험에서 타인의 사망을 보험사고로 하는 보험계약의 경우 그 타인인 피보험자의 생명에 위해가 가해질 염려가 크므로 도덕적 위험의 발생 소지가 아주 높다. 따라서 이 경우에는 그 피보험자의 서면에 의한 동의가 필수요건이며 반드시 보험계약 체결 시까지 동의가 있어야 한다. 또한 일정자격을 요구한 피보험자의 제한도 방지제도 중 하나이다. 즉 15세 미만자, 심신박약자, 심신 상실자의 사망을 보험사고로 하는 보험계약은 무효이다. 다만, 이들의 생존을 보험사고로 하는 보험계약은 가능하다.

chapter

03

보험 관계자

The Core Theory and Practice of the Insurance Industry

1. 보험계약 관계자

1) 계약당사자

(1) 보험계약자

보험계약자는 자기의 이름으로 보험자와 보험계약을 체결하고 보험료를 지급할 의무를 부담하는 자를 말하며, 이의 자격제한은 특별히 없으나 미성 년자와 같은 행위무능력자일 경우 법정대리인의 동의를 요한다. 한편, 계약 자 또는 수익자가 2인 이상일 경우 대표자 1인을 정하여야 하고, 기타 위험 유지의무, 위험변경 및 증가 시 통지의무, 보험사고 발생 시 지체 없이 통지 할 의무가 있다.

(2) 보험자

보험자는 보험 사업을 영위하는 자로서 계약의 대상이 되는 위험을 인수 하고 보험사고가 발생할 경우 보험금을 지급할 의무가 있는 자를 말하며 기 타 보험증권 교부의무, 계약자 요청 시 보험료 및 적립금 반환의무가 있다.

2) 계약관계자

(1) 피보험자

생명보험에서 피보험자는 그 사람의 생명이나 신체에 대하여 보험이 붙여진 자로 보험사고의 객체를 의미하며 피보험자와 계약자가 동일인 경우를 '자기의 생명보험 계약'이라 하고, 서로 다르면 '타인의 생명보험 계약'이라 한다. 특히, '타인의 생명보험 계약'인 경우에는 반드시 계약 체결 시에 피보험자의 서면동의를 받아야 한다.

손해보험의 피보험자는 보험의 목적에 대하여 가지는 경제적 이해관계인 피보험이익의 주체로서 보험사고 발생 시 손해보상을 받을 권리가 있는 자를 말한다. 이러한 피보험자의 자격으로는 생명보험의 경우 자연인으로 한정하고 특히 사망보험의 경우 15세 미만자, 심신박약자, 심신상실자는 피보험자가 될 수 없다. 손해보험에서는 자연인이나 법인, 유형, 무형물에 상관없이 모두 피보험이익[1]이 존재하면 피보험자가 될 수 있다.

(2) 보험수익자

보험수익자는 보험자와 보험계약자간의 계약에서 보험사고 발생 시 보험금을 지급받을 자로 지정된 자를 말하며, 이의 자격제한은 없으며 계약자가 지정하고 수익자의 동의도 필요로 하지 않으며, 다만 수익자 변경은 보험사고 발생 전에 한하여 가능하다. 만약 보험계약자가 보험수익자를 지정하지 않고 사망한 경우 피보험자를 수익자로 하고, 계약자가 수익자를 지정하기 전에 보험사고가 발생하였을 경우에는 피보험자의 상속인이 수익자가 된다. 그리고 보험계약자와 보험수익자가 동일인이면 '자기를 위한 생명보험 계

---

1) 피보험이익은 손해보험계약에서 피보험자가 보험목적에 대하여 가지는 경제적 이해관계로 이를 '보험계약의 목적'이라고 표현하고 금전으로 산정할 수 있는 이익으로 한정하고 있다. 따라서 피보험이익이 없는 손해보험계약은 존재하지 않으며 생명보험의 경우에는 일반적으로 피보험이익이 존재하지 않는데 그 이유는 인간의 생명이나 신체의 가치는 금전적으로 산정할 수 없기 때문이다. 이의 자세한 내용은 '제10장 손해보험 편 3. 손해보험계약상의 특성. 1) 피보험이익' 참조

약'이라 하고, 동일인이 아니면 '타인을 위한 생명보험 계약'이라고 한다.

3) 모집 보조자[2]

모집보조자는 보험자 또는 보험계약자를 위하여 보험계약의 체결을 보조하는 자를 말하며 보험설계사, 보험대리점, 보험중개사 등이 있다.

4) 보험계약의 법적 성질

(1) 유상 · 쌍무계약성

보험계약은 보험계약자의 보험료지급에 대하여 보험사고 발생 시 보험자가 일정한 급부를 지급할 것을 약속하는 유상계약이며, 보험계약자의 보험료 지급의무와 보험자의 보험금 지급의무가 대가관계를 이루는 쌍무계약이다.

(2) 불요식 · 낙성계약

보험계약은 당사자의 의사표시 합지만으로 성립히고, 서면 등의 특별한 형식을 요하는 것이 아니므로 불요식 · 낙성계약이다. 다만, 실제거래에서는 보험계약 체결 시에 정형화된 보험계약청약서를 이용하는 것이 보통이나 이는 감독상의 편의에 의한 것일 뿐 법률상의 요건은 아니다. 한편, 보험자의 책임개시 시기는 별도의 특약이 없는 한 최초의 보험료 지급시점으로 하고 있다. 따라서 최초보험료의 지급 없이 성립한 보험계약도 효력을 가지게 되나, 최초보험료가 지급될 때까지 위험보장책임이 개시되지 않을 뿐이다.

---

2) 자세한 사항은 후술하는 '3. 보험 모집조직' 참조

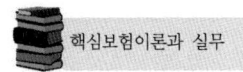

(3) 사행계약성

보험계약은 우연한 사고의 발생 시 보험료에 비하여 엄청나게 많은 보험금을 지급받게 되므로 사행 계약성을 갖는다. 그러나 보험은 도박과는 달리 사회생활상 불가피하게 발생한 위험을 합리적으로 관리하여 개인의 경제생활의 안정을 회복시켜 주기 때문에 적법성을 띠게 된다.

(4) 계속계약성

보험계약은 보험자가 보험기간에 발생한 사고에 대하여 급여책임을 지는 것이므로 그 기간 동안 계속적인 관계가 있다. 이처럼 보험계약이 계속적 성질을 지니므로 상법상 계약을 해제하는 게 아니라 장래에 대해서만 효력이 없게 하는 해지를 인정하는 것이 원칙이다.

(5) 부합계약성

이는 당사자 일방(보험자)이 계약의 내용을 작성하고 상대방(계약자)은 그 내용에 자기의 의사가 부합될 경우 계약을 체결한다는 의미로 상대방은 계약의 체결 여부만을 결정하는 것이다. 보험은 다수계약을 전제로 하기 때문에 보험자 일방이 작성한 보통보험약관에 의하여 이루어지는 부합 계약성을 지니게 된다.

(6) 독립계약성

독립계약이란 보험계약 자체가 독립하여 존재하는 것을 의미한다. 예컨대 매매인 또는 운송인이 매매계약 또는 운송계약에 부대하여 위험을 인수하는 약속은 보험계약이 아니라 그 계약의 부대협정이다.

(7) 선의계약성

보험계약이 선의 또는 최대선의에 기초를 둔 계약이라는 의미는 보험계약의 사행 계약성으로 인한 보험의 도박화 방지를 위한 데서 시작된 것이다. 당사자의 선의 또는 신의성실의 원칙은 보험계약뿐만 아니라 모든 법 분야에서 요구되는 대원칙이며 특히 보험계약에서는 그 성질상 최대선의의 원칙이 요구되고 있다.

(8) 개별성과 단체성

보험계약 자체는 보험자와 계약자 사이에 개별적으로 성립하고, 이의 개별위험이 모여 위험단체를 형성한다. 이러한 단체성은 보험의 기본원리인 대수의 법칙과도 관련된다.

☼ 참고 　　　　　　　　　　　주요 보험계약 요소

1) 보험사고
보험사고는 보험계약에서 보험자의 보험금 지급책임을 구체화시키는 우연한 사고를 말한다.

2) 보험기간
보험기간이란 보험자의 책임이 존속하는 기간. 즉 그 기간 안에 보험사고가 발생할 경우 보험자가 지급책임을 지는 기간을 말한다. 한편, 보험기간은 보험 계약기간과 다르다. 예를 들어 해외여행 상해보험은 여행 출발 전에 계약을 체결하였지만 출발일부터 귀국 예정일까지 보험기간으로 한다.

3) 보험료 납입기간
보험계약자가 보험료를 납입하는 기간으로 이 기간이 보험기간과 동일하면 전기납이라 하며 보험기간보다 짧은 경우를 단기납이라 한다.

4) 보험금
보험금은 보험자가 보험을 인수하여 보험사고가 발생했을 때 보험자가 지급하는 금액이다. 손해보험의 경우 계약에서 약정한 보상의 최고한도인 보험금액과 실제 보험금이 다를 수 있으나 정액보험인 생명보험인 경우에는 보험사고 발생으로 인해 실제로 입은 손해와는 상관없이 보험계약 체결 시 약정한 보험금액을 지급해야 한다.

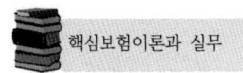

2. 보험 사업자

보험 사업은 경영주체에 따라 민영보험과 공영보험으로 구분되며 민영보험에는 영리목적의 주식회사, 비영리목적의 상호 회사와 공제가 있으며, 대표적 공영보험으로 우체국보험이 있다.

1) 주식회사

(1) 의의

주식회사는 영리를 목적으로 조직된 보험기관으로 회사 설립 시 주식발행을 통한 자본금을 재원으로 운영한다. 다만, 외국보험사업자인 경우 자본금 대신 영업기금을 납입하여야 한다. 또한 회사의 운영성과는 주주에게 분배되고, 손해가 나면 주주가 이 손해를 부담해야 하며 보험업법과 상법 보험편의 감독을 받는다. 한편, 보험계약자 또는 보험수익자는 주식회사의 총자산에 대한 우선 취득권과 예탁자산에 대한 우선변제권을 갖는다.

(2) 장·단점

주식회사의 장점으로는 무엇보다 보험자, 계약자, 경영자의 세 가지 기능이 분리되어 있어서 효과적인 경영을 할 수 있으며, 보험료가 확정되어 있어서 보험계약자는 보험비용을 확실히 알 수 있다. 반면, 단점으로는 주식회사형 보험회사는 그 속성상 이윤추구를 목적으로 하므로 보험료에 이득부분이 포함되어야 하며, 보험설계사 조직의 유지비용이 들기 때문에 보험비용이 크다. 또한, 기업의 지배권이 보험계약자에 있지 않고 주주에게 있어 계약자 간, 주주와 경영자 간의 이해갈등이 존재한다.

2) 상호회사

(1) 의의

이는 보험사업 특유의 제도로서 보험업법에 의하여 설립되는 회사로서 공통의 위험을 느끼는 다수인이 결합하여 보험단체를 구성하고 그 구성원 상호 간에 보험인수를 목적으로 형성된 비영리법인이다. 또한, 지역적 제약 없이 다수의 가입자를 대상으로 사업영위가 가능하며, 보험료의 계산, 경영조직, 자산운용 등 모든 경영관리 방식은 주식회사와 동일하다. 다만, 보험계약자가 사원으로 구성되어 있어 무한책임을 지고 최고의사결정기구로 사원총회가 있으며 이익금은 정관에 특별규정이 없는 한 매 사업연도 말 사원에게 분배된다.

(2) 장·단점

상호회사의 장점으로는 보험설계사에 대한 수수료가 없는 경우가 많아서 보험료율이 저렴하며, 이윤이 사원에게 배분되고, 대주주에 의한 지배나 경영권 장악이 없다는 점이다. 또한, 단점으로는 소규모 상호회사인 경우 큰 재해로 인한 파산위험이 있으며, 회사규모가 커지면서 사원총회 소집이 어려워지게 되고, 구성원의 참여가 유명무실해질 수 있다는 점이다. 주식회사와 상호회사를 비교, 정리하면 다음 <표 3-1>과 같다.

표 3-1 ➡ 주식회사와 상호회사

구분	주식회사	상호 회사
성격	영리목적의 사단법인	비영리목적의 사단법인
구성원	주주	사원(보험계약자)
자본	자본금	기금
책임 여부	출자범위 내에서 유한책임	무한책임
의사결정기관	주주총회	사원총회
손익귀속	주주	사원

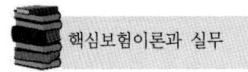

3) 협동조합(공제)

이는 경제적 약자인 조합원들의 이익을 유지, 향상시키고자 조직된 협동 혹은 상호부조의 조합으로 특별법과 민법에 의해 설립, 운영된다. 한편, 협동조합은 조합원을 대상으로 공제상품을 판매하고 있으며 농업, 수협 등 일부에서는 일반고객을 대상으로 공제상품을 판매하기도 한다. 협동조합과 민영보험을 비교, 정리하면 다음 <표 3-2>와 같다.

표 3-2 ➡ 협동조합과 민영보험

구분	협동조합	민영보험
사업자의 성격	비영리 사단법인 (회원조합 및 중앙회)	주식회사
가입대상	조합원(일부 불특정 다수인)	불특정 다수인
판매채널	계통조직 활용	보험설계사, 대리점, 중개인, 직접 판매
법적 근거	각 특별법이나 민법	보험업법
감독기관	특별법에서 정한 주무부서	금융감독원
업무영역	생명, 손해공제 겸영	원칙적으로 겸영불가
계약상 적용법률	민법	상법

4) 우체국보험

이는 저소득층을 위하여 국가가 비영리형태로 운영하고 있어 보험료가 저렴하고 보험가입한도도 상대적으로 낮다. 우체국보험과 민영보험을 비교, 정리하면 다음 <표 3-3>과 같다.

표 3-3 ➡ 우체국보험과 민영보험

구분	우체국보험	민영보험
사업자의 성격	비영리 국영보험	영리목적의 주식회사
가입대상	농어촌주민 및 도시저소득층	불특정 다수인
설립자금	정부재정	주주의 납입자본금
법적근거	우체국예금보험에 관한 법률	보험업법
감독기관	정보통신부	금융감독원
경영방식	공익성 위주	수익성 위주
예금보호	정부 보증	예금보험공사에 보험료 납부

3. 보험 모집조직

보험모집을 할 수 있는 자는 일정한 자격요건을 구비한 자로서 보험설계사, 보험대리점, 보험중개사, 금융기관보험대리점(방카슈랑스채널), 보험회사 임원(대표이사, 사외이사, 감사 및 감사위원 제외) 또는 직원이다.

1) 보험설계사

보험설계사란 소속된 보험사업자를 위하여 보험계약의 체결을 중개하는 자로서 보험업법에 의하여 금융 감독기관에 등록한 자로 보험계약 체결을 중개하는 사람을 말하며, 2008. 8. 30. 이후부터는 1개 보험회사에 한해 생명보험, 손해보험, 제3보험으로 교차판매도 가능해졌다. 한편, 보험설계사의 법적 지위에 대해서는 지금도 많은 논란이 되고 있으나 현행규정에 준하여 살펴보면 다음과 같다. 우선 보험계약법상의 지위이다. 이에 따르면 보험설계사는 보험계약법상 청약의 의사표시를 보험자에게 전달하는 기능이 있고 제1차적 위험선택권은 있으나, 고지의무 수령권이나 계약체결권 또는 계약 승낙권은 없다. 두 번째는 보험업법상의 지위로 보험설계사는 보험계약의

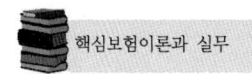

체결을 중개할 수 있는 자로 일정한 절차를 거쳐 금융감독 기관에 등록을 하여야 하며 보험 모집 시 보험계약자에게 가한 손해는 보험회사가 배상할 책임이 있다. 세 번째로 근로기준법상의 지위이다. 즉 보험설계사는 특정한 보험회사에 소속되어 일을 해야 하는 위탁계약관계 또는 종속관계에 있으므로 독립적으로 보험계약을 체결하는 보험중개사와는 다른 지위에 있으며, 또한, 고용관계에 있는 내근직원과도 구분된다는 것이다.

2) 보험대리점

보험대리점은 보험회사와 계약을 통해 계약체결권, 고지수령권, 보험료수령권을 부여받아 보험회사를 위해 보험계약의 체결을 대리하는 자를 말하며 이는 다양한 형태로 분류된다. 전속대리점은 특정 1개 보험회사와 대리점 계약을 맺고 그 회사만을 위해 보험모집을 대리하며, 비전속대리점은 2개 이상의 보험회사와 대리점 계약을 체결하여 영업을 한다. 또한 겸업대리점은 생명보험회사, 손해보험회사, 제3보험회사와 대리점 계약을 맺고 해당 보험계약을 전부 모집할 수 있는 대리점이며, 전업대리점은 타 업종을 겸업하지 않고 보험모집 업무만을 영위하며 반면에 부업대리점은 타 업종과 병행하여 보험모집을 영위한다. 한편, 보험대리점의 주요 업무로는 보험료 및 해약환급금 산출, 보험료 수납 및 영수증 산출, 보험증권의 교부, 위험조사, 관리, 상담 등 보험가입자에 대한 봉사, 보험사고 접수 및 보상안내 등이다.

3) 보험중개사

보험중개사는 독립적으로 어느 보험회사에 상관없이 보험소비자로부터 중개위탁을 받고 이를 위해 보험회사와 보험계약자의 중간에서 보험 상품을 선정하고 계약의 체결을 중개하는 사람을 말한다. 또한, 보험계약 체결을 대리하는 것이 아니기 때문에 계약체결권, 고지수령권, 보험료수령권 등에 관한 일체의 권한이 없다. 따라서 법적 지위는 보험대리점과 근본적으로 다르다.

4) 금융기관보험대리점

이는 2003년 9월 방카슈랑스(은행+보험)시행에 따라 은행, 증권사, 상호저축은행, 한국산업은행, 중소기업은행, 신용카드사(겸영 여신업자 제외)가 해당된다. 상품판매는 해당 점포 내 지정된 장소 또는 인터넷 홈페이지를 통해 가능하며 모집자는 해당 금융기관의 직원으로서 모집하는 보험종목의 자격을 구비하여야 한다.

4. 보험 감독기관

1) 감독기관

보험감독기관은 세 개의 형태로 나뉜다. 우선 재성경세부는 보험김독 관련 법령을 제정하는 역할을 수행하고 이를 통해 실질적으로 금융감독원이 보험감독을 하고 있으며 이를 보조, 지원, 협력하는 보험개발원, 생명보험협회, 손해보험협회 등이 있다.

2) 감독내용3)

(1) 시장진입에 대한 감독

보험회사 설립은 주식회사, 상호회사, 외국보험회사로 가능하고 일정금액을 납입한 다음 각각의 보험종목별로 허가를 받아야 한다. 보험종목은 생명보험업의 경우 생명보험과 연금보험(퇴직보험 포함)이며, 손해보험업의 경우 화재보험, 해상보험(항공·운송보험 포함), 자동차보험, 보증보험, 재보험, 기타 대통령령이 정하는 보험종목이다. 그리고 제3보험업은 상해보험, 질병보험, 간병보험, 기타 대통령령이 정하는 보험종목에 대해서 허가를 받아야 한다. 한편, 허가요건 중 가장 중요한 요건은 자본금 또는 기금의 충족4)이다.

(2) 영업활동에 대한 감독

모집조직에 대해서는 일정한 조건을 구비하는 사람에게만 등록하여 영위토록 한다. 그 외, 모집 활동 시 소비자보호를 위해 여러 가지 준수사항을, 모집 체결 시에는 금지해야 할 행위를 규정하고 있다. 예를 들어 보험 안내자료는 보험약관에 명시된 보장내용, 해약환급금, 예금자보호 등에 관한 사항을 명료하고 알기 쉽게 기재하여야 한다고 강제한다.

(3) 재무건전성 감독

보험감독의 가장 중요한 목적의 하나는 보험회사의 재무건전성을 유지하는 것이다. 보험회사가 재무건전성을 유지하기 위해서는 보험사업의 모든 부문에 건전한 경영을 하여야 하지만 감독 당국의 입장에서는 특히 자본금

---

3) 민영 보험사업에 대한 보험감독은 기본적으로 보험업법에 명시되어 있으며 구체적으로 보험업감독규정에 세분화하였으며, 이 부분은 보험업법을 중심으로 기술하였다.

4) 현행 기준은 최저 300억 원이며, 일부 보험종목만 영위코자 할 경우에는 50억 원 이상의 범위에서 달리 정할 수 있도록 명시하고 있다.

의 충실 및 지급여력의 확보, 보험요율의 적정성 확보, 그리고 책임준비금 및 각종 준비금의 충분성 확보[5] 등에 초점을 맞추고 있다. 이러한 사항에 관한 구체적인 내용은 보험업법, 보험업법시행령, 보험업법시행규칙, 보험감독규정, 보험감독규정 시행세칙 등에 기술되어 있다. 예를 들어 보험회사는 보험금 지급능력과 경영의 건전성을 확보하기 위하여 자본과 자산의 건전성에 관한 다음 감독을 받아야 한다.

① 지급여력비율은 100% 이상을 유지할 것
② 대출채권 등 보유자산의 건전성을 정기적으로 분류하고 대손충당금을 적립할 것
③ 보험회사의 위험, 유동성 및 재보험의 관리기준을 충족할 것

(4) 소비자보호를 위한 공시

보험회사는 매 결산기 또는 보험계약자의 보호를 위한 사항들은 즉시 공시해야 하며, 보험협회는 보험료, 보험금 등 보험계약에 관한 사항들을 비교, 공시할 수 있다.

(5) 자산운용 규제

보험회사 자산은 대부분 보험가입자의 자산이므로 우선적으로 안정성, 유동성이 확보되도록 운용되어야 하며 이를 위해 보유 금지해야 할 항목(투기목적의 대출, 정치자금 대출 등)을 기재하거나 자산운용비율을 준수토록 규정하고 있다.

---

5) 이의 세부적인 내용은 부록 1을 참조할 것

The Core Theory and Practice of the Insurance Industry

chapter 04

보험 경영

The Core Theory and Practice of the Insurance Industry • • • • • • • • • • • • • • • • •

The Core Theory and Practice of the Insurance Industry

보험 경영

The Core Theory and Practice of the Insurance Industry

1. 경영원칙

보험 사업은 어떤 형태이든지 간에 기본적으로 위험사업, 저축 및 투자사업, 서비스사업을 근간으로 수행되며 이러한 사업은 보험만의 독특한 경영원칙하에서 상호 복합적으로 운영되고 있다. 따라서 보험회사는 각 사업 간의 유기적인 관계를 통하여 수지차 및 손익을 효율적으로 관리해야 한다.

1) 위험사업에 대한 경영원칙

위험사업은 보험회사의 사업 중 가장 핵심이 되는 사업으로 보험가입자는 보험회사에게 보험료를 지급하는 대신 그의 위험을 보험회사에 전가시킴으로써 경제적 안정을 기할 수 있으며 보험회사는 개별적으로는 측정이 불가능한 위험을 전체적으로 취합하면 측정이 가능하기 때문에 개별위험을 인수한다. 이러한 위험은 다음과 같은 원칙하에 인수되어야 한다. 첫째 위험대량의 원칙이다. 이러한 원칙에 준하여 다수의 보험가입자를 모집하여 다수의 위험이 존재하여야만 실제 보험사고 발생으로 인한 손해의 정도를 보험료 산정 시 예측한 것과 균형을 이룰 수 있어 보험 사업이 안정된다. 두 번째로 위험 동질성의 원칙이다. 보험 사업은 다수의 보험계약을 모집해야 함은

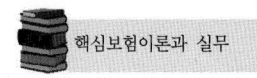

물론 위험의 종류와 그 크기 면에서도 동질적이어야 한다. 따라서 위험 인수 시 과다한 위험이나 이질적인 위험은 그 인수를 거부하거나 추가보험료를 납입하는 조건으로 인수한다. 세 번째로 위험분산의 원칙이다. 이는 어느 금융회사에나 적용되는 원칙에 해당되며 보험회사의 경우 인수한 위험의 대형화로 인한 충격을 예방코자 책임준비금 적립을 충실히 하거나 공동보험과 재보험 등을 통하여 분산시킨다.

2) 수지 관리에 관한 경영원칙

보험사업 중 생명보험과 장기손해보험 분야에서는 위험사업뿐만 아니라 저축사업을 병행하고 있다. 따라서 은행처럼 저축사업만 단독으로 추구하지 않고 위험사업과 상호 결합되어 운영되므로 이의 관리가 철저히 필요하다. 이의 첫 번째 원칙으로는 보험료율 적정의 원칙이 있다. 적정한 보험료율이란 수지 상등의 원칙을 전제로 보험료 수입과 그 운영으로 인한 이익의 합이 보험금과 보험 사업을 영위하는 데 소요되는 최소한의 지출과 동일하게 되는 것을 의미한다. 두 번째로는 보험급부 적정의 원칙이다. 사실 보험료가 적정하게 산정되고 부과되었다 하더라도 보험급부가 과대하게 지출되어 수지의 불균형을 초래하여 보험 사업이 위태하거나 또한 너무 과소하게 지출되면 보험계약자나 피보험자의 권익을 침해하게 된다. 따라서 보험급부가 적정하도록 위험을 선택하고 손해사정이 합리적으로 이루어져야 한다는 원칙이다.

3) 투자에 관한 경영원칙

일반적으로 보험료는 사전에 수령하고 보험사고 발생 시 보험금을 지급하기 때문에 이의 양자 간에 시차가 발생하고 이러한 과정에서 수지차가 발생하여 거액의 자산이 축적된다. 이와 같이 축적된 자금은 보험료 적립금, 지급준비금 등 책임준비금으로 적립되는 부채성 자산이지만 일정수준 이상의 투자수익을 전제로 운영되어야 한다. 따라서 투자 사업은 보험사업 고유의 업무영역은 아니지만 보험자산의 대규모 운영, 국가 경제의 미치는 영향 등을 감안한다면 매우 중요한 사업이다. 보험자산의 투자는 보험의 공공성, 사회성 등으로 인하여 무엇보다 안정성의 원칙하에 이루어 져야 한다. 보험회사의 자산이 책임준비금을 중심으로 형성되기 때문에 신탁 재산적 성격을 갖고 있기 때문에 이의 자금운용은 안정성 확보가 무엇보다 중요하다. 안정성이 확보되지 않으면 보험금 지급도 불안하고 신용도 하락으로 파산까지 될 수 있기 때문에 자산 운용 시 가장 우선적으로 고려되어야 한다. 두 번째로 수익성의 원칙이다. 보험계약자가 불입하는 보험료는 보험기간동안 보험료 계산 시 적용되는 기초율 중의 하나인 예정이율로 할인되어 있다. 따라서 자산운용 수익률은 최소한 예정이율 이상 수익을 시현해야 하기 때문에 수익률 관리도 중요하다. 세 번째 유동성의 원칙으로 책임준비금은 보험금 지급, 해약, 약관대출 등의 청구에 대비하여 항상 현금화할 수 있도록 유동성이 확보되어야 한다. 네 번째 공공성의 원칙이다. 보험회사의 책임준비금은 부채성 자산의 신탁재산이며 이의 규모는 상당하여 국가경제의 각 분야에 미치는 영향이 크므로 감독 당국은 공공성과 공시성을 요구하고 있다. 다섯 번째 투자다양화의 원칙이다. 보험자산은 안정성 외에 수익성, 유동성, 공공성을 동시에 고려해야 한다. 그러나 이들 간에는 상충관계가 있으므로 여러 투자원칙을 동시에 만족시키는 것은 현실적으로 불가능하다. 따라서 이러한 다양한 조건을 충족시키기 위해서는 여러 투자수단을 통해 투자 포트폴리오를 구성하고 우선순위를 정해야 한다.

2. 경영계획

보험사는 매 회계연도 시작 전에 해당년도 경영계획을 수립하고 매달 실적을 가지고 계획대비 달성률, 전년실적대비 성장률로 경영성과를 평가하고, 부진부분에 대한 원인분석과 대책을 수립한다. 일반적으로 경영계획은 보험영업부문, 자산운용부문, 인력 및 일반관리부문으로 나뉘어서 각 부문별 사업계획을 취합하여 종합적인 경영계획을 1년 단위로 확정한다. 이러한 경영계획은 외부 경영환경 변화에 따라 보통 반기 이후에 수정계획으로 변경되며 회계연도 결산을 앞두고는 결산계획 및 결산대책 등으로 심화되어 당초 목표달성을 위한 전사적인 노력이 경주된다. 다음 <표 4-1>은 가장 기본적인 보험회사 경영계획의 주요지표를 나타낸다.

표 4-1 ➡ 보험사 경영계획 주요지표(예시)

구분	주요 지표
점포 및 조직	- 월별/지역별 점포증설 및 통·폐합계획 - 월별 재적, 가동, 출근, 증원인원(신인, 경력) - 대리점, DM/TM 조직계획 - 내근인력 수급계획(채용, 퇴직) - 효율: 차월별 정착률(4/713), 생산성(설계사인당, 소당), 위촉률, 인건비효율(내근직원1인당, 예정유지비대비)
계약	- 신계약: 상품Group별, 월별 판매건수 - 보유계약: 상품Group별, 월별 보유계약건수 - 효율: 자동이체율, 반송률, 증권직송률 등
수입 보험료	- 초회P: 상품Group별, 월별, 납방별(월납, 비월납, 일시납) - 계속P: 상품Group별, 월별, 초년도, 2차년도 구분 - 효율: 회차별/상품별유지율, 중장기 점유율, 수금률, M/S개선률, 보유단체순증률
지급 보험금	- 상품Group별, 월별, 지급사유별(사망, 실효해약, 퇴직, 기타) - 효율: 보험금지급률, 재보수지율, 위험률차손익률
자산운용	- 자금조달 및 운용, 자산 Portfolio 계획 - 투자수지 계획, 부실채권, 임차보증금 회수계획 등 - 유가증권 평가손/처분손, 대손상각, 감가상각 계획 - 효율: 부문별 수익률(hardy, 평잔기준), 운용율
기타	- 효율: 사업비초과율, 준비금부담이율, 상품기여도, 민원발생율, ON-LINE 장애율, 기사노출 횟수

한편, 예산계획도 경영계획이 수립되면 이에 따른 전사적인 예산편성지침에 따라 각 사업본부별 예산이 수립되고 이를 취합, 전체적인 예산계획이 조정되어 최종 확정된다. <표 4-2>는 보험회사의 기본적인 예산수립지침의 예이다.

표 4-2 ➡ 보험사 예산계획 수립지침(예시)

구분	관련부서	편 성 지 침
인건비	인력팀	- 인력운영 계획에 의거 수립(채용, 퇴직 등) - 연봉제 실시관련 적정 임금인상률 반영 - 복리후생성 예산은 전년도 편성예산 수준 감안
광고선전비	홍 보	- 예정사업비(α)범위 이내에서 연간 광고선전비 규모 결정 ⇒연간 광고운용 전략에 부합
교육훈련비	인력팀	- 연간 교육훈련 계획에 의거 수립
전산경비	정보시스템	- 전산시스템 구축 일정계획에 의거 수립(기 투자 포함) - 전산관련 개발 비용은 최대한 자본적 지출로 편성(연구개발비)
집기비품, 임차	총 무	- 임차관련 비용 및 집기비품 사용년수/재고 파악 - 점포운영계획과 관련하여 구입/처분 계획 수립
기타	관련부서	- 각종 규모의 행사계획 및 신규 PROJECT 사업 - 전산기기, 공구기구비품 등 감가상각비 산출

3. 보험의 핵심역량

1) 보험의 가치사슬(Value Chain)

보험회사 경영의 가치사슬은 일반적으로 '상품개발→영업→보험계약→운영→자산관리→보험금지급' 영역 순으로 연결되며 이와 같이 서로 연결된 사슬을 정보시스템 및 전사적인 경영관리영역이 각각의 사슬과 복합적으로 연결되어 있다. 한편, 이러한 가치사슬에서 새로운 경쟁자가 지속적으로 등장하고 있는데 요약하면 다음 <표 4-3>과 같다.

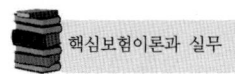

표 4-3 ➡ 보험사와 경쟁하는 새로운 경쟁업체

부문	경쟁업체
영업부문	은행, 증권사, 투신사 등
정보시스템부문	시스템구축 공급업체(IBM 등)
자산관리부문	은행, 투신사, 부동산신탁 등
보험금지급 및 심사	은행, 증권사, 사고조사 전문사 등

　　따라서 각 단계별로 신규 진입자가 등장함에 따라 기존 가치사슬의 해체가 불가피하며, 보험회사는 해당 영역의 핵심역량에 집중하고 그 외 부분은 아웃소싱 또는 분사화하는 형태를 검토해야 한다. 한편, 각 영역별 핵심역량으로 도출할 수 있는 경쟁요소로는 상품개발부문에서는 고객의 요구를 적절히 파악할 수 있는 능력이나 자사에 적합한 신규 위험률 개발능력이 해당된다. 영업부문에서는 무엇보다 판매채널의 안정적인 활동기반을 들 수 있다. 보험의 판매 속성상 효용가치를 지속 안내할 수 있는 판매조직의 유지 여부가 보험회사의 존립에 가장 중요한 부분이 되는 것이다. 또한 보험계약유지 부문에서는 언더라이팅과 전산 인프라 구축을 들 수 있다. 기타 자산 운용력 등을 들 수 있다. 이를 요약 정리하면 다음 <표 4-4>와 같다.

표 4-4 ➡ 각 영역별 핵심경쟁요소

부문	핵심경쟁요소
상품개발	고객니드 파악능력, 신규위험률 개발능력
영업부문	판매채널, 활동기반(가망고객, 신시장 확보 등)
보험계약	언더라이팅(Underwriting)
운영	경영 Infra(전산시스템, 인적자원, 운영시스템)
자산관리	자산운용력(수익력, 리스크관리)
경영관리	고객만족(편의성, 신속성)

　　한편, 이러한 경쟁요소를 판매채널에 따라 중요도를 분석하여 보면 다음 <표 4-5>와 같다. 이 표에 의하면 대다수 불특정을 대상으로 하는 개인 보험 상품을 판매하는 대표적인 채널인 일반외야 채널과 특정지역 및 직장

에 속하는 개인을 대상으로 하는 전략채널의 경우 가장 중요한 경쟁요소는 판매채널 확보와 새로운 시장 확보이다. 반면, 일반단체 및 법인고객을 대상으로 하는 법인채널은 신시장 확보와 법인영업력, 그리고 자산 운용력이 매우 중요한 것으로 나타났다. 또한 자산운용부문에서는 무엇보다도 리스크관리가 중요하다.

표 4-5 ➡ 경쟁요소별 중요도 평가표

구분		고객DB (가망고객)	Brand Image	판매 Channel	신시장 확보	법인 영업력	자산 운용력	경영 Infra	Risk 관리
개인	일반 외야	○	○	◎	○	×	△	○	○
	특수 채널	○	○	◎	◎	×	△	○	○
법인	일반 단체	△	△	○	◎	△	○	△	○
	법인	×	×	△	○	◎	◎	×	○
자산운용		×	×	×	△	△	◎	○	◎

(◎: 매우 중요, ○: 중요, △: 보통, ×: 관계 적음)
(출처: 미래에셋생명, 중장기 경영전략 수립 기초자료, 2000)

2) 보험의 핵심역량 도출

보험경영의 각 영역별, 즉 상품개발에서부터 보험금지급에 이르기까지 또한 이를 관리하는 부문까지 고려하여 신규 진입자들 간의 경쟁요소를 살펴보았다. 이러한 다양한 경쟁요소 중 가장 차별화된 핵심역량으로 도출된 요소는 판매채널, 새로운 시장 확보, 전산시스템과 인적자원 확보 및 리스크관리 등 경영 인프라, 고객만족이다. 이를 그림으로 나타내면 다음과 같다.

그림 4-1 ➡ 보험의 핵심역량 도출

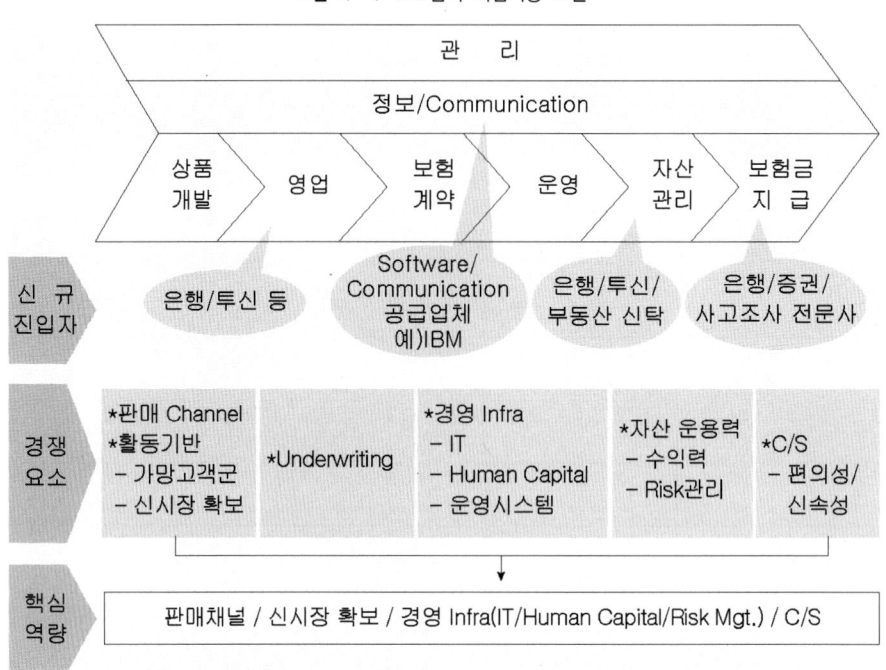

(출처: 미래에셋생명, 중장기 경영전략 수립 기초자료, 2000)

3) 보험과 제조업 비교

보험영업을 제조업과 비교하여 살펴보면 다음과 같다. 우선 매출에 대한 기본의미가 다르다. 보험영업의 매출은 수입보험료로 대변할 수 있다. 수입보험료는 설계사 규모와 판매 활동량, 유지율, 정착률 등 효율에 의해 좌우된다. 반면, 제조업의 매출은 판매량에 매출원가를 곱하여 산출되며, 이 중 판매량에 직접적으로 영향을 미치는 생산량은 생산설비와 가동률, 그리고 수율에 의해 좌우된다. 한편, 보험영업을 제조업의 개념에서 접근하면 보험 영업은 무엇보다 생산과 판매가 동시에 발생한다는 것이다. 그리고 생산설비가 보험회사와 위촉관계에 있는 생활설계사가 되는 것이다. 그러므로 생활설계사를 어떻게 양성하고 효율적으로 관리하는 것이 보험회사 존립의 열쇠가 될 수 있는 것이다. 그리고 생활설계사의 활동량이나 효율은 생활설계사가 어느 정도 일정 규모에 도달하여만 그 의미를 부여할 수 있는데 이는 설계사의 능력에 종속되기 때문이다. 특히, 활동량은 생활설계사의 능력에 따라 무한대로 확대되는 아주 특이한 형태이다. 이에 반해 제조업은 생산 이후에 판매가 이루어지며 플랜트 등 공장의 생산능력에 따라 판매가 제약된다고 할 수 있다. 그리고 생산량의 주요 결정변수인 생산능력, 가동률, 수율이 서로 독립적으로 움직이며 가동률도 최대 100%까지만 발휘할 수밖에 없다. 따라서 보험영업은 일반 제조업에 비해 생활설계사의 동적 관리가 가장 중요하며, 이의 확보여부에 따라 보험회사 우열을 비교할 수 있게 된다. 이를 요약정리 하면 다음과 같다.

그림 4-2 ➡ 보험과 제조업 비교

	보험영업	제조업
산출 식	- 수입보험료(P)=f(A, B, C) A: 설계사수, B: 활동량, C: 효율 - 매출=수입보험료	- 생산량(Q)=f(a, b, c) a: 생산능력, b: 가동률, c: 수율 - 매출＝판매량×단가
특징	- 생산과 판매 동시 발생 - 위촉관계인 생활설계사가 생산설비 - B, C는 A의 종속관계 B(활동량): 0~∞	- 생산 이후 판매 발생 - 생산능력에 따라 판매 제약 - a, b, c는 각각 독립관계 b(가동률): 0~100%

주) 활동량: 인당 건수×건당 보험료

생산설비인 동시에 판매주체가 생활설계사
=>동적요소 관리가 최대 관건

4. 경영평가

보험회사는 그 사업의 공공성, 사회성으로 인하여 감독 당국으로부터 주기적으로 해당기간의 경영성과에 대해 각 부문별로 건전성 및 투명성 여부를 평가받고 있다. 현행규제 방식은 크게 세 가지 영역, 즉 자기자본규제, 건전성 평가와 공시제도 분야에서 주로 사후적이고 교정적인 직접적인 방식으로 진행되었었다. 대표적인 예를 들면, 자기자본 규제는 EU식 지급여력제도를 적용하고 있으며, 건전성 평가는 경영실태평가제도로 공시제도는 실적 중심의 경영공시를 들 수 있다. 그러나 이런 규제의 가장 큰 문제점은 과거 경영실적에 대한 경영평가여서 미래의 잠재부실이나 예상되는 리스크를 고려하지 않는다는 점이다. 그러나 금융자유화, 글로벌화가 가속화되면서 갈수록 금융지표의 변동성이 증대되고 있으며, 복잡하고 다양한 금융기법 등이 출현되어 기존의 정태적인 재무제표 중심의 경영평가 방식은 한계에 다다르게 되었다. 따라서 감독 당국은 궁극적으로 리스크 중심의 감독체계를 지향하고자 부단한 노력과 선진감독기법을 검토한 결과 리스크중심의 평가지표를 도입하게 되었다. 가장 대표적인 것은 자기자본 규제를 리스크기준 자기자본인 RBC(Risk Based Capital)제도로 변경하였고, 또한 건전성 평가도 경영상 리스크를 사전에 파악, 부실을 미연에 방지할 수 있는 리스크평가제도 (RAAS: Risk Assessment and Application System)를 도입하였다. 동 제도는 2007년부터 보험회사에 적용되어 운영되고 있다. 이러한 방식은 사전적이고 예방적인 간접규제 방식이라 할 수 있다. 또한 리스크관련 주기적인 경영리스크 분석 자료를 공시하는 제도를 확대하도록 하고 있다. 이와 같은 리스크 중심의 보험감독체제의 구조를 표로 요약하면 다음과 같다.

표 4-6 ➡ 리스크중심 보험감독체제의 구조

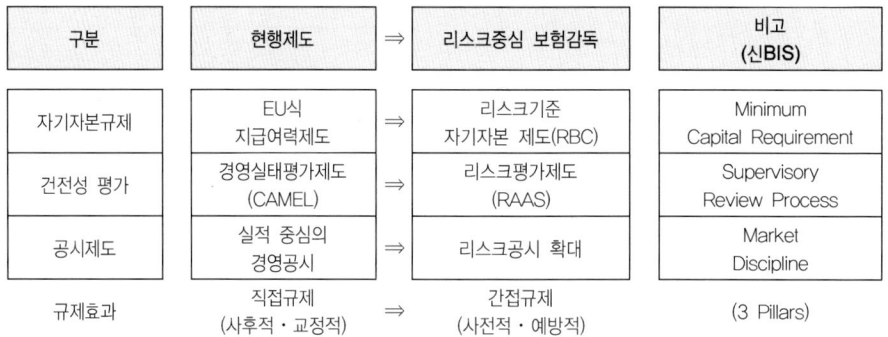

구분	현행제도	⇒	리스크중심 보험감독	비고 (신BIS)
자기자본규제	EU식 지급여력제도	⇒	리스크기준 자기자본 제도(RBC)	Minimum Capital Requirement
건전성 평가	경영실태평가제도 (CAMEL)	⇒	리스크평가제도 (RAAS)	Supervisory Review Process
공시제도	실적 중심의 경영공시	⇒	리스크공시 확대	Market Discipline
규제효과	직접규제 (사후적·교정적)	⇒	간접규제 (사전적·예방적)	(3 Pillars)

(출처: 금감원, 보험회사 리스크평가제도 해설서, 2007, p.3)

1) 경영실태평가제도(CAMEL)

본 제도는 크게 지급여력(Capital Adequacy), 자산건전성(Asset Quality), 경영관리(Management), 수익성(Earning), 유동성(Liquidity) 등 5개 분야를 평가항목으로 구분하고, 배점은 각각 30, 20, 20, 15, 15점으로 한다. 이 중 경영관리부분은 비계량항목만으로 구성되어 있으며 나머지는 계량항목으로 구성된다. 평가방법은 평가부분별 계량항목을 평가하여 잠정평가등급을 추정한 후 비계량항목의 분석결과를 참조하여 평가부분별로 잠정평가등급을 추정한다. 이후 평가대상 보험회사의 경영상태 및 영업능력, 금융경제여건을 종합적으로 고려하여 최종 종합평가등급을 정한다. 종합평가등급은 1등급(우수), 2등급(양호), 3등급(보통), 4등급(취약), 5등급(위험)으로 구분되며 경영실태평가결과가 우수한 회사는 정기검사주기의 연장, 검사범위의 축소 등 우대조치를 하며 평가결과가 불량한 회사는 경영개선계획 수립 및 추진, 경영개선권고, 경영개선요구 등의 조치를 취한다. 평가결과는 비공개를 원칙으로 하되 감독상 제재가 부과된 경우에는 구체적 사안에 따라서 공표가 가능하다. 이는 공시하지 않음으로써 상대적으로 열등한 지위의 보험회사의 대외공신력 저하를 방지하고, 자구적으로 경영개선을 할 수 있도록 하기 위함이다. 한편, 이 방법은 평가시점의 자산건전성 및 보험금 지급이행능력을 중심으로 평가가 이루어짐에 따라 보험회사 고유의 주요 리스크인 보험 및 금리리스크 평가가 미흡하고 자산과 부채의 구성 및 재무실적의 변동 등에 따른 리스크를 체계적으로 반영하지 못하는 단점을 내포하고 있다. 이하 각 부문별 평가배점 및 등급기준을 요약하면 다음 <표 4-7>과 같다.

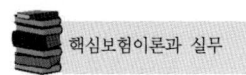

표 4-7 ➡ 부문별 배점 및 등급기준

(단위: %)

구분		1등급	2등급	3등급	4등급	5등급
지급여력	지급여력비율 I (20점)	(200×소정비율) 이상	(200×소정비율) 미만 (150×소정비율) 이상	(150×소정비율) 미만 (100×소정비율) 이상	(100×소정비율) 미만 (50×소정비율) 이상	(50×소정비율) 미만
	지급여력비율 II (10점)	(185×소정비율) 이상	(185×소정비율) 미만 (135×소정비율) 이상	(135×소정비율) 미만 (85×소정비율) 이상	(85×소정비율) 미만 (35×소정비율) 이상	(35×소정비율) 미만
자산건전성	부실자산비율 (10점)	1미만	1이상 2.5미만	2.5이상 4.0미만	4.0이상 5.5미만	5.5이상
	위험가중자산비율 (10점)	55미만	55이상 60미만	60이상 65미만	65이상 70미만	70이상
수익성	평균예정이율대 총자산이익률 (5점)	100이상	100미만 90이상	90미만 80이상	80미만 70이상	70미만
	위험보험료대 사망보험금비율 (5점)	53미만	53이상 65미만	65이상 77미만	77이상 89미만	89이상
	예정사업비대 총실제사업비비율 (5점)	90미만	90이상 100미만	100이상 110미만	110이상 120미만	120이상
유동성	유동성비율 (7.5점)	32이상	32미만 27이상	27미만 22이상	22미만 17이상	17미만
	수지차비율 (7.5점)	20이상	20미만 10이상	10미만 0이상	0미만 △10이상	△10미만
기 준 평 점		1.0~1.4	1.5~2.4	2.5~3.4	3.5~4.4	4.5~5.0

(출처: 금감원홈페이지, 보험업무자료)

2) 리스크평가제도(RAAS)

이는 보험회사의 경영활동에 수반되는 각종 리스크에 대한 노출정도와 리스크 관리·통제능력을 체계적·종합적으로 평가하여 보험회사 금융시스템의 안정성과 건전성을 제고하는 일련의 과정을 의미한다. 특히, 감독 당국은 보험회사의 부문별 리스크를 상시 평가하여 취약회사 및 취약부문에 감독·검사를 집중함으로써 감독업무의 효율성을 높일 수 있다. 리스크평가제도에서는 평가시점의 자산건전성 등 재무실적뿐만 아니라 과거 경험률(부도율, 손실률 등) 등을 이용한 자산 및 부채에 대한 리스크 측정 등을 통해 미래의 손실가능성을 중심으로 평가하는 특징이 있다.

(1) RAAS 구성요소

보험회사 리스크 및 경영부실요인을 체계적으로 평가하기 위하여 리스크 노출정도, 리스크 통제기능, 리스크 감내능력 등 3개 부문으로 구분하여 각각을 평가항목과 비계량평가항목으로 구분하여 평가등급을 산정하고 이를 종합한다. 이를 요약하면 다음 <표 4-8>과 같다.

표 4-8 ➡ 리스크평가제도 평가항목

평가부문	계량평가항목	비계량평가항목	평가등급
리스크 노출정도	- 보험리스크 - 금리리스크 - 시장리스크 - 신용리스크 - 유동성리스크 - 비재무리스크 - 지급여력리스크		1~5등급
리스크 통제기능		- 리스크관리의 적정성 - 내부통제의 적정성	1~5등급
리스크 감내능력	- 자본적정성 - 수익성		1~5등급
종합리스크 등급	리스크 노출정도 + 리스크 통제기능 + 리스크 감내능력		1~5등급

(출처: 금감원, 보험회사 리스크평가제도 해설서, 2007, p.8)

① 리스크 노출정도(Risk Exposure)
가. 보험·금리·시장·신용·유동성·비재무 리스크 6개 부문으로 세분하여 생명보험 22개, 손해보험 24개 계량지표로 구성되어 있다.

나. 산정절차

- 1단계: 계량지표(생명보험 22, 손해보험 24) 산출→지표별 등급기준에 따른 등급결정(1~5등급)

- 2단계: 세부평가부문 내의 지표그룹(기초·정밀·보조)별 등급 결정(산술평균)

- 3단계: 세부평가부문(보험·금리·시장·신용·유동성·비재무 리스크)별 등급 결정(지표그룹별 등급 산술평균)

- 4단계: 리스크 노출정도 등급 산출(세부평가부문별 등급 가중평균)

다. 리스크 분류 및 정의

- 보험리스크: 보험회사의 고유 업무인 보험계약의 인수 및 보험금 지급과 관련하여 발생하는 리스크로 크게 다음 두 가지 종류로 구분한다.

• 보험가격리스크: 보험료 산출 시 적용된 예정 위험률과 실제 발생 위험률 간의 차이로 인한 손실의 발생 또는 손익의 변동가능성

• 준비금리스크: 지급준비금과 실제 보험금 지급액 간의 차이로 인한 손실의 발생 또는 손익의 변동가능성

- 금리리스크: 미래의 이자율 변동과 자산·부채 만기구조 차이 등으로 보험회사의 순자산가치가 하락할 위험

- 시장리스크: 주가, 금리, 환율 등 시장가격변수의 변동에 따른 단기매매자산의 가치하락으로 인한 손실위험

- 신용리스크: 거래상대방의 채무불이행 또는 신용등급 변화 등에 따른 자산가치의 하락 위험

- 유동성리스크: 미래에 현금의 지급능력이 부족하여 지급불능 상태에 빠지거나 비정상적인 조달비용 상승으로 인한 손실위험

- 비재무 리스크: 경영리스크, 법규리스크, 전략리스크 등으로 인

한 손실위험

- 운영리스크: 보험 상품 불완전판매, 금융사고, 내부통제제도 등 으로 인한 손실 위험
- 법규리스크: 각종 법규, 규제, 지침 등을 준수하지 못하여 발생하는 손실위험
- 전략리스크: 경영계획, 전략, 의사결정 등이 적절하지 못할 경우 발생할 수 있는 손실위험

표 4-9 ➡ 리스크노출정도 부문별 평가지표

세 부 평가부문	지표 그룹	평 가 지 표	
		<생 명 보 험>	<손 해 보 험>
보 험 리스크	기초	- 기초 보험리스크량 비율 I - 기초 보험리스크량 비율 II	- 기초 보험가격리스크량 비율 - 기초 준비금리스크량 비율
	정밀	- 정밀 보험가격리스크량 비율	- 정밀 보험가격리스크량 비율 - 정밀 준비금리스크량 비율
	보조	- 보유위험보험료 변화율 - 손해율 증감	- 경과보험료 변화율 - 손해율 증감 - 지급준비금 부족률
금 리 리스크	기초	- 기초 금리리스크량 비율	
	정밀	- 정밀 금리리스크량 비율	
	보조	- 금리부 자산·부채 비율	
시 장 리스크	기초	- 기초 시장리스크량 비율	
	정밀	- 정밀 시장리스크량 비율	
	보조	- 시장리스크 노출포지션 비율	
신 용 리스크	기초	- 기초 신용리스크량 비율	
	정밀	- 정밀 신용리스크량 비율	
	보조	- 부실자산 비율	- 예상손실대비 대손충당금 적립률
유동성 리스크	기초	- 기초 유동성리스크 비율	
	보조	- 유동성 비율	- 수지차 비율
비재무 리스크	기초	- 기초 운영리스크량 비율	
	보조	- 상품비중 변동	- 자산비중 변동
지급여력 리스크	기초	- 지급여력민감도 비율	

(출처: 금감원, 보험회사 리스크평가제도 해설서, 2007, p.13)

② 리스크 통제기능(Risk Control)

이는 보험회사의 각종 리스크에 대한 관리수준 등을 리스크관리부문, 내부통제부문으로 구분하여 평가항목별 점검사항(Check List)[1]을 중심으로 1~5등급으로 평가한다. 평가항목으로는 리스크관리부문은 이사회와 경영진의 리스크 인식 및 기능, 리스크관리 체제, 보험리스크관리, 금리리스크 관리, 시장리스크 관리, 신용리스크 관리, 유동성리스크 관리, 비재무 리스크관리 부문으로 총 8개로 구성되어 있다. 내부통제부문(Compliance)은 통제환경, 회계 정보 및 의사소통시스템, 자체평가 및 모니터링, 통제활동 부문으로 총 4개로 구성되어 있다.

표 4-10 ➡ 리스크 통제기능 부문별 평가항목

세부평가부문	평 가 항 목	점검사항(Check List) 개수	
		점검항목	세부항목
리스크관리의 적정성	-이사회와 경영진의 인식 및 기능	3	10
	-리스크관리 체제	7	19
	-보험리스크 관리	7	21
	-금리리스크 관리	8	19
	-시장리스크 관리	6	16
	-신용리스크 관리	6	16
	-유동성리스크 관리	5	15
	-비재무리스크 관리	3	6
내부통제의 적정성	-통제환경	9	18
	-회계, 정보 및 의사소통시스템	4	10
	· 자체평가 및 모니터링	6	14
	· 통제활동	35	105

(출처: 금감원, 보험회사 리스크평가제도 해설서, 2007, p.14)

③ 리스크 감내능력(Risk Tolerance)

이는 리스크가 손실로 현실화될 경우 손실을 흡수할 수 있는 현재의 자본보유수준(자본 적정성)과 장래수익 창출을 통한 자본확보 능력(수익성)으로 구분하여 계량 평가한다. 한편, 평가항목은 다음과 같다.

　　-자본적정성 부문: 지급여력비율, 수정지급여력비율, 자기자본 대

---

1) 평가항목별 체크리스트는 부록 2를 참조할 것

기초 리스크량 비율, 단순자기자본비율

- 수익성 부문
- 생명보험: 평균예정이율 대 총자산 이익률, 위험보험료 대 사망
  보험금비율, 예정사업비 대 실제사업비 비율, 총자산 순이익률,
  총자산경비율,
- 손해보험(원수보험사): 위험손해율, 경과예정사업비 대 순사업비
  비율, 평균예정이율 대 운용자산 이익률, 총자산 순이익률, 총자
  산경비율

표 4-11 ➡ 리스크감내능력 부문별 평가지표

세 부 평가부문	가중치	평 가 지 표	가중치	비고
자 본 적정성	$\frac{2}{3}$	① CAEL 지급여력 평가지표 - 지급여력비율 - 수정지급여력비율	50%	
		② 기초리스크량 대 자기자본 비율	35%	자본총계×2/ 보험+금리+시장+신용+운영
		③ 단순자기자본 비율	15%	자본총계/자산총계
수익성	$\frac{1}{3}$	① CAEL 수익성 평가지표 [생명보험] - 평균예정이율 대 총자산이익률 - 위험보험료 대 사망보험금 비율 - 예정사업비 대 실제사업비 비율 [손해보험] - 위험손해율 - 경과예정사업비 대 순사업비 비율 - 평균예정이율 대 운용자산이익률 [전업재보] - 합산비율 - 운용자산이익률	50%	
		② 총자산순이익률	25%	당기순이익/총자산
		③ 총자산경비율	25%	총경비 (생)사업비+재산관리비 (손)순사업비+재산관리비+부동 산관리비

(출처: 금감원, 보험회사 리스크평가제도 해설서, 2007, p.15)

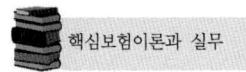

(2) 종합리스크등급 산정

리스크 노출정도, 리스크 통제기능, 리스크 감내능력 평가등급을 종합하여 주기적으로 종합리스크 등급을 산정하며 각 등급별 정의는 다음과 같다.

① 1등급(우수: Strong): 위험이 손실로 현실화될 가능성이 높지 않으며 손실로 현실화되더라도 전반적인 재무 상태에 악영향을 미칠 가능성이 희박하다.

② 2등급(양호; Satisfactory): 위험이 손실로 현실화될 가능성이 다소 있으나 손실로 현실화되더라도 자체적인 자본 및 위험관리체제 등이 양호하여 전반적인 재무 상태에 악영향을 미칠 가능성이 낮다.

③ 3등급(보통; Less Than Satisfactory): 위험이 손실로 현실화될 가능성이 존재하며 위험관리체제에 일부 결함이 있거나 손실흡수 능력이 양호하지 못하여 위험이 현실화될 경우 전반적인 재무 상태에 악영향을 미칠 가능성이 잠재되어 있다.

④ 4등급(취약; Deficient): 위험이 손실로 현실화될 가능성이 존재하고 동 위험을 확인 및 감시하는 통제기능이 취약하거나 손실을 흡수할 수 있는 자기자본 등이 취약하여 전반적인 재무 상태에 상당한 악영향을 미칠 가능성이 있다.

⑤ 5등급(위험; Critically Deficient): 위험이 손실로 현실화될 가능성이 높을 뿐만 아니라 위험관리체제 및 손실 흡수 능력도 취약하여 전반적인 재무상태에 중대한 악영향을 미칠 가능성이 매우 높다.

(3) 평가결과의 활용

종합리스크 등급이 4등급 이하로 취약한 회사에 대해서는 경영진 면담 등을 통해 리스크노출정도 축소, 리스크 통제기능 강화, 리스크 감내능력 개선을 요구한다. 보험회사별로 세부평가부문 및 평가지표가 4등급 이하인 부문에 대해서는 감독 당국의 해당담당자가 상시감시에 활용하고 필요시에는 조사출장 및 부문검사 등을 통해 취약부문에 대해 집중적으로 점검한다.

☼ 참고

주요국 리스크평가제도 비교

구분	영국 FSA	호주 APRA	캐나다 OSFI	미국 FRB	홍콩 HKMA
감독범위	은행·보험 등	은행·보험 등	은행·보험 등	은행	은행
도입시기	2003	2002	1999	1995	1998
명칭	The Firm Risk Assessment Framework	Probability And Impact Rating System	The New Supervisory Framework	Risk - focused Supervision	Risk - based Supervision Approach
리스크 평가항목	[사업리스크] ①경영전략 ②시장리스크/ 신용리스크/ 보험리스크/ 운영리스크 ③재무건전성 ④소비자 및 상품특성	①거래상대리스크 ②자산부채·시 장리스크 ③보험리스크 ④운영리스크 ⑤유동성리스크 ⑥법규리스크 ⑦전략리스크 ⑧전염·관계자 리스크	①신용리스크 ②시장리스크 ③보험리스크 ④운영리스크 ⑤유동성리스크 ⑥법적리스크 ⑦전략리스크	①신용리스크 ②시장리스크 ③유동성리스크 ④운영리스크 ⑤법적리스크 ⑥평판리스크	①신용리스크 ②시장리스크 ③이자율리스크 ④유동성리스크 ⑤운영리스크 ⑥법적리스크 ⑦평판리스크 ⑧전략리스크
리스크 관리 평가항목	[통제리스크] ①소비자관리 ②조직구조 ③내부통제 ④이사회·경 영진·직원 ⑤법규준수 및 사업 문화	①이사회 ②경영진 ③업무운영 관리 ④정보시스템 및 재무관리 ⑤리스크관리 ⑥법규준수 ⑦감사기능	①운영관리 ②재무분석 ③내부감사 ④법규준수 ⑤리스크관리 ⑥경영진 ⑦이사회 감독	①리스크관리 정보시스템 ②업무활동 관리·감독 ③리스크관리기 능의 독립성 ④내부감사기능	①이사회와 경영 진의 감시 ②정책·절차· 한도구조 ③리스크측정· 감시·보고 체계 ④내부통제· 내부감사
회사규모 반영 여부	○	○	×	×	×
자본· 수익성 평가 여부	○	○	○	×	×
평가등급	4등급	5등급	3등급	3등급	3등급
결과활용	감독조치	감독조치	감독조치 (일부반영)	검사계획 수립 시 활용	검사계획 수립 시 활용

(출처: 금감원, 보험회사 리스크평가제도 해설서, 2007, p.93)

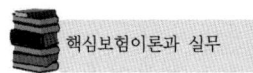

✿ 참고   **경영실태평가와 리스크평가제도 비교**

경영실태평가제도   리스크평가제도

리스크 노출정도(RX)

| 보험리스크 | ※ 보험·금리리스크 계량화 (CAMEL 비계량평가 의존) |

금리리스크

| 자산건전성(A) | ⇨ | 신용리스크 시장리스크 | ※ 시장·신용리스크 세분화 및 정교화 |

| 유 동 성(L) | ⇨ | 유동성리스크 |

| 비재무리스크 | ※ 지급여력민감도 추가 |

지급여력민감도

| 경영관리(M) | ⇨ | 리스크 통제기능(RC) | ※ 상시평가체제로 운영 |

리스크 감내능력(RT)

| 지급여력(C) | ⇨ | 자본적정성 |
| 수 익 성(E) | ⇨ | 수 익 성 | ※ 기초리스크량 대 자기 자본비율 지표등 다양한 지표로 평가 |

| 종합등급 | ⇨ | 종합리스크등급(TR) |

자산건전성 중심   리스크 중심

(출처: 금감원, 보험회사 리스크평가제도 해설서, 2007, p.96)

5. 재무건전성

1) 지급능력과 지급여력

(1) 지급능력(Solvency)

지급능력이란 일반적으로 보험회사의 재무건전성을 의미하고 보험계약자에게 지급해야 될 보험금 및 해약환급금 등의 지급채무를 이행할 수 있는 자산보유상태를 말한다. 이는 자산, 책임준비금 및 잉여금에 의하여 측정되며 책임준비금과 기타 부채액의 합계액보다 건전성 자산을 더 많이 보유하고 있으면 지급능력이 있다고 할 수 있다. 예를 들어, 사망률, 예정이율 등 예정기초율이 예정대로 진행되는 것을 가정하면 정해진 책임준비금만 적립이 되면 보험금 지급에는 아무런 지장이 없다. 따라서 사망률, 예정이율이 보수적으로 설정되어 있으면 책임준비금도 보수적으로 적립이 되므로 보험회사의 지급능력(Solvency)은 확보되는 것으로 생각할 수 있다.

(2) 지급여력(Solvency Margin)

과거와 같은 정태적 보험시장에서는 예정기초율 등 기본적인 가정들이 안정적이고 예측이 가능하였기 때문에 책임준비금을 충실히 적립하는 것만으로도 지급능력의 문제가 해결되는 것으로 인식되었었다. 그러나 금융개방화, 규제완화, 금리 자유화 등이 진행되면서 기본적인 가정들이 충족되기 어려운 상황이나 예측이 불가능한 위험에 처하면, 즉 예상 밖의 자산가치의 하락, 환율변동에 따른 환위험, 대형보험사고 등의 커다란 손실 충격 포함 등 통상의 가정 하에서 산정한 책임준비금만으로는 장래의 보험금지급의 의무를 이행할 수 없는 상황이 발생할 수 있다. 이런 경우를 대비하여 책임준비금을 초과하여 보험회사가 적립하여야 하는 완충역할로서의 잉여금이 필요한데 이를 지급여력(Solvency Margin)이라고 한다. 지급여력은 '책임준비금 등의 채무를 초과하여 보유하는 지급능력'의 의미로 생보사가 예측할 수 없는 리스크의 현재화에 대비할 수 있는 일종의 잉여금(Surplus)을 의미한다. 따라서 최저 지급여력을 밑돈다 해도 바로 지불불능에 빠지는 것은 아니다. 그러나 최저지불능력을 확보치 못한 경우에는 경영위기로 간주하고 보험감독 당국은 다수 계약자 보호를 위하여 재무상태의 건전성 확보를 위한 다양한 제한조치를 취하고 있다. 대부분 국가에서는 보험계약자 보호를 위해 지급여력제도를 도입하여 운영하고 있으며 이 부분에 대해서는 어떤 감독규제 내용보다 엄격하게 운영되고 있다.

2) 지급여력제도

이러한 지급여력제도는 크게 보험료 및 보험금 기준 방식인 EU 방식과 보험회사가 보유하는 리스크에 비례해 자기자본을 보유해야 한다는 RBC(Risk Based Capital) 제도로 구별된다. 한편, 지급여력비율은 지급여력을 지급여력 기준으로 나눈 비율이며 이는 보험회사 재무건전성을 판단하는 기준이며 우량보험회사 선택기준으로 사용되고 있으며 일반적으로 100% 이하가 되면 감독 당국으로부터 적기 시정조치 규제를 받는다.

$$지급여력비율 = \frac{지급여력(보유자기자본)}{지급여력기준(요구자기자본)} \times 100$$

* 적기시정조치 내역
  - 지급여력비율 100%~50%: 자본금증액, 사업비감축 등 경영개선권고
  - 지급여력비율 50%~0%: 점포폐쇄, 임원진교체 등 경영개선요구
  - 지급여력비율 0% 이하: 주식소각, 계약 이전 등 경영개선명령

(1) EU 방식

이는 산출방식이 간단명료하고 실무적으로 관리하기가 편리한 장점이 있지만 위험대상별 자산리스크와 경영리스크를 고려하지 않아 이러한 리스크에 대한 조기경보 기능이 미비한 단점이 있다. 산출 공식은 다음과 같다.

지급여력(보유자본) = 지급여력합산항목 - 지급여력 차감항목

* 합산항목: 자본금+자본잉여금+이익잉여금+자본조정+기타
* 차감항목: 영업권 등 무형자산+선급비용+기타

지급여력기준(요구자본) = 책임준비금×4% + 위험보험금×0.3%

(2) RBC(Risk Based Capital) 방식

본 제도는 미국에서 처음으로 시행되었으며 과거의 재무제표에 기초하여 수리적, 통계적인 기법을 활용하여 리스크계수를 산출하고 이를 요구자본금이라 하고 보유자본금대비 비율로 재무건전성의 적정성을 판단한다. 한편, 산출 공식은 다음과 같다.

지급여력(보유자본): EU방식과 동일기준(국가별 달리 적용할 수 있음)
지급여력기준(요구자본) = 총위험기준자본(Total Risk Based Capital)

$$= \sqrt{(C_1 + C_3)^2 + C_2^2} + C_4$$

C1: 자산리스크금액, C2: 보험리스크금액, C3: 금리리스크금액,
C4: 운영리스크금액

① 리스크 종류 및 내용
- C1(자산리스크): 자산의 손실발생 리스크로 채권, 주식, 저당증권, 부동산 등의 자산에 대해 장부가 또는 평가액의 일정비율을 리스크 액으로 한다.

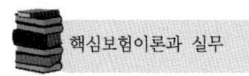

- C2(보험리스크): 사망률 악화 등 보험가격설정에 수반하는 손실발생리스크로 보험종류의 분류에 따르며, 사망보장상품은 위험보험금에 비례, 연금은 책임준비금 비례로 산출한다.

- C3(금리리스크): 금리변동에 따른 cash-flow 변동 등의 리스크로 해약 시의 이율보증 유무, 해약공제의 유무 등에 따라 계약을 분류하고 책임준비금의 일정부분을 리스크 액으로 한다.

- C4(운영리스크): 경영, 법규제, 경쟁조건 등의 변화에 따라 일정수준의 리스크금액을 결정한다.

② 장점과 단점

이 방식의 장점으로는 우선 위험계수를 정하여 공식화하므로 정밀하다는 점이다. 또한 리스크를 위험대상별로 예측하여 보험사업의 위험에 적절히 대응할 수 있도록 하고 위험의 조기 경보기능을 수행한다. 한편, 단점으로는 RBC비율 산출 시 주관적 판단이 개입되기 쉬워 통계적 신뢰성에 문제가 있을 수 있으며, RBC비율 산출을 위한 비용 및 시간이 많이 소요될 수 있다는 점이다.

6. 보험회사 가치평가

1) 기업가치

(1) 의의

기업도 하나의 경제주체로서 존재에 대한 그 가치가 나타나며 이것의 평가로 기업을 둘러싼 모든 이해관계자는 경제적이고 합리적인 의사결정을 하게 된다. 기업가치란 과거의 경영활동 결과에 의한 현재가치 외에 미래에 대한 효율적인 의사결정을 통한 미래의 기업가치가 창출되며 이는 유형과 무형으로 구분된다. 유형적 가치는 대차대조표기준의 재무적 가치로 전체 기업가치(총자산 가치)와 주주의 기업가치(총자산가치에서 채권자가치를 차감)로 구분한다. 여기서 채권자가치는 채권자가 기업에 대여해 준 금액으로 한정되기 때문에 경영 의사결정에 따른 가치의 변화가 거의 없으나, 주주가치는 투자정책이나 재무정책에 따라 큰 영향을 받는다. 따라서 기업가치 극대화는 주주가치의 극대화를 의미하고 주가 극대화로 표현된다. 무형적 가치, 즉 비재무적 가치는 정확한 가치측정은 어렵지만 과거의 유형적 가치를 증대시켜 왔고, 미래의 유형적 가치를 증대시킬 수 있는 기본적인 요소가 해당된다. 이를테면 우수인력 확보, 기술 및 연구개발력, 브랜드(Brand), 판매유통망, 유리한 입지 등이다.

과거 매출액 등 외형위주의 경영형태에서는 기업가치보다는 양적 확대나 손익계산서 위주의 경영, 즉 장부기준상 회계적인 이익창출에 치우쳐 진정한 이익창출, 즉 현금흐름을 중시한 경영에 등한시하고 미래수익원을 위한 연구개발(R&D) 투자 등에 절대적으로 인색하였다. 한편, 기업의 존재이유는 수익창출이며 계속기업으로서 존재가치를 지속고자 필요한 자금을 자본시장에서 조달, 경영자원의 효율적 운용 등으로 최대수익을 시현하고자 부단히 움직이는 것이다. 이때 투자자는 투자자금에 대한 기회비용(자본비용)을 요구할 것이고 경영자는 자본비용보다 상회한 투자수익을 시현해야 진정한 이익이 창출되며 각 이해관계자는 성과보상, 즉 배당, 급여 등을 기대하게 된다. 즉 경영자와 투자자는 그에 상응한 보상을 위해서는 해당기업의 성과를 정확히 측정해야 하며 이의 수단으로 가치평가는 필수불가결하다. 최근 경영패러다임(Paradigm)이 변화하고 있는 상황에서의 경쟁우위 확보방안은 과거와 같이 단순히 매출액, 당기순이익 확대 등 양적 성장 외에 이를 뒷받침할 수 있는 질적 성장이 필히 수반되어야 하며 이를 지원할 수 있는 것이 가치 중심 경영이라 할 수 있다.

가치 중심 경영은 '투자→매출액 실현→영업이익성과 창출→투자자배분/
내부유보→재무구조 건실화→사업구조조정'이라는 일련의 경영활동과정에
서 기업가치 극대화를 실현하는 새로운 경영기법이며, 기업가치 극대화는
고객, 협력업체, 구성원, 주주 등의 가치가 선 순환적으로 증대될 때 가능해
지는 윈 - 윈(Win - Win)전략이다. 기업가치 평가는 해당기업의 장단기 경영
전략 수립 시 가치에 근거한 관리지표 생성, 사업구조 조정 및 자본가의 투
자의사 결정지원, 합작투자 및 인수합병(M&A), 시장진입 결정, 장단기 리스
크 관리 등에 주로 활용된다.

(2) 평가방법

어떤 평가방법도 완벽하지 않으므로 보다 정확한 기업가치 평가를 위해서
는 기업이나 사업특성에 따라 적절한 평가방법을 선택하는 것이 중요하고,
각 평가방법의 단점을 보완하기 위해서는 여러 가지 평가방법을 동시에 활
용하는 것이 바람직하다. 또한, 기업의 특성에 따라 적절한 평가방법을 선택
하는 것이 중요하며 어려울 시 여러 가지 방법을 병행하여 수치를 구한 후
종합적으로 판단하는 것이 바람직하다. 지금까지 많이 활용되고 있는 대표적
인 평가방법은 시가평가 가치법(Market Value), DCF법(Discounted Cash Flow,
현금흐름 가치법), Market Multiple 평가 방법 등이 있으며, 최근에는 DCF법
이 이론적으로 우수하고 미래의 현금흐름을 반영할 수 있다는 이유로 많이 사
용되고 있으며, M&A 시 중개역할을 하고 있는 투자은행들도 실제로 DCF법
및 Market Multiple법을 고려한 종합적 기업 가치를 평가하고 있는 실정이다.

① 시가평가가치(Market Value)

자산가치 평가방법 중 가장 대표적이며 대차대조표상의 자산실사를 통해 시
가에 근접하도록 조정하여 구하는 방법으로서 간단하고 객관적이라는 장점이
있다. 우리나라에서는 IMF 이전에 많이 사용되어 왔으나, 기업의 동태적인 측
면, 즉 수익창출능력을 제대로 고려하지 못하는 단점이 있으며, 특히 정보통신,

생명공학 등 하이테크 산업과 영업권이 큰 금융업 등에는 부적합하다.

② DCF법(Discounted Cash Flow, 현금흐름 할인법)

수익가치 평가방법 중 대표적으로서 미래에 창출될 현금흐름의 현재가치에 의하여 평가하는데, 즉 향후의 시장 여건이나 경영의 제반 변수요인을 감안하여 현금흐름을 예측하고 일정한 할인율(WACC: Weighted Average Cost Capital, 가중평균 자본비용)에 의하여 현재가치를 산정하여 기업 가치를 평가하는 방법이다. 이 방법은 이론적으로 가장 정교한 방법이나 정확한 정보에 근거하여 합리적인 미래예측을 할 수 있어야만 이 방법의 유용성이 높아질 수 있으며, 부동산 등 자산가치가 많은 회사에는 부적합하다.

이의 이론적 근거는 Miller − Modigliani(1961)에 두고 있으며 평가모형은 다음과 같다.

$$V = \frac{CF}{WACC} + \frac{\triangle IC*(ROIC - WACC)*T}{WACC(1 + WACC)}$$

V = 사업가치, CF = 사업으로부터의 현금흐름(현금 유입액)[2]

WACC = Weighted Average Cost of Capital

△IC = 초과수익을 얻기 위해 추가로 투자하는 신규투자금액

ROIC = return on invested capital = CF/IC, ROIC − WACC = 초과수익률

T = 초과수익을 얻을 수 있는 사업의 잔존수명

③ Market Multiple법

시장가치 평가방법 중 대표적으로 Market Multiple에 의한 평가로서 자산가치나 수익가치 방법에 비해 실무적으로 간편하다. Market Multiple 방법 중 그동안 PER(Price Earning Ratio), PBR(Price Book Value Ratio) 등의 지표가 많이 사용되었으나 최근에는 영업현금흐름이 반영될 수 있는 EBITDA(Earnings

---

2) DCF기법의 적용방법에 따라 CF는 EBITDA, NOPLAT, NOI, FCF 등 여러 가지 측정기준으로 측정하고 있지만 가장 기본적인 것은 영업이익으로 대변되는 현금흐름이다.

Before Interest, Tax, Depreciation & Amortization) Multiple이 많이 사용된다.

기업가치 평가방법과 장단점을 비교하여 요약하면 다음 <표 4 - 12>와
같다.

표 4-12 ➡ 기업가치 평가방법 및 장단점 비교

구 분			주 요 내 용
본질 가치	자산 가치	장부가치 (Book Value)	· 대차대조표상의 자산실사를 통해 시가에 근접하도록 필요한 조정을 하여 산정하며 간단/객관적
		시장평가가치 (Market Value)	· 무형자산에 대한 평가가 어렵고 기업의 동태적인 측면(수익창출) 미고려
		청산가치 (Liquidated Value)	· 정보통신/생명공학 등 하이테크 산업과 영업권이 큰 금융권 등에 부적합
	수익 가치	현금흐름가치 (DCF Value)	· 미래의 현금흐름을 WACC로 할인하여 현재가치 계산
		이익할인가치 (Revenue Value)	· 이론적으로 최적방법이나 정확한 Data가 전제되어야 유용성이 높아짐
		배당평가모형가치	· 부동산 등 자산가치가 많은 회사는 부적합
시장가치		주가+순차입금	· 다른 방법에 비해 간편하여 DCF법으로 구한 기업가치를 보완하는 지표로 사용
		상대가치	
		Market Multiple 에 의한 가치	· 그동안 PER, PBR 등의 지표가 사용되었으나 최근에는 EBITDA Multiple 방식이 많이 활용되고 있음

한편, 시장에서 기업 가치를 평가하는 방법은 기업의 사업모델에 따라 다
르게 적용될 수 있다. 예를 들어 신규 사업의 경우 EBITDA를 적용할 만큼
충분하지 않아 이를 미래성장 가능성 지표로 대체한다든가 Microsoft사는
PC보유대수에 일정한 배수를 곱하여 기업 가치를 산출하는 등 여러 가지
방법이 적용될 수 있다. 이를 정리하면 다음 <표 4 - 13>과 같다.

표 4-13 ➡ 사업모델에 따른 기업가치 평가방법

구 분	평가방법
일반기업	· EBITDA Multiple, DCF
American On-Line 등 신규 Business	· 아직 EBITDA는 충분하지 않지만(심지어 적자수준) 미래 성장 가능성을 감안하는 지표가 사용될 수 있음 (예: Subscriber×Multiple 등)
Microsoft	· 전 세계 PC 보유대수×Multiple 등
기타	· Value of Market×Market Share · 지식축적 Level(DB, R&D, Intangible 투자 등)×Multiple

(3) 평가관점

기업가치 평가에 대한 관점은 각각의 이해관계자에 따라 달라지며, 이들 이해관계자의 요구에 따라 기업의 대응방법도 달라진다. 주식투자자나 애널리스트들은 주로 기업의 내재가치나 성장가능성으로 기업을 평가하기 때문에 기업입장에서는 규모보다는 수익 측면에서 대응하게 된다. 경쟁업체는 주로 매출원가 혹은 시장점유율 등 경쟁적인 측면에서 상대기업을 평가하며 기업인수합병관계자들은 해당기업의 주가 등 본질가치의 적정성에 대하여 평가한다. 또한 해당기업에 자금을 대여해 준 은행 등 채권자들은 우선적으로 부채의 상환능력 위주로 평가하고 내부조직원은 회사의 안정성, 인센티브 제공 여부 등에 초점을 두고 평가한다. 이처럼 다양한 이해관계자가 존재하며 이들이 해낭 기업을 어떻게 평가하나에 띠리 기업의 양적 혹은 질적 규모가 달라진다. 기업가치 평가관점을 요약 정리하면 다음 <표 4-14>와 같다.

표 4-14 ➡ 기업가치 평가관점

이해관계자	기업가치 평가관점	기업 대응방법
주식투자자/Analyst	기업의 내재가치 및 성장 가능성	· Increasing Return to Scale
경쟁업체	원가, 시장장악력 등 경쟁관점	· 차원이 다른 경쟁으로 가치 증대
M&A 관계자	현재의 주가수준과 기업 내재가치의 차이	· 주가를 높여 해결
은행 등 채권자	부채비율, Cash Flow 등 부채 상환능력 관점	· 부채관리를 필요한 유동지표관리
회사내부 구성원	안정성, 보수, 성장기회의 제공 등	· Stock Option 등 성과 보수체계 확립

2) 보험회사의 기업가치

(1) 정의

보험회사의 가치는 <순자산가치 + 보유계약가치 + 신계약가치 + 무형가치>의 합으로 나타나며 이 중 순자산가치와 보유계약가치를 합하여 Embedded Value 라 하며 여기에 신계약가치를 합하여 Appraisal Value라 한다. 순자산가치는 자산에서 부채를 차감한 가치로 평가시점현재 재무제표상 주주지분의 현재가치를 의미하며 이의 평가방법으로는 장부가치, 시장가치, 조정가치가 있다. 보유계약가치는 미래 수익력 가치로 보유계약의 장래 현금흐름을 반영한 이익 중 주주지분의 현재가치이고, 신계약가치는 영업력가치로 신계약 모델링(Modeling)에 의해 예측되는 미래계약의 이익 중 주주지분의 현재가치를 말한다. 한편, 무형가치는 인력, 영업 네트워크(Network), 전산(IT)수준 등 무형의 가치를 의미한다. 보험회사 기업 가치를 요약하면 다음 <그림 4-3>과 같다.

그림 4-3 ➡ 보험회사 기업가치

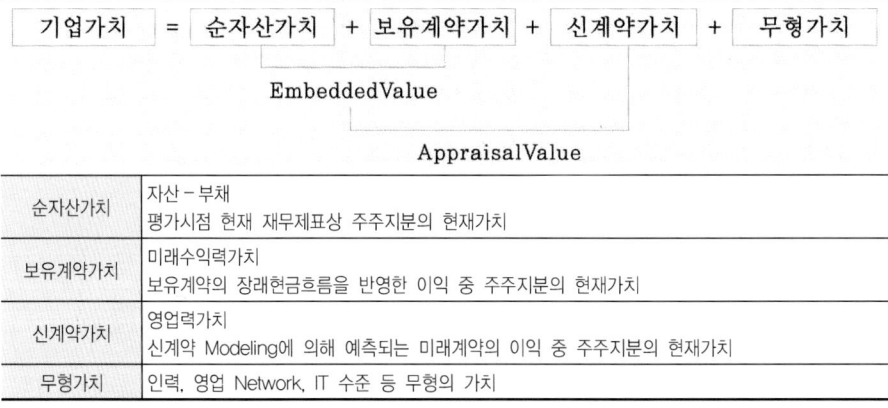

순자산가치	자산 - 부채 평가시점 현재 재무제표상 주주지분의 현재가치
보유계약가치	미래수익력가치 보유계약의 장래현금흐름을 반영한 이익 중 주주지분의 현재가치
신계약가치	영업력가치 신계약 Modeling에 의해 예측되는 미래계약의 이익 중 주주지분의 현재가치
무형가치	인력, 영업 Network, IT 수준 등 무형의 가치

(출처: 미래에셋생명 기업가치 분석자료, 2004)

(2) 산출체계

우선 신계약정보를 포함한 보유계약 정보를 보험증권별, 계약자별, 상품별 등 필요한 순서대로 순차적으로 분류한 다음 보험계약에 관한 세부정보를 연결시킨다. 이러한 정보파일을 통하여 평가기간 동안 발생할 수익과 비용을 산출 대응시킨다. 특히 미래수익과 비용에 관한 산출 시 필요한 제반 가정으로 유지율과 할인율, 투자수익률, 위험발생률, 사업비 집행률 등을 합리적으로 사용하기 위한 과거데이터가 충분히 집적되어야 한다. 수익에서 비용을 차감하고 평가기간 동안 준비금증가액을 차감하면 바로 순자산가치가 산출되며 이것을 감독기준에 따라 주주지분과 계약자지분으로 구분한다. 계약자지분은 감독기준에 따라 적립해야 하며, 주주지분이 순자산가치, 보유계약가치, 신계약가치로 구분되어 결과적으로 주주배당 몫으로 배분된다. 이를 도표로 나타내면 다음 <그림 4-4>와 같다.

그림 4-4➡ 보험회사 기업가치 산출체계도

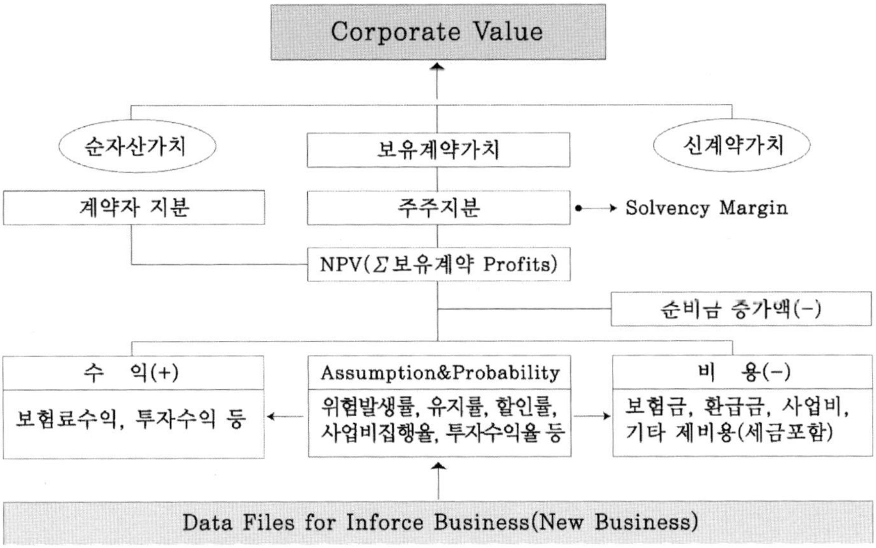

(출처: 미래에셋생명 기업가치 분석자료, 2004)

(3) 주요 가정

기업가치 산출에 필요한 주요 가정으로는 위험발생률, 유지율(해약률), 사업비 집행률, 투자수익률, 현재가치 할인율 등이 있다. 위험발생률은 보험료 산출 시 적용된 기초율 중 예정사망율의 해당기간 동안 실제 발생률을 의미하며, 위험급부별, 즉 일반사망, 재해사망 등 경험사차익률과 예정사망 대비 실제경험사망률 비율, 평균여명 기준 보정사망률 등이 있다. 유지율은 납입방법별 또는 경과기간별 보험료기준 유지율을 적용한다. 특히 금리연동형의 경우 금리시나리오에 따른 추정 유지율을 적용한다. 사업비 집행률은 신계약비, 유지비, 수금비로 구분하여 각각 예정사업비대비 집행률을 산출, 적용하고 신계약비의 경우, 가장 큰 규모인 설계사 수당을 그 내역별로 구분하여 수당별 코스트를 산출한다. 투자수익률은 기업가치 산출 가정치로 적용하기가 가장 난해한 요소이다. 우선 과거 자산운용수익률과 준비금적립이율을 해당 기간별로 산출한 다음, 미래의 기준금리를 시나리오별로 산출해 낸다. 대표적인 방법으로는 뉴욕 7 시나리오[3]가 사용된다. 또한 전산시스템이 구축될 경우 금리시나리오를 확률적으로 생산하여 적용할 수도 있다. 마지막으로 할인율은 투자수익률이나 평균 준비금부담이율을 적용한다. 이것을 정리하면 다음 <표 4-15>와 같다.

표 4-15 ➡ 주요가정 설정방법

구 분	설 정 방 법
위험발생률	- 위험급부별 경험사차익률(일반사망/재해사망/장해/입원 및 기타) - 예정사망률 대비 당사 경험사망률 Ratio - 평균여명기준 보정사망률
유지율(해약률)	- 납입방법별/경과기간별 보험료기준 경험유지율(해약률) - 금리시나리오에 따른 추정 유지율(금리연동형 상품)
사업비집행률	- 예정사업비 대비 실제사업비 집행비율(α, β, γ) - 영업규정 적용에 따른 수당별 Cost
투자수익률	- 자산운용수익률, 준비금적립 표준이율(감독규정) - 기준금리시나리오(3년물 국고채수익률 기준 7가지 결정론적 시나리오) - Interest Generator에 의한 확률론적 시나리오
현재가치할인율 (물가상승률)	- 투자수익률, 평균 준비금부담이율(소비자물가지수)

(출처: 미래에셋생명 기업가치 분석자료, 2004)

---

3) 이는 미국 뉴욕 주에서 보험회사 책임준비금의 적정성 검증 시 사용하도록 한 시나리오로 장단기 금리구조가 변하면서 스트레스 테스트를 위한 7가지 시나리오로 구성되어 있다.

✿ 참고 | 기업가치 평가지표

1. 일반지표

구분	산출 식
순자산가치 (Actual Net Worth)	자본금 + 잉여금 + 투자자산 시가차액
영업권	영업력 + 미래 수익력
EBIT(Earnings Before Interest & Tax)	경상이익 − 재해손실 − (대손충당금 실제발생액 + 퇴직금지급 + 실제 사용된 부채성충당금) • 대손충당금 실제발생액 = 기초대손충당금 + 대손상각 − 대손충당금환입 + 기타 대손상각 − 상각채권추심 이익 − 기말대손충당금
EBITDA(Earnings Before Interest, Tax, Depreciation & Amortization)	세전 영업이익(EBIT) + 유형자산 감가상각
NOPLAT(Net Operating Profit Less Adjusted Taxes)	세전 영업이익(EBIT) − 법인세 • 법인세 = 법인세 합계 + 이자비용에 대한 세금공제 − 이자수익에 대한 세금 − 기타 영업 외 손익에 대한 세금
IC(Invested Capital)	업무용운전자본 + 순 유형고정자산 + 순 기타자산 (보험회사는 '운용자산 + 비운용자산 + 특별계정자산 − 신계약비'로 계산) • 순 기타자산: 이자비용을 발생시키지 않는 비이자지급 고정부채 공제(외상매입금, 미지급금 등)
ROIC(Return On Invested Capital)	NOPLAT/IC
EVA(Economic Value Added)	IC × (ROIC − WACC) = NOPLAT − (IC × WACC)
FCF(Free Cash Flow)	NOPLAT + 감가상각비 − 총투자 = NOPLAT + 비현금비용(현금지출을 수반하지 않는 비용) − (영업용 운전자본투자 + 유형고정자산투자 + 기타자산투자)
WACC (Weighted Average Cost of Capital)	(타인자본 비용률 × 타인자본비율) + (자기자본 비용률 × 자기자본비율)

2. 재무비율 지표

구 분	산 출 식
EPS(Earnings Per Share)	당기순이익/주식 수
BPS(Book Value Per Share)	순자산가치/주식 수
ROE(Return On Equity)	당기순이익/평균자기자본 × 100(%)
ROA(Return On Assets)	당기순이익/평균총자산 × 100(%)
PER(Price Earning Ratio)	주당 시가/주당 순이익
PBR(Price Book − value Ratio)	주당 시가/주당 순자산
매출액증가율	(당기총매출액/전기총매출액 − 1) × 100(%)
순이익증가율	(당기순이익/전기순이익 − 1) × 100(%)

✿ 참고

기업가치 평가지표

3. 보험관련 지표
1) 계약관련 지표

구분	산출 식
신계약률	당기 신계약액/연초 보유계약×100(%)
효력상실 해약률	▶ 당월기준: 당월 효력상실 해약액/(전월보유계약 + 당월신계약)×100(%) ▶ 누계기준: 누계 효력상실 해약액/(연초보유계약 + 누계신계약)×100(%)
건당 계약액	신계약액/계약건수

2) 수입보험료, 지급보험금관련 지표

구분	산출 식
계속보험료 유입률	(당월 계속P – 전월 계속P)/전월 월초P
보험금지급률	지급보험금/수입보험료
건당보험료	초회보험료/계약건수
수금률	수금실적/수금자원(응당 수금자원 + 연체 수금자원)×100(%)

3) 사업비관련 지표

구분	산출 식
사업비율	사업비/수입보험료
사업비 초과율	초과사업비(실제사업비 – 예정사업비)/예정사업비×100(%)
보유계약 1건당 유지비	(사업비중 유지비/평균보유계약건수)×100(%)
판매직접비 비율	(신계약비/수금비의 비례수당+점포운영비+판매촉진비)/ (예정신계약비 + 예정수금비)×100(%)
예정사업비율(예비율)	예정사업비/총수입보험료×100(%)
예정신계약비율	예정신계약비/총수입보험료×100(%)
예정유지비율	예정유지비/총수입보험료×100(%)
예정수금비율	예정수금비/총수입보험료×100(%)

4) 자산운용관련 지표

구분	산출 식
자산운용 수입·비용률	자산운용 수입·비용/총자산 ▶ 자산운용수입: 수입이자, 수입배당금, 투자수입수수료, 유가증권처분익, 유형자산처분익, 유가증권평가익, 유형자산평가익, 수입임대료, 금전신탁이자 ▶ 자산운용비용: 재산관리비, 감가상각비, 대손상각비, 유가증권처분손, 유가증권평가손, 유형자산처분손, 유형자산평가손, 이자비용, 할인료
운용자산증가율	(당기운용자산 – 전기운용자산)/전기운용자산×100(%) ▶ 운용자산 = 현금예금신탁 + 유가증권 + 대출금 + 부동산
운용자산이익률	(투자영업수익 – 투자영업비용)/평균운용자산×100(%)
자산운용률	운용자산/총자산×100(%)

✿ 참고

기업가치 평가지표

5) 수지차관련 지표

구분	산출 식
영업수지차	수입보험료 − 지급보험금
보험수지차	수입보험료 − 지급보험금 − 사업비(α, β, γ)
투자수지차	투자수입 − 투자지출 ▶ 투자수입: 수입이자(기타수입이자 제외), 금전신탁이자, 수입배당금, 수입임대료, 투자수입수수료, 유가증권평가익, 유형자산처분익, 유형자산평가익 ▶ 투자지출: 재산관리비, 감가상각비, 유가증권처분손, 유가증권평가손, 유형자산 처분손, 유형자산평가손, 이자비용, 할인료
총수지차	보험수지차 + 투자수지차 + 기타수지차
총수지차율	총수지차/총수입

6) 생산성관련 지표

구분	산출 식
점포당 예정α+γ	(예정α+γ)/평균모집점포수 · 평균모집점포수 = (연초점포수 + 연말점포수)/2
임직원 1인당 예정β	예정β/평균임직원수 · 평균임직원수 = (연초임직원수 + 연말임직원수)/2
모집인 1인당 예정α+γ	(예정α+γ)/평균모집인수 · 평균모집인수 = (연초등록모집인수 + 연말등록모집인수)/2

7) 조직관련 지표

구분	산출 식
가동(실동) 정착률	차월별 가동(실동)인원/해당월 도입인원×100(%) · 도입인원: 도입된 총인원(순수신인 + 경력입사자)
13차월 정차률	13차월 정착인원/해당월 도입인원×100(%) · 13차월 정착인원: 입사 13차월 신계약 1건 이상, 보유계약 10건 이상 인원
유지율	유지계약고/모집계약고×100(%) ▶ 환산초회P 유지율 = 유지 환산초회P/모집 환산초회P×100(%)

8) 재무건전성 지표

구분	산출 식
지급여력비율	(지급여력/지급여력기준)×100 ▶ 지급여력 = (납입자본금 + 자본잉여금 + 이익잉여금 + 계약자이익배당금 + 계약자배당안정화준비금 + '순보험료식 보험료적립금 − 미상각 신계약비'를 초과하는 보험료적립금 + 자산건전성 분류결과 '정상/요주의'로 분류된 자산에 대한 대손충당금 + 자본조정 + 후순위차입금 + 이연신계약비) − (이연신계약비 + 무형자산 중 영업권) ▶ 지급여력기준 = {(순보험료식 책임준비금 − 미상각 신계약비)×책임준비금 위험계수(4%)}+(위험보험금×위험보험계수)

7. 보험회사 결산

1) 의의

기업은 일정 기간마다 기업의 재무정보를 내/외부의 이해관계자에게 전달하여야 하며 이러한 목적으로 회계기간 동안(보통 1년) 발생한 자산, 부채, 자본의 변동내용과 그 변동으로 인한 결과를 종합하여 어느 일정시점에서 정지된 상태로 관찰하기 위하여 재무제표를 작성하게 되는데 이런 일련의 과정을 결산(Closing; 지금까지 기록해 온 총계정 원장이라는 장부를 '닫는다'는 의미)이라 하며 보통 다음 <표 4 - 16>에서처럼 결산예비절차, 본 절차, 결산보고서 작성 순으로 단계적으로 진행된다.

표 4 - 16 ➡ 단계별 결산절차

절차	수행업무
결산 예비절차	시산표의 작성→결산정리분개→정산표의 작성
결산 본 절차	계정의 마감→장부의 마감
결산보고서 작성	손익계산서 작성→대차대조표 작성

보험회사는 특히 결산 시 각 계약으로부터 발생할 수 있는 장래 보험금지급을 위하여 일정 기준에 의해 계약자 몫을 계산하여 부채로 적립해야 하는데 이를 책임준비금이라 하며 장래 미확정부채이기 때문에 여러 가지 방식으로 평가하여 적립할 수 있으며 사망률, 이자율, 사업비율 등 장래 기초율들을 계약 당시와는 다르게 적용할 수도 있다. 따라서 보험회사 결산이라 함은 그 업무의 대다수가 책임준비금을 산출하는 데에 할애된다.

한편, 책임준비금은 통상 부채계정의 90% 이상을 차지하며 회계처리상 기간손익 산출[4]의 기준이 되는 가장 중요한 항목으로 회사손익과 이익처분

---

4) 기간손익 = 자산의 증가 − 부채의 증가

및 지급여력에 지대한 영향을 미치므로 결산담당자는 구성요소별 정확한 개념과 대상계약의 선정에서부터 금액산정 및 검증방법, 기타 관련지식 등을 체계적으로 숙지해야 하며 회사는 이를 시스템화하여 운영토록 제도적인 장치를 마련하여야 한다. 또한 결산담당자는 결산업무 수행 전에 업무의 효율적 진행을 위해 다음과 같은 사항을 사전에 준비하여야 한다.

- 해당 감독규정 등 변경사항 여부를 확인하고 반영사항은 업무수행 전에 미리 반영토록 한다.
- 신상품의 준비금테이블 작성내역 등을 파악하여야 한다.
- 전산시스템과 별도로 운영되는 수작업시스템의 변경사항을 사전에 확인한다.
- 결산관련부서에 데이터요청 공문발송 및 담당자 변동사항을 확인한다.
- 데이터파일 보관 장소가 변경되었는지 확인한다.
- 신상품의 전산프로그램(Program)이 제대로 반영되었는지 확인한다.
- 관련부서의 수작업반영분에 대한 요청자료 양식을 점검한다.
- 계정별 해당 모집단에서 샘플(Sampling)방법을 사전에 숙지해야 한다.
- 계정과목별 등재할 파일정리 및 보관방법, 그리고 당기 결산 시 중요변동사항을 기록 관리할 내용을 요약해야 한다.

2) 책임준비금 구성요소

감독규정에 의하면 생명보험과 손해보험이 적립해야 할 책임준비금은 다음 <표 4-17>에서처럼 일부분 계정과목이 다르다. 특히 손해보험은 단위당 위험인수금액이 크기 때문에 기대 이상의 손실에 대비하는 비상위험준비금 계정과목이 특별히 추가된다.

=총수지차(보험수지 + 투자수지 + 기타수지) - 책임준비금 증가

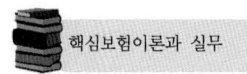

표 4-17 ➡ 책임준비금 계정과목

구 분	계정 과목
생명보험	보험료적립금 + 미경과보험료적립금 + 계약자배당준비금 + 계약자이익배당준비금 + 지급준비금 - 재보험료적립금(미경과보험료+지급비금)
손해보험	지급준비금 + 장기저축성보험료적립금 + 미경과보험료적립금 + 계약자배당준비금 + 계약자이익배당준비금 + 비상위험준비금

(1) 보험료적립금

보험료적립금은 장래에 지급될 보험금의 현가(과거에 납입된 보험금의 종가)에서 미래에 납입될 순보험료의 현가(과거에 지급된 보험금의 종가)를 차감한 금액으로 현행 회계기준상 순보험료 식을 적용하되, 미상각 신계약비를 이연자산으로 처리토록 하여 실질적으로는 해약환급금식(7년 상각)으로 적립하고 있다. 상품별로는 보험료 및 책임준비금 산출 방법서에 의하여 계산하고 전통형상품은 미리 계산된 Table(P-table, V-table)을 이용하고, 금리연동형상품[5]은 저축부분을 금리연동방법(정기예금, 약관대출, 공시이율 등)과 부리방법(연복리 일변, 연복리 월 부리 등)에 따라 종가체계로 계산한다.

(2) 미경과 보험료적립금

미경과 보험료적립금은 납입기일이 당해 사업연도에 속하는 수입보험료 중에서 사업연도 말 현재 기간이 경과하지 않은 순보험료를 의미하고 일시납보험은 없으며, 전통형 상품(금리연동형상품의 특약 포함)은 미리 계산된 테이블(보험료테이블(P-table), 책임준비금테이블(V-table)을 이용하여 산출한다. 한편, 선수보험료는 미경과 보험료와 달리 결산월 이후 납입 응당월이 도래될 보험료를 미리 받은 것으로 책임준비금으로 계상하지 아니한다.

---

5) 금리연동형상품은 만기까지 예정이율이 고정되어 있는 전통형 상품과는 달리 적립 순보험료를 시중금리에 연동하여 연복리, 일 단리 방식으로 부리, 적립하는 상품을 말한다.

(3) 지급준비금

지급준비금은 매 회계연도 말 현재 보험금 등의 지급사유가 발생한 계약에 대하여 보험금·환급금·계약자배당금에 관한 분쟁 또는 소송이 계류 중인 금액이나, 보험금 지급이 확정된 금액과, 보험금 지급금액의 미확정으로 인하여 아직 지급하지 아니한 금액을 말한다. 이러한 지급준비금은 장래에 지급해야 할 몫으로 적립되는 보험료적립금과는 달리 이미 발생한 사고에 대한 준비금이라는 데 그 특색이 있으며 미확정보험금과 미보고 보험금(IBNR; Incurred But Not Reported)[6] 부분으로 나뉜다.

① 생존지급비금

이는 결산기말 현재 생존중도급부금의 지급사유가 발생한 계약에 대하여 아직 지급하지 아니한 보험금을 말한다.

② 실효지급비금

실효지급비금이란 3연체 이상 26연체 이하의 계약으로 실효부리이율로 결산기 말까지 부리·적립한 금액을 말한다.

③ 만기지급비금

만기지급비금이란 만기된 계약의 보험료적립금, 배당준비금, 생존미지급금 등의 합산금액을 말하며 만기일로부터 결산기말까지 부리·적립한 금액을 말한다.

④ 사고비금

매월 말 현재 보험금 등의 지급사유가 발생한 계약에 대하여 보험금, 환급금, 계약자배당금에 관한 보험금 지급이 확정되었으나 미지급된 금액 또는 보험금 지급금액의 미확정으로 인하여 아직 지급하지 아니한 금액을 말한다.

---

6) 이는 보험사고가 발생하였는데도 아직 보험회사에 보고하지 않은 보험계약건으로 감독 당국은 이런 건도 해당 보험사고에 관한 준비금을 적립도록 요구하고 있어 보수적인 감독형태의 전형적인 예이다.

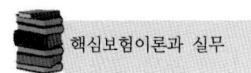

⑤ 소송비금

매월 말 현재 보험금관련 소송이 계류 중인 금액을 말한다.

⑥ 민원비금

매월 말 현재 보험금 등의 지급사유가 발생한 계약에 대하여 보험금, 환급금, 계약자배당금에 관한 분쟁 중인 금액을 말한다.

(4) 계약자 배당준비금

계약자 배당준비금이란 법령이나 약관 등에 의하여 영업성과에 따라 추가적으로 적립하는 준비금으로서 계약자에게 할당된 배당금 중 현금지급, 보험료 상계 등의 방법으로 지급되지 않은 금액의 원리합계를 말하며 금리차보장(확정배당), 위험률차(사차) 배당, 이자율차 배당, 사업비차 배당, 장기유지특별배당 및 재평가 특별 배당준비금으로 구분한다. 2001년 4월부터 계약자배당은 선 적립, 후 배당 방식으로 시행되고 있으며 전체 배당 전 손익에서 손실이 발생하여도 이원별로 이익이 시현된 부문에서는 배당이 가능하다. 각각의 산출 식은 다음과 같다.

- 이자율차 배당금＝전 보험년도 말 해약식 보험료적립금×(이자율차배당기준율 − 예정이율) (단, 금리연동형 예정이율: 사업년도 개시일 직전 1년간 평균부리이율)

- 장기유지 특별배당금＝전 보험년도 말 해약식 보험료적립금×(회사별률＋(경과년수 − 6)*회사별률 (6년 이상 유지 유배당보험 대상)

- 위험률차 배당금＝연간 위험보험료×$(1 - \frac{제4회경험사망률*회사별률}{예정사망률})$

- 사업비차 배당금＝보험가입금액×(예정사업비율 − 사업비차배당기준율)

(5) 계약자이익배당준비금

장래에 계약자배당에 충당하거나 계약자 이익준비금 이외의 책임 준비금을 추가적으로 적립할 목적으로 법령에 의해 경영성과에 따라 총액 적립된 금액을 말한다.

(6) 출재보험준비금과 재보험료 적립금

출재보험준비금은 출재금액을 출재보험준비금의 과목으로 하여 책임준비금에서 차감하는 방식으로 표시하고, 재보험료 적립금은 수재한 경우에는 출재보험사업자가 적립하지 아니한 책임준비금 전액을 재보험료 적립금 과목으로 하여 적립해야 한다.

(7) 보험료결손준비금

보험 상품을 판매한 후 이자율 하락, 위험률 증가 등으로 기준준비금보다 추가 적립액이 필요한 경우 그 부족액으로, 보험료적립금의 기말잔액이 미래 보험금 부채의 현재가치에서 미래에 유입될 보험료의 현재가치를 차감한 금액보다 적은 경우 동 차액을 의미한다.

3) 책임준비금데이터 활용

책임준비금데이터는 주기적으로 감독 당국에 보고하는 업무보고서, 지급여력비율, 경영평가자료 작성 등에 활용되며, 내부적으로 이원분석관리, 보험리스크관리, 전사 이익계획 수립 등 경영전반에 활용되고 있다.

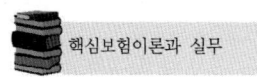

☼ 참고　　　　　　　　　　보험회사 결산업무 Flow

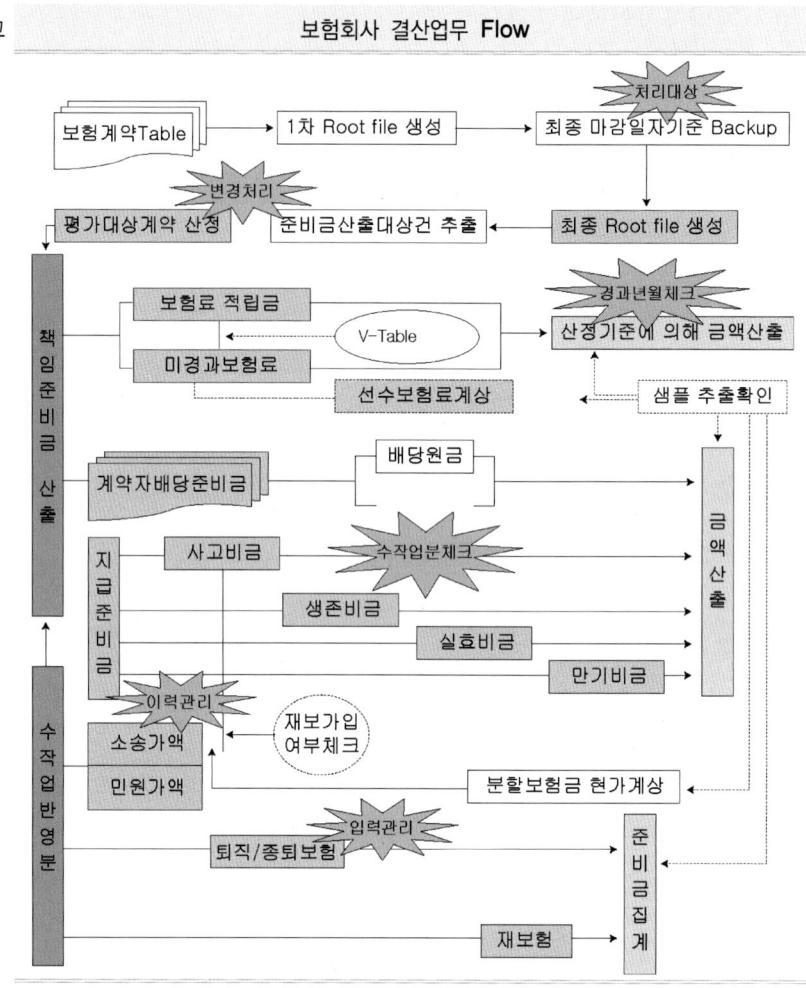

(출처: 교보생명 준비금검증 분석자료, 2003)

05

보험회사의 리스크관리

The Core Theory and Practice of the Insurance Industry

보험회사의 리스크관리

The Core Theory and Practice of the Insurance Industry

1. 의의

1) 리스크의 정의

우리가 살아가고 있는 세상은 불확실성(Uncertainty)의 세계이다. 금융시장도 마찬가지이다. 바로 내일의 환율, 일주일 후의 주가, 1년 후의 대출금리, 5년 후의 주택가격, 10년 후의 만기예금을 예치해 둔 금융기관이 그때까지 건재할 것인지 등에 대해 그 어느 누구도 확신하지 못한다. 리스크란 바로 이러한 불확실성에서 출발한다. 리스크란 결론적으로 말하면 불확실성의 노출(Exposure to Uncertainty)로 손실발생 또는 수익의 기대수준 미달 등과 같이 불리한 결과가 발생할 가능성을 의미한다. 불리한 결과의 발생가능성이 높다 하더라도 모두 예상이 가능하다면 회피가 가능하여 진정한 의미의 리스크가 큰 것은 아니다.

불확실성의 핵심은 앞으로 어떻게 변할지 모르는 데 있으며 여기서 리스크는 보유포지션의 가치 또는 현금흐름의 변화가 예상치(기댓값)를 벗어나 변동할 가능성의 크기로 볼 수 있다. 계량적 의미로는 투자수익의 변동성(Variability) 또는, 기대수익률로부터 편차가 발생할 가능성으로 분산 또는 표준편차로 측정한다. 한편, 전통적으로 재무관리 측면에서는 리스크를 기업

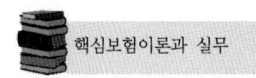

의 이익 또는 순 현금흐름의 변동성을 의미하며 기대 이상의 이익이 발생하여도 리스크에 노출됐다고 한다.

다음은 위험과 리스크의 차이점을 살펴보자. 위험은 미래의 불확실한 시간 속에 존재하는데 이는 보통 수익이 수반되지 않는 일방적인 손실을 의미하며 정확히 순수위험이라 한다. 그러나 투기위험은 위험의 발생결과가 손실 또는 이익으로 나타난다. 그래서 리스크라고 하면 수익을 창출하기 위해 불가피하게 발생되는 위험, 광의적으로 투기위험을 리스크라고 하는데 협의적으로 그중 이익을 제외하고 미래의 손실가능성만을 리스크라 정의한다.

2) 리스크와 수익의 상반관계

리스크는 일방적인 손실을 가져오는 위험(Danger)과는 달리 무조건적인 회피의 대상이 아니라 오히려 소기의 목표수익을 달성하기 위하여 일정수준 반드시 부담해야 하는 대상인 것이다. 높은 수익을 추구하는 사람은 높은 수준의 리스크를, 낮은 수익 목표를 세우고 있는 사람은 낮은 수준의 리스크를 부담해야 하듯(High Risk/High Return, Low Risk/Low Return) 수익과 리스크는 동전의 양면과 같은 속성을 지니고 있으며 이러한 속성을 리스크와 수익의 상반관계(Risk – Return Trade – Off)라 부른다. 결국, 수익극대화를 추구하는 동시에 리스크를 최소화하는 금융기법은 존재하지 않으며 감내할 수 있는 위험범위(Risk Tolerance) 내에서 수익을 극대화하든지, 목표수익률을 달성하면서 리스크를 최소화하는 전략이 선택되어야 한다. 한편, 무위험 차익거래 형태인 재정거래(Arbitrage Trading)는 리스크가 없으면서 일정수익을 기대할 수 있는 Risk와 Return Trade Off의 예외적인 거래이다. 참고로 재정거래란 현물시장과 선물시장에서의 가격차이[1]가 이론적인 수준을 벗어날 경우 가격차를 노린 거래로 주식시장에서 보통 프로그램매매라고 한다.

---

1) 이를 베이시스(Basis)라 한다.

3) 리스크측정 요소

(1) 익스포저(Exposure)

금융기관의 대출, 지급보증, 유가증권 투자, 외화자금 운용 등 위험에 노출된 익스포저의 크기는 현재의 익스포저뿐 아니라 잠재적 익스포저(Potential Exposure)까지 고려하여야 한다. 예를 들어, 대출 지급보증 등의 경우 담보지급보증, 주식·채권·외환 등의 투자부분이 선물이나 옵션 등에 의해 헤지(Hedge)된 경우 동 부분을 제외한 순 익스포저(Net Exposure)로 평가한다.

(2) 변동성(Volatility)

리스크는 미래의 불확실성에 기초하고 불확실성은 보유 포지션의 가치가 어떻게 변할지 모르는 것이다. 따라서 리스크는 이러한 변화의 가능성(변동성)으로 인식될 수 있으며 통계치로는 표준편차(σ, 평균을 중심으로 분포가 어느 정도 퍼져 있는가)를 주로 사용한다. 따라서 동일한 기대수익을 갖더라도 변동성(Volatility)이 작은 것이 리스크가 작다. 결국 투자자가 부담하는 리스크는 익스포저 금액과 변동성의 결합에서 발생하므로 익스포저 금액이 동일하다면 아래처럼 변동성의 크기가 위험의 크기를 결정한다.

$$R = 익스포저금액(E) \times 변동성(\sigma)$$

통상 대표적으로 측정 가능한 변동성지표로 주가지수, 환율, 금리, 부도율 등이 있다.

(3) 분산효과

여러 개의 투자자산으로 구성된 포트폴리오의 리스크는 개별자산의 리스크를 단순 합계한 것보다 감소하는 것이 일반적이며 이를 분산효과 또는 포

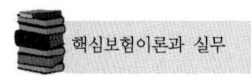

트폴리오 효과라 한다. 분산효과는 손쉽고 강력한 리스크 감소 수단이며 광범
위하게 사용되어 온 리스크 관리 수단이다('달걀을 한 바구니에 담지 마라').

(4) 기간

일반적으로 불확실성에 노출되어 있는 기간이 길수록 리스크 크기도 증가
한다. 기간합산(Time Aggregation)을 위해 연속된 기간이 서로 독립이라면
기대수익률과 분산은 시간에 대하여 선형으로 증가하고 리스크의 계측 치로
쓰이는 표준편차는 시간의 제곱근에 선형으로 증가한다. 일반적으로 BIS(국
제결제은행, Bank for International Settlements)는 시장리스크의 경우 10일의
보유기간을 이용하여 VaR(Value at Risk)를 계산하도록 요구하고 신용리스크
의 경우 통상 1년을 기준으로 산출토록 권고한다.

2. 리스크 분류

일반적으로 금융기관이 직면하는 리스크에 대하여 참가자 모두가 동의하
는 리스크 분류는 어려우며 이는 다양한 이해관계자가 존재하기 때문이다.
이하 BIS의 Basel Committee가 제시한 분류이다.

1) 시장리스크(Market Risk)

대차대조표상의 자산과 부외자산이 주식가격, 이자율, 환율, 상품가격의
불리한 움직임으로 인하여 발생하는 손실을 말하며 시장리스크는 ① 주식
리스크(Equity Risk) ② 이자율리스크(Interest Rate Risk) ③ 환리스크(Foreign
Exchange Risk) ④ 상품가격리스크(Commodity Price Risk)로 구분된다.

2) 신용리스크(Credit Risk)

거래상대방의 부도, 파산 등의 이유로 계약상의 의무를 이행할 수 없거나 고의적으로 의무를 이행하지 않아 원금을 받지 못할 손실을 말하며, 거래상대방의 신용등급 하락으로 보유한 채권의 가치가 하락할 위험이나 보다 광의적으로 거래상대방이 속하는 산업이나 국가 전체에 대한 위험도 포함한다.

3) 결제리스크(Settlement Risk)

결제리스크는 교환을 전제로 하는 계약에서 거래 일방이 지급을 완료한 반면 상대방이 지급을 하지 않았을 때, 즉 거래상대방이 채무불이행할지도 모르는 데서 발생하는 위험을 말한다. 이는 주로 외환거래 및 파생상품 등 일부 특수한 거래에서 결제당일에 발생하는 신용리스크를 의미한다.

4) 유동성리스크(Liquidity Risk)

금융기관이 계약만기가 도래되어 지급할 수 있는 현금성자산을 확보하지 못하여 부도에 이를 수 있는 리스크로 두 가지 형태로 분류되는데 첫 번째가 시장 유동성리스크이다. 이는 시장에서의 거래량이 부족하여 정상적인 가격으로 거래할 수 없어 상당한 처분손을 감수하거나 아예 거래가 이루어지지 않는 리스크를 의미한다. 따라서 발행규모가 적거나, 유통시장이 제대로 발달되어 있지 않은 경우에 많이 발생한다. 두 번째가 자금조달 유동성리스크이다. 이는 비정상적인 시장상황의 변동이나, 특정시장에 의존하다가 당해 시장이 급격히 축소되거나 소멸됨에 따라 자금을 적기에 확보할 수 없거나 예상되는 자금소요시기보다 앞당겨 자금을 확보해야 하고 이에 따라 불필요한 비용이 발생할 수 있는 리스크를 말한다.

5) 운영리스크(Operational Risk)

이는 내부시스템 또는 이를 운영하는 사람으로부터 발생하는 위험을 의미하며 세부적으로 시스템의 마비 또는 중단, 자금이체의 지연, 거액자금의 방치, 직원의 고의적 사기, 회계처리방식의 오류, 고의적인 정보나 자료의 왜곡 등을 들 수 있다. 운영리스크를 분류[2]하면 다음과 같다.

- 실행리스크(Execution Risk): 거래가 실행되지 못하는 데서 발생하는 리스크
- 모델리스크(Model Risk): 가격결정이나 포지션의 평가 등을 위한 모델이 부적합하여 잘못된 가격으로 거래하거나 평가함으로써 발생할 수 있는 리스크
- 기술리스크(Technical Risk): 시스템 무단침입과 잘못사용으로 인한 리스크

6) 법률리스크(Legal Risk)

거래상대방이 거래를 할 수 있는 법적인 또는 규제상의 자격이나 지위에 없어 거래자체가 원천적으로 무효화함에 따라 발생하는 리스크이다. 또한, 계약서류를 제대로 점검하지 않아[3] 일방적으로 불리한 계약을 체결하거나 특정사안의 발생 시 보호받을 수 없을 리스크이기도 하다. 한편, 감독 당국의 규제내용을 제대로 준수하지 못하여 실질적인 손실을 초래할 리스크로 보고태만, 허위보고, 시장조작, 내부자거래, 감독 당국의 한도초과(자기자본금비율, 유동성비율, 여신한도 등) 등으로 영업정지나 벌금의 납입, 거래의 제한 등의 불이익과 이로 인한 주주들의 소송을 포함한다.

---

2) 통상 운영리스크는 사람, 시스템, 업무프로세스, 외부의 영향으로 인한 예상손실을 의미하는데 그런 의미에서 6) 법률리스크와 7) 지명도리스크도 운영리스크 범주에 들어간다.

3) 한국의 경우 IMF 직후 대부분의 금융기관들이 외환관련 파생거래 계약에서 이와 같은 법률리스크에 대량 노출되었으며 가장 대표적인 사례가 SK증권 외화상품 파생계약이다.

7) 지명도리스크(Reputation Risk)

금융기관 및 해당직원의 행위로 말미암아 외부시장에서 그 기관의 지명도 및 가격(자금조달비용이나 채권 수익률 등)에 악영향을 초래할 리스크를 말한다.

3. 리스크 측정

1) 측정방법

리스크 측정방법은 크게 모수적 방법(Parameter 이용)과 비모수적 방법(Simulation 기법)으로 구분된다. 모수적 방법은 현금흐름이나 자산 가치에 영향을 미치는 변수들 간 민감도를 계산하는 방법으로 주식의 경우 베타(β), 채권은 듀레이션(Duration), 옵션의 경우 감마(γ), 델타(δ), 세타(Θ), 베가(ν), 로우(ρ)가 있다. 하지만 이 방법은 투자대상에 따라 산출단위가 서로 달라 리스크별 합산이 불가능하다. 반면에 정규분포 등 확률변수를 이용하여 측정하는 방법으로 VaR(Value at Risk)가 대표적인데 이 방법은 합산이 불가능한 단점을 극복할 수 있어 최근에 활발하게 사용되고 있다. 한편, 비모수적 방법은 크게 두 가지 방법으로 구분된다. 역사적 시뮬레이션(Historical Simulation)은 과거 경험 데이터를 이용하여 원하는 결과 값을 시뮬레이션해서 산출하는 방법이다. 두 번째, 몬테카를로 시뮬레이션(Monte Carlo Simulation) 방법이다. 이는 원하는 수만큼의 임의 숫자(Random Number)를 생성하여 시뮬레이션한다.

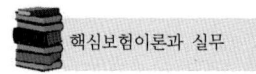

2) 주식의 리스크 측정

전통적으로 주식의 리스크는 보유 주식의 변동성과 시장 전체 변동성 간의 일정한 관계, 즉 베타계수의 민감도로 측정하였는데 2000년 이후부터 주식 VaR와 병행하여 산출되고 있다.

(1) 베타(β) 계수

베타계수는 시장모형에 의한 증권특성선의 기울기로서, 시장수익률(R_M)의 변동에 대한 보유주식(R_j)의 민감도를 의미한다. 일반적으로 베타계수가 1보다 크면 공격적 형태, 베타계수가 1보다 작으면 방어적 형태이다.

(2) 산출 식

시장모형에서 좌변과 우변의 변동성 값(표준편차)을 취하면 다음과 같은 식을 도출할 수 있으며, 이는 체계적 위험과 비체계적 위험으로 구분된다.

$$\sigma_j^2 = \beta_j^2 \sigma_M^2 + \sigma^2(\epsilon_j) \ \text{------} ①$$

- 체계적 위험(Non-Diversifiable Risk): 증권시장 전체(예를 들면 종합주가지수)의 수익률 변동에 기인한 투자위험으로 분산효과가 불가능한 시장고유의 위험을 의미한다.
- 비체계적 위험(Diversifiable Risk): 증권시장 전체의 변동과 관계없는 기업 고유의 요인에 기인하는 위험으로 분산효과가 가능한 위험을 의미하며 일반적으로 20개 이상의 종목을 구성하면 비체계적 위험은 제거되는데 이를 분산효과 또는 포트폴리오 효과라 한다.

① 식에서 분산효과에 의해 오차 항이 제거되면 다음과 같은 식을 만들 수 있다.

$$\sigma_j = \sqrt{\beta^2 \sigma_M^2} = \beta \sigma_M$$

💡 참고

시장모형(Market Model)

이는 임의의 주식 j의 수익률 R_j가 시장수익률 R_M에 대하여 선형적 관계를 갖고 있다고 가정한 수익생성모형으로 다음과 같은 식을 의미한다.

$$R_j = \alpha_j + \beta_j R_M + \epsilon_j$$

α_j: 상수항, β_j: 기울기
R_M: 시장포트폴리오의 수익률(예시: 종합주가지수 수익률)
ϵ_j: 자산 j의 고유특성을 반영한 변수

3) 채권의 리스크 측정

전통적으로 채권의 리스크는 우선적으로 보유한 채권의 듀레이션을 계산하고 시장금리변동에 따라 보유채권의 현재가치가 상승 혹은 하락, 상승하면 얼마만큼 상승하는지, 하락하면 얼마 하락하는지 그 민감도로 측정하였으나 2000년 이후부터 채권 VaR와 병행하여 산출되고 있다.

(1) 듀레이션(Duration)

① 의미
듀레이션은 채권 만기까지의 각 기간을 채권투자로부터 실현될 현금흐름의 총 현재가치에서 각 기간에 들어오는 현금흐름의 현재가치가 차지하는 비율로 가중하여 합한 가중평균만기, 즉 채권현금흐름의 현재가치로부터 투자액을 회수하는 데 소요되는 평균상환기간을 말하며 그 단위는 보통 년

(年)으로 표기한다. 따라서 채권의 만기가 채권의 원금상환만을 고려한 개념인데 반하여 듀레이션은 채권투자로 인하여 발생하는 모든 현금흐름(액면이자와 원금)과 화폐의 시간가치를 고려한 상환기간을 의미한다.

② 계산식(맥콜레이가 최초로 도입)
- 맥콜레이 듀레이션(Macaulay Duration)

$$D = \sum_{t=1}^{n} t \cdot \frac{CF_t / (1+r)^t}{P}$$

기간: n년, 채권의 현재가치: P, 채권의 현금흐름: CF, 시장이자율: r

일반적으로 채권의 가격변화율을 듀레이션을 이용하여 나타내면 다음과 같다.

$$\frac{\Delta P}{P} = - \frac{D}{(1+r)} \times \Delta r$$

- 수정듀레이션(Modified Duration, D^*)

맥콜레이 듀레이션을 (1+r)로 나눈 것을 수정듀레이션이라 하며 실무적으로 주로 사용되고 특별한 언급이 없으면 대부분 수정듀레이션을 의미하고 채권의 가격변화율을 수정듀레이션을 이용하여 사용하면 다음과 같다.

$$\frac{\Delta P}{P} = - MD \times \Delta r$$

(2) 리스크지표로서의 듀레이션

듀레이션의 가장 큰 특징은 수익률 r인 채권의 가치가 금리변동에 따라 어떻게 변동하는가를 선형적으로 파악할 수 있으며 이 같은 논리를 듀레이션 산출이 가능한 모든 현금흐름에 적용할 수 있다. 이는 채권가격의 변화율은 금리변화율과 듀레이션을 곱한 수치와 반대방향으로 움직인다는 것이다. 예를 들어 보유채권의 듀레이션이 7년이라 하자. 만약 시장금리가 1%P 상승하면 자기가 보유한 채권의 가치는 위의 식에 의해 7%P 하락한다는 의미이다. 따라서 향후 시장금리가 상승한다면 우선적으로 보유채권의 듀레이션을 줄이는 전략을 검토하여야 한다.

4. VaR(Value at Risk)의 이해

1) 의의

   IMF 이전 대부분 국내 금융기관과 기업들이 '고수익 – 고위험' 원칙을 무시한 경영패턴을 고수하여 결과적으로 외환위기를 초래하였다. 외환위기 이후 IMF를 비롯한 외국기관들은 국내 금융기관들의 위험관리능력이 부족하다고 판단, BIS기준을 중심으로 금융기관의 건전성 제고를 촉구하였다. 그 결과 이해하기 쉽고 사용하기 편리하며 정교하게 발달된 위험측정기법인 VaR를 도입하게 되었으며 이는 1994년 J. P. Morgan이 Risk Metrics 시스템에 최초로 개발하여 사용하였다. VaR는 "정상적인 시장여건하에서 주어진 신뢰수준으로 목표기간 동안에 발생할 수 있는 최대 손실금액"으로 정의한다. 예를 들어 목표기간 1주일, 신뢰수준 95%, 어떤 투자자산의 VaR가 10억 원이 된다면 이는 1주일 동안에 발생할 수 있는 손실이 10억 원보다 작다는 사실을 95% 신뢰수준에서 확신할 수 있음을 의미한다. 달리 표현하면 최대로 발생 가능한 10억 원의 손실확률은 5%임을 의미한다. 이의 계산식은 다음과 같다.

$$VaR = \mathrm{Exposure} \times 신뢰계수 \times 변동성(\sigma) \times \sqrt{기간}$$

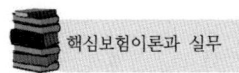

2) 주식 VaR 계산예시

(1) 개별주식 VaR

① 기본정보
- A주식: 10억 원 투자, 보유기간 1주일, 신뢰수준 99%, 일별변동성 2.69%
- B주식: 5억 원 투자, 보유기간 1주일, 신뢰수준 99%, 일별변동성 2.92%

② VaR 계산
- A주식 VaR= 10억 원 $\times 2.33 \times 2.69\% \times \sqrt{5} = 140,149,500$원
- B주식 VaR= 5억 원 $\times 2.33 \times 2.92\% \times \sqrt{5} = 76,062,850$원

(2) 포트폴리오 VaR

이번에는 A주식과 B주식으로 구성된 포트폴리오 VaR를 계산해 보자.
① 기본정보: A주식과 B주식 수익률 간의 상관관계 0.48
② 포트폴리오 일별 변동성 계산식은 아래와 같으며

$$\sigma^2_P = w^2_A \sigma^2_A + w^2_B \sigma^2_B + 2 w_A w_B \rho_{AB} \sigma_A \sigma_B$$

이를 계산하면 다음과 같다.

$$\sigma_p = \sqrt{(\frac{2}{3})^2 (0.0269)^2 + (\frac{1}{3})^2 (0.0292)^2 + 2(\frac{2}{3})(\frac{1}{3})(0.48)(0.0292)(0.0269)}$$
$$= 2.4263\%$$

여기서 WA는 A주식에 투자한 비율로서 (10억 원/15억 원)= 2/3이고, B주식에 투자한 비율 WB는 (5억 원/15억 원)= 1/3이다.

③ 포트폴리오의 VaR
= 15억 원 $\times 2.33 \times 2.4263\% \times \sqrt{5} = 188,730,000$원

④ 포트폴리오 효과

개별주식 A와 B의 VaR 단순 합은 216,212,350원이나 포트폴리오 VaR는 188,730,000원이다. 따라서 두 종목의 포토폴리오로 인해 27,482,350원의 리스크감소 효과가 발생한다.

5. 리스크관리

1) 의의

리스크란 불리한 결과가 발생할 가능성으로 그 이면에는 수익이 존재한다. 만약, 수익이 존재하지 않는다면 일반적으로 리스크보다는 위험이라고 표현한다. 따라서 리스크는 수익의 원천이다. 그리므로 리스크는 무조건 회피의 대상이 아니라 일정범위까지는 수용해야 하며, 이와 같이 수용가능 범위 내에서 최대한 수익을 창출하도록 하는 것이 리스크관리의 목적이다. 또한, 가용할 수 있는 자본 내에서 위험자본(Risk Capital)[4]을 관리하는 것도 목적이다. 즉 현 가용자본과 위험자본의 비율을 통해 위험부담 능력대비가 어느 정도 위험한 경영을 하고 있는가를 판단하게 된다. 한편, 리스크관리는 일련의 과정으로 나누어져 있으며, 이는 상호 유기적으로 관련되어 있기 때문에 어느 한 부분이 아닌 통합적인 관점에서 수행해야 한다.

2) 리스크관리 조감도

전사 리스크관리 측면에서 조감해 보면 자산운용부문은 시장리스크와 신

---

4) 위험자본은 위험에 노출되어 있는 다양한 보유자산을 위험등급별로 가중하여 배분한 자본으로 정상적인 영업활동을 위해 실질적으로 필요한 자본금을 의미한다. BIS비율의 분모부분인 위험가중자산이 해당된다.

용리스크 영역이며, 부채부문은 부채리스크, 즉 보험가격리스크인 언더라이팅과 책임준비금에 관한 리스크이다. 한편, 자산과 부채 양쪽을 동시에 관리하는 ALM(Asset Liability Management)영역으로 금리리스크와 유동성리스크가 있다. 그 외 내근직원, 전산시스템, 업무프로세스 등에 기인하여 노출되는 운영리스크가 전체적으로 포진되어 있다.

그림 5-1 ➡ 전사 리스크관리 조감도

자산	부채
시장 리스크 신용 리스크	부채리스크
	자본

ALM(금리리스크, 유동성리스크)

3) 리스크관리 프로세스

리스크관리는 일련의 과정으로 나누어져 있으며, 이를 수행하는 조직은 크게 리스크관리조직과 리스크담당조직으로 나뉜다. 리스크관리조직은 회사 전체적으로 관리해야 할 리스크를 측정, 모니터링(Monitoring)하면서 해당 리스크를 조정·통제하는 조직으로 개별리스크별 허용한도 관리가 주된 업무이다. 반면 리스크담당조직은 해당 리스크의 허용한도 범위 내에서 이익 관리활동을 수행하는 개별 사업단위 조직으로 가용범위 내에서 이익 극대화가 주된 목표이다. 따라서 양 조직의 목표가 합쳐지면서 전사적으로 리스크와 이익의 최적화 목표가 도출된다. 이를 정리하면 다음 <그림 5-2>와 같다.

그림 5-2 ➡ 리스크관리프로세스

구 분	Plan	Do	See		목표	
리스크 관 리 조 직	- Risk Tolerance level 결정 - 개별/전체 리스크 허용 한도설정	리스크 측정 및 Impact 분석	Monitoring 및 적기시정조치 손익대비 Risk 적정성 분석		리스크 한도관리	리스크 /
리스크 담 당 조 직	리스크허용한도 內 전략 수립 ·Asset Allocation ·상품 Mix 등	Risk Adjusted Profit 창출	목표대비 손익달성도 분석		이 익 극대화	Return 최적화

(출처: 미래에셋생명 리스크관리 분석자료, 2003)

4) 리스크관리조직

리스크관리 조직이 효율적으로 운영되기 위해서는 우선적으로 이사회, 집행위원회, 리스크관리위원회, 리스크관리전담부서 등 리스크관련 조직이 현업부서와 독립적으로 구성, 운영되어야 한다. 다음으로 고위경영진이 솔선수범하여 리스크 관리정책을 실행에 옮기기 위한 절차와 통제방법들을 승인하고 적절히 감독해야 한다. 또한 전사적인 리스크관리정보의 의사소통경로가 정립되어야 하며 보고내용이 적시에 철저히 검토되어야 한다.

(1) 이사회

이사회는 당해 기관의 재무적 손실이나 주주가치의 감소에 대해서 궁극적인 책임을 져야 하므로, 모든 노출리스크를 관리하기 위하여 필요한 시스템, 업무처리방법 및 문화가 정착되도록 해야 할 의무를 지고 있으며 리스크 관리전략과 정책에 대하여 공식승인을 한다.

(2) 리스크관리위원회(Risk Management Committee)

리스크관리위원회는 당해 기관이 직면한 모든 리스크들을 이해하고 관리하는 데 필요한 경험과 지식 그리고 권한을 가져야 하며, 리스크관리정책 결정 및 리스크별 허용한도를 승인하고, 필요시 산하에 실무위원회를 구성한다.

(3) 리스크관리전담부서

리스크관리 전담부서는 회사 전체 리스크를 측정하고 모니터링 및 통제하며, 리스크관리 목표가 수익창출을 지원하는 역할에 중점을 두는지에 따라 Profit center와 Cost Center로 구분된다.

✿ 참고

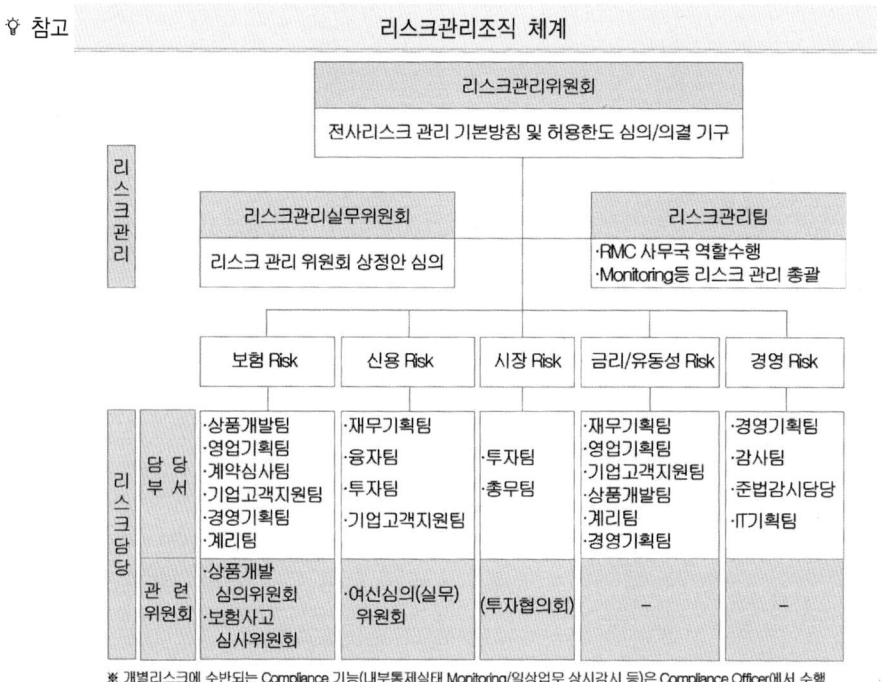

(출처: 미래에셋생명 리스크관리 분석자료, 2003)

6. 자산부채종합관리(ALM)

1) 의의

ALM(Asset Liability Management)이란 '종합적 자산/부채관리'라고 흔히들 표현하는데 이는 자산과 부채를 개별적으로 관리하는 것이 아니고 양자를 상호 연계시켜 최적 상태를 구성하고 운영하는 것을 의미한다. 즉 자산으로 부터 발생하는 수익과 자금의 조달원천인 부채로부터 발생하는 비용을 대응시켜서 양자의 차이(Spread)를 효과적으로 관리하는 것이다. 다음으로 외부 금융환경의 변화에 따른 금리예측을 토대로 자산과 부채의 기간별, 금리별 구조를 분석함으로써 금리 및 유동성 리스크 등을 파악하여 허용범위의 리스크를 취하면서 이익극대화를 추구할 수 있도록 자금조달/운용양면을 종합적으로 관리하는 것이다. 따라서 최적의 ALM을 수행하기 위해서는 해당기업의 수익에 미치는 모든 정보가 정기적으로 집약, 제공되어야 하며, 이를 위해서는 최고경영자의 적극적인 지원과 애정이 수반되지 않고는 그 의미가 없게 된다.

2) ALM 분석

통상 보험회사는 부채의 자금조달과 자산의 운용 간에 만기기간이 불일치(Mismatch)하는 현상이 자주 발생한다. 이 중 자금운용과 자금조달 간의 금리변경에 따른 불일치의 경우에는 금리리스크에 노출, 약정기일까지의 잔존기간 불일치는 유동성리스크에 노출됐다고 하여 양자를 구분하여 관리한다. 예를 들어, 약정기간 6개월 변동금리기준으로 3년 만기 자금을 조달하였다면 금리리스크 계산기간은 6개월이 되나, 유동성리스크의 만기계산은 3년이 되며 금리리스크의 경우 불일치 포지션이 발생하면 금리의 변동방향에 따라

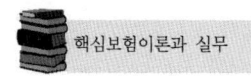

이익 또는 손실발생 가능성은 항상 있으나, 유동성리스크의 경우는 단기조달 및 장기운영의 불일치만이 손실가능성에 노출된다.

(1) 금리리스크 분석

IMF 이전 대부분 국내 금융기관의 자산운용은 단기 혹은 연동금리를 채택한 반면, 부채의 대부분을 고정금리와 장기부채로 조달하는 행태를 보여 왔다. 그 이유는 자산운용 수익률이 항상 부채조달 코스트보다 높았기 때문이었다. 하지만, IMF 이후 규제완화에 따른 시장금리가 자유화되면서 금리변동에 따른 손익영향은 상당하여 금리관리의 중요성이 크게 부각되고 있다.

① 금리 만기갭(Repricing Gap)

이는 자산과 부채를 금리가 개정되는 기간에 따라 구분하고 금리변동에 따른 노출정도를 파악하여 순이자증감을 분석하는 기법이다. 자산과 부채의 차이가 양수(Positive Gap)이면 자산 민감형(Asset Sensitive Type)이라 하며, 이런 타입은 잉여자산을 재투자해야 하는 재투자리스크(Re-Investment Risk)에 노출된다. 반면, 자산과 부채의 차이가 음수(Negative Gap)이면 부채 민감형(Liability Sensitive Type)이라 하며, 이런 경우에는 부채를 추가로 조달해야 하는 재조달 리스크(Re-Financing Risk)에 노출된다. 한편, 금리만기 Gap이 (+)이면 금리 하락 시 보유손익이 악화될 수 있다는 것을 의미하며, (-)이면 금리 상승 시 손익이 악화될 수 있다는 것을 의미한다.

② 듀레이션 매칭(Duration Matching)

만약 금리 상승 시 자산과 부채 중 어느 것이, 얼마나 더 떨어질까? 이를 해결하기 위해 일반적으로 자산과 부채의 듀레이션을 계산하고 이를 매칭함으로써 예상되는 리스크를 헤지(Hedge)한다. 듀레이션 갭이란 자산듀레이션에서 부채듀레이션을 차감한 것으로 대부분 금융기관에서 금리리스크 측정지표로 사용하고 있으며, 보통 순이자소득의 변동보다는 순자산가치 또는 자기자본의 시장가치 변동을 파악하는 데 활용된다.

한편 자기자본의 가치는 아래 산식에 의해 듀레이션 갭, 자산규모, 시장금리 변동의 3가지 요인에 의해 영향을 받는다.

$$\Delta E = -A \cdot DGap_E \cdot \Delta r, \; DGap_E = D_A - \frac{L}{A} \cdot D_L,$$

$$(K = \frac{L}{A} \text{은 레버리지})$$

A: 총자산, r: 시장금리

위의 산식에 의해 Duration Gap이 양수이면 금리 상승 시에 자기자본이 감소하게 되며, 이를 해소하기 위해 기본적으로 다음과 같은 방법을 검토한다.

⇒ 자산 Duration 줄임: 단기자금화, 변동 금리화

⇒ 부채 Duration 늘림: 장기자금화, 고정 금리화

⇒ 부외거래[5] 이용

한편, Duration Gap이 음수이면 금리 하락 시에 자기자본이 감소하게 된다.

(2) 유동성리스크 분석

① 의의

유농성리스크는 금융기관이 이미 신용 및 금리리스크 등에 따라 발생한 손실의 결과로 나타나는 증상이며 금리규제/대출규제 시대에는 간과되는 리스크 유형이었으나 금리자유화 이후 수익중시와 경쟁의 격화, 예금자의 금리감각이 높아져 시중 자금이동이 빈번해짐에 따라 이의 중요성이 부각되고 있다. 이는 금융기관이 운용과 조달의 기간 불일치(Mismatch), 혹은 예기치 않는 자금의 유출 등으로 유동성부족이 발생하여 보통 때보다 高금리를 지불하고도 조달이 어려운 경우와 과다 유동성보유로 인한 수익저하까지 포함한다. 한편, 수익성과 유동성은 서로 Trade - Off 관계에 있으며, 금융기관이 유동성능력이 있다는 것은 다음을 의미한다.

---

5) 부외거래란 통상적으로 파생상품을 이용한 거래로 재무제표에 직접 표기하지 않고 주석사항으로 기재한다.

－ 항상 현재처럼 사업을 하기 위한 충분한 현금을 확보할 수 있는 능력

－ 항상 적정가격에 시장에서 자금을 차입할 수 있는 능력

－ 문제 발생 시 문제해결을 위한 시간을 확보할 수 있는 능력

따라서 무한정 유동성비율을 늘리는 것은 수익성 측면에서 비효율적이다. 만약, 금융기관이 자금관리 시 수익성중시 정책에 의하여 유동성이 낮은 자산을 선호한다면 그만큼 유동성리스크는 커질 수밖에 없는데 이런 경우 금융기관에 유동성자산이 부족하거나 외부차입이 부족할 때 감당하기 어려운 유동성리스크에 직면하게 된다.

② 유동성 갭(Liquidity Gap, 자산 Net Cash－부채 Net Cash)

이는 주기적으로 만기구간대별로 자산과 부채의 만기도래 예상금액을 작성하여 자산과 부채를 차감한 Gap이 (＋)일 경우에는 유동성 문제가 없는 것이고, (－)일 경우에는 유동성 대책이 필요한 상황을 파악하는 가장 기본적인 관리지표이다.

❖ 참고   신용리스크관리 사례[6]

(1) 관리지표 및 허용한도

구분		정의	허용한도
주지표	손실예상금액	내부 건전성 분류등급별 자산의 30%가 하위 1단계 하락 가정 시 발생되는 추가 대손충당금 전입액	지급여력 Suplus의 20% 이내
	건전성등급별 자산추이	내부 건전성 분류등급(8단계)별 자산변동 추이	악화추세 3개월 이내
	연체율	30일 초과연체 자산금액÷대출총액	10% 이내
보조지표	대손율	대손충당금÷대출총액	3% 이내
	연체성향지표	금액기준 연체율÷건수기준 연체율	100% 이내

---

6) 미래에셋생명 리스크관리 분석자료(2003) 참조

☆ 참고 　　　　　　　　　　신용리스크관리 사례

(2) 모니터링 및 적기 시정조치

구분		Monitoring	적기시정조치
허용한도 이내		· Monthly 정기보고서	–
허용 한도 초과	손실예상금액	· Monthly 정기보고서	· 적기시정조치 – 리스크관리위원회→융자팀 · 개선계획서 제출 – 융자팀(담당임원 전결)주관 – 대출Potfolio의 건전성 및 연체율 개선계획 포함 · Check List작성/제출 · 융자팀 주관
	건전성등급별 자산추이		
	연체율	· Monthly Check List	
	2개 이상 지표 한도초과지속 (3개월)	· Bi – weekly Check List	· 세부이행계획서 수립/제출 – 융자팀→리스크관리위원회 – 진도관리: 리스크관리팀 · 해당 대출상품에 대한 자금배분 중지

☆ 참고 　　　　　　　　　　시장리스크관리 사례

(1) 주식부문

① 관리지표 및 허용한도

구 분	정 의	허 용 한 도
VaR (Value at Risk)	신뢰구간 95%하에서 향후 10영업일간의 최대손실 가능금액	지급여력 Suplus의 30% 이내
Portfolio의 평가손익비율 (Fund 기준)	Portfolio의 평가손익÷Portfolio의 장부가 총액	△ 15% 이내

② Loss cut Rule

구 분	△15% 이내	△25% ~ △15%	△25% 초과
한 도	Fund Manager 재량	Monitoring Point	Loss Cut

✿ 참고   시장리스크관리 사례

③ 모니터링 및 적기 시정조치

구 분		Monitoring	Sanction
허용한도 이내		· Monthly 정기보고서	–
허용 한도 초과	VaR	· Daily Monitoring	· 적기시정조치 – 리스크관리위원회→투자팀 · 개선계획서 제출 – 투자팀(담당임원 전결)주관 – 상품주식(Portfolio)의 재편 및 종목별 손절매 계획 포함 · Che나 List작성/제출 – 투자팀(Back Office) 주관
	Portfolio의 평가손익비율	· Weekly Check List	
	2개 이상 지표 한도초과 지속 (3개월)	· Bi – weekly Check List	· 세부 이행계획서 수립/제출 – 투자팀→리스크관리위원회 – 진도관리: 리스크관리팀 · 상품주식 보유규모 축소 또는 Portfolio 재편 · 한도 진입 시까지 자금배분 중지

(2) 채권부문

① 관리지표 및 허용한도

구 분	정 의	허 용 한 도
VaR (Value at Risk)	신뢰구간 95%하에서 향후 10영업일간의 최대손실 가능금액 (Modified Duration VaR Simulation)	지급여력 Suplus의 30% 이내
Portfolio의 평가손익비율	Portfolio의 평가손익÷Portfolio의 장부가 총액	△ 15% 이내

② Loss cut Rule

구 분	△2.5% 이내	△5%~△2.5%	△5% 초과
한 도	Fund Manager 재량	Monitoring Point	Loss Cut

chapter **06**

보험마케팅

The Core Theory and Practice of the Insurance Industry

1. 보험마케팅 전략

1) 의의

보험마케팅 전략은 주요 고객을 결정하고 적정 상품 및 이의 가격, 판매 방식, 홍보 등을 결정하는 것으로 일반적으로 마케팅 영역과 마케팅 방식을 결정하는 것으로 구분된다. 마케팅 영역은 크게 시장세분화(Segmentation), 목표시장(Targeting), 포지셔닝(Positioning)으로 구분된다. 마케팅 방식은 4P (Product, Price, Place, Promotion)를 중심으로 상품의 가격, 유통, 촉진이 주요 내용이 된다.

일반적으로 보험마케팅은 해당기업의 사업 목표를 기준으로 성장위주전략, 수익증대전략, 현상유지전략, 사업의 축소전략 등이 있다. 또한 마케팅 방식에 따라 저비용전략, 차별화전략, 특화전략 등이 있다. 한편, 마케팅을 하는 기업이 시장에서 어떤 위치에 있느냐에 따라서 선도자(Leader), 틈새시장을 노리는 특화자(Nicher), 단순히 다른 회사의 전략을 따라가는 추종자(Follower)로 구분한다.

2. 보험마케팅의 특성

1) 보험 상품의 특성

보험 상품을 마케팅 측면에서 일반상품과 비교해 보면 우선적으로 보험 상품이 바로 무형상품이란 점이다. 따라서 상품수요 측면에서 일반상품은 구체적 상품으로써 명확한 소비효용과 부차적 효용을 가지고 있지만 보험 상품은 무형의 관념상품으로 추상적인 효용을 가진다. 또한 욕구 면에서도 일반상품은 구입시점에 존재하고 인식되어 감지되나, 보험 상품은 존재하고는 있지만 거의 인식을 못하고 있다. 그리고 일반상품은 고객의 자발적인 의도로 구입절차가 이루어지지만 보험 상품은 고객의 순수한 자발성이 거의 없다. 한편, 일반상품은 판매와 더불어 경제과정이 종료되고 경우에 따라서 판매한 이후에 고객에 대한 서비스가 계속되는 반면에 보험 상품의 판매는 고객과 보험회사 간의 계약체결일로부터 보험계약기간 만료까지 또는 보험급부 지급까지 계속되며, 이의 서비스는 개인적인 대소사에 관한 보살핌, 고객에 대한 재무적인 조언, 보험계약의 변경, 보험사고 처리와 후속적인 조치 등 실로 다양하다.

일반상품은 상품구입 시 급부와 반대급부가 동시에 이루어지나 보험 상품은 확정적 급부에 대한 반대급부가 보험사고가 발생한 후에 지급 여부 또는 지급금액의 크기가 결정되며, 보험계약기간 동안 중도급부금 상품은 간헐적 또는 주기적으로 이루어지므로 현실적으로 구체적인 등가관계가 성립되지 않는다. 이 외에도 보험 상품은 일반적으로 복잡하여 일반인들이 이해하기가 어려워 고객에게 주요한 부분에 대하여 설명이 필요하여 상품관련 정보의 공시기능이 강조되고 있으며, 보험기간 동안 화폐가치로 평가되며, 가격의 구성비 중 재료비, 즉 순보험료의 점유율이 높고, 보장성상품 같은 경우 수혜대상이 타인이어서 일반상품과 바로 대비된다. 특히, 최근 들어 보험 상품은 경제재 중에서 고급재로 인식되고 있는 특징도 있으며, 상품종류별로 볼 때 전통형 상품의 경우 고정된 원가가 장기간에 걸쳐 회사손익에 영향을 미치며, 자동차보험은 가격민감도가 다른 보험 상품에 비하여 크고, 일반 손해보험은 주문형 상품이 많으므로 거대위험 발생 가능성에 따른 재보험처리가 아주 중요하다.

　보험 산업은 일반산업 분야와는 달리 생산설비 과정상의 문제가 없는 점도 특이하다. 제조업에서는 생산을 위하여 특수한 기계나 해당시설을 필요로 하고 제조과정이 기술적, 화학적, 물리적 조건에 의하여 항상 제약을 받지만, 보험 산업에서는 제조과정이 조사, 분석, 연구, 계산, 평가의 일련의 절차대로 이루어지며 주로 인적 요소에 의하여 처리된다. 따라서 인적관리에 필요한 다양한 인프라가 구축되어야 보험마케팅의 경쟁력을 확보할 수 있게 된다. 보험 상품을 생산하는 기술적인 측면에서 부각되는 특성을 살펴보면 우선 대량생산과 모방이 쉽게 가능하며, 인적요소로서 생산이 가능하기 때문에 개발고정비가 제조업에 비하여 거의 없다. 또한 보험 상품은 사전에 주문생산을 하거나 혹은 판매량을 예상하고 미리 생산하여 확보해 두는 것이 아니므로 순간적으로 생산되며, 상품 자체가 정보의 결합으로 이루어진 서비스 상품인 동시에 다수의 경제주체를 전제로 하므로 관련 통계의 집적이 필수적이다. 그 외 상품화의 과정에서 고난위도의 수리적 요소의 투입과 정보기술적인 물리적 요소를 생산라인으로 하는 체계이며, 일반제품 생산에서 가지는 기업위험, 즉 경기변동이나 경쟁자의 출현 등의 위험이외에 특수한 보험 기술적인 위험이 내재되어 있다. 이러한 위험은 실제로 발생한 사고발생률과 보험료 산정 시 적용된 확률이 손해의 정도를 초과함으로써 나타나게 되는 위험으로 과다 노출 시 수입과 지출의 균형을 잃게 되며 보험사업의 운영에 지장을 초래할 뿐만 아니라 보험사업의 존속 자체까지 위협할 수 있다. 따라서 보험 사업의 성패는 위험관리를 어떻게 하느냐에 달려 있다고 해도 과언이 아니다.

한편, 보험 상품의 개발에 있어서 국민경제 등 외적인 환경변화도 영향을 미치는데 이러한 환경변화는 국민소득, 구매력, 고용상태, 기술발전, 실물투자 등에서 변화를 가져오므로 이들은 보험수요를 결정하는 중요한 요인일 뿐만 아니라 보험 산업에도 큰 영향을 미친다. 또한 인구증가율 또는 인구의 연령별구성, 인구의 분포 등도 판매량의 지표로서 중요한 역할을 한다. 그리고 보험 산업이 다른 산업 이상으로 공공성과 공익성이 강조되고 보험업법과 같은 특별 감독법에 의하여 엄격한 규제를 받기 때문에 보험 경영 및 상품개발의 독자성이 대체로 제한되고 있는 실정이다.

2) 보험소비자의 특성

보험은 의식주 등 소비자의 기본적 욕구가 충족되어야만 수요가 발생한다. 이에 따라 보험은 후진국에서는 완만하게, 중진국에서는 빠른 속도로, 선진국에서는 다시 완만한 속도로 수요가 증가한다. 또한 미래 위험을 인식하는 사람에게만 수요가 발생한다. 따라서 이러한 인식을 하고 있거나 인식을 시켜야 수요가 발생한다. 그리고 소비자는 보험서비스에 불만을 갖기 쉽다. 특히 보장성보험인 경우 소비자들은 해약할 경우 자신이 낸 보험료보다 환급금이 적다는 이유로 불만을 가지기 쉽다[1]. 한편, 보험소비자는 보험료 가격을 충분히 이해하지 못한다. 이는 보험 상품의 복잡성 때문에 보험가격을 이해하고 만족해지하지 못하는 경우가 많다는 것을 의미한다. 그리고 보험 상품에 대해서도 불충분한 이해를 한다. 이는 많은 약관과 자세하게 상품설명을 하여도 이해하기 어렵다고 생각하는 소비자가 많고 또한 상품의 내용을 이해하고자 하는 노력이 부족하기 때문이다.

고객을 설득하여 스스로 다가오게 하는 전략(Pull형 전략)보다는 고객에게 다가가서 판매하는 전략(Push형 전략)을 주로 사용한다. 이는 전적으로 보험

---

1) 이에 대한 자세한 원인은 제9장 보험수리 편 〈참고〉 해약환급금 참조

사고에 대한 소비자의 부정적 인식 때문이며 그렇기 때문에 보험사고 발생에 노출이 심한 소비자만 가입하는 역선택이 많이 발생할 수 있다. 또한, 소비자 자산에 관한 정보가 불충분하거나 노출되길 꺼린다. 이로 인해 불완전 계약이 되거나 분쟁이 발생하는 경우가 종종 있다

3) 보험사업자의 특성

보험사업자는 우선적으로 고객층의 동질성에 관심을 둔다. 위험 수준은 다르더라도 고객들이 원하는 것들이 비슷해야 하기 때문에 근본적으로 위험 노출이 서로 비슷한 고객들로 구성해야 하며 역선택에 대해서도 준비해야 한다. 이를 관리하는 것은 보험마케팅 및 언더라이팅에서 아주 중요하다. 그리고 판매채널이 보험경영에서 아주 중요한 비중을 차지하므로 보험 상품의 특성, 즉 무형상품, 비자발성 등 상품특성을 반영하여 이를 잘 활용할 수 있는 유통조직을 다양하고 안정적, 효과적으로 운영하는 것이 중요하다. 또한, 보험사업자로서의 안정된 이미지와 신뢰성이 중요하다. 이는 어느 금융 산업이든 새로운 경쟁방식이 등장하고 보험시장이 성숙되면서, 이미지 관리와 신뢰성 관리가 중요시되기 때문이다. 한편, 다양하고 적절한 서비스를 제공해야 한다. 일반적으로 보험계약은 장기계약이므로 만기까지 다양한 서비스를 제공해야 한다. 그 외 사후적으로 손실의 가능성이 높다. 따라서 사전적으로 이익을 볼 수 있지만 여러 가지 지출요인, 즉 사후적 손실 가능성이 높으므로 언더라이팅과 마케팅단계에서 상당한 주의를 기울여야 한다. 또한 전문가를 필요로 한다. 보험계리사, 손해사정사, 재무설계사 등 보험에는 다양한 전문가가 필요하다. 마지막으로 고객정보를 확보하기도 어렵다. 따라서 다양한 고객정보를 보유한 회사가 상대적으로 유리할 수밖에 없다.

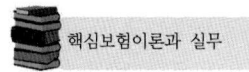

3. 보험판매 채널

보험판매채널은 보험 상품과 서비스가 보험회사로부터 보험계약자 또는 피보험자에게 옮겨 가는 과정에 참여하는 모든 개인 및 회사를 지칭하는 것으로 고객접점이라고도 한다.

1) 특성

보험판매채널은 표준적 자격요건이 요구된다. 따라서 일정한 사전교육 및 시험에 합격한 후 자격이 갖추어진 사람만 보험유통, 즉 판매활동을 할 수 있으며, 판매채널에 관련된 비용이 상당하다. 일반적으로 지점운영비, 설계사수당, 교육훈련비 등 많은 비용이 발생한다. 그리고 보험 상품 등 보험에 관한 전반적인 설명능력이 요구되는데 이는 보험에 대한 이해는 물론이고 설명능력이 뛰어나야 고객유치 및 유지가 쉽게 되기 때문이다. 특히, 계약유치와 함께 유지관리가 아주 중요하다. 모든 사업에서처럼 보험영업은 계약자체도 중요하지만 갱신과 유지 또한 무시 못 한다. 그리고 가격경쟁력 및 서비스경쟁력도 모두 중요하다. 한편, 판매과정에서 문제의 소지가 많을 수 있다. 이는 상품이 복잡하여 이해가 쉽지 않기 때문이다. 그 외, 유통경로의 신뢰성이 중요하며, 따라서 유통경로의 신뢰성이 없을 경우 회사에 대한 불신이 생길 수 있으며 고객유치에 어려움이 발생하고, 때때로 고객정보에 대한 소유권 문제가 다른 상품에 비해 발생가능성이 높다.

2) 분류

(1) 직접 통신판매(Direct Mailing, DM)

이는 판매자로부터 소비자에게로의 단일방향 통신수단을 의미하며 보험회사가 계약자에게 통지하는 형식을 의미한다. 대체적으로 우편판매는 소비자들의 반응률이 낮은 편이고 정보제공능력도 비교적 낮아 계약체결도 상당히 제한적으로 이루어진다. 따라서 본 채널에 적합한 상품은 이해도가 높은 상품, 단순하거나 단순하지는 않더라도 강제보험으로써 누구나 많이 경험해서 알고 있는 상품, 언더라이팅이 필요 없는 상품 등이다. 한편, DM은 짧은 시간에 넓은 지역을 커버할 수 있어서 특히 외곽지역에 유리한 장점이 있지만 고객의 데이터베이스의 활용이 상당히 까다로운 단점이 있다.

(2) 텔레마케팅(Tele - Marketing, TM)

이는 양방향 통신수단이고 정보제공능력이 상당히 좋은 편이나, 계약체결은 제한적이며 계약 후 서비스는 양호한 편이다. 이 방식은 DM처럼 비용이 저렴하여 상당히 경쟁이 심하다. 전화접속 형태에 따라 인바운드(In Bound)와 아웃바운드(Out Bound)가 있다. 인바운드는 계약자가 전화한 경우에만 수동적으로 보험 상품을 안내하는 형태이며, 아웃바운드는 계약자에게 직접 전화하여 보험 상품을 적극적으로 안내하는 형태를 말한다. TM에 적합한 상품은 DM처럼 이해도가 높은 상품, 단순하면서 강제적인 상품, 언더라이팅이 필요 없는 상품 등이다. 한편, 이의 장점으로는 신속하게 판매가 이루어진다는 점이다. 반면에 사용시간의 제한, 고객 데이터베이스를 필요로 하는 단점이 있다.

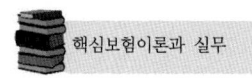

(3) 인터넷마케팅(Internet Marketing, IM)

이는 양방향 통신수단으로 대량의 정확한 정보제공이 가능하다. 또한 계약체결이 비교적 제한적이며 특히, 계약 후 서비스가 곤란하다. 이의 적합한 상품으로는 언더라이팅이 불필요한 상품이 대부분이고 비용이 가장 저렴하여 사용도가 증가추세이다. 또한 사용시간의 제약이 없으며 충분한 정보제공이 가능하다.

(4) 직급조직

이는 보험사의 정규직원이 직접 보험판매를 담당하는 것으로 판매직원은 보험사를 대신하여 보험료수령권, 계약체결권 및 고지의무 수령권 등의 권한과 계약과 관련된 책임을 보유하게 된다. 이는 보험마케팅에 전문적인 지식이 필요하고 비용도 많이 소요되므로 개인위주의 가계보험보다는 기업보험 같은 고액의 보험 상품, 가격변화가 많은 상품, 경쟁이 심한 상품의 마케팅에 적합하다. 한편, 비용수준은 대체적으로 일반대리점보다 낮은 편이다.

(5) 보험설계사

보험모집인(Solicitor)이라고 하며 우리나라와 일본 보험시장에서 보험판매의 핵심역할을 담당한 독특한 판매채널이다. 설계사들은 일정한 자격취득 후 등록을 필요로 하기 때문에 설계사를 이용한 보험판매방식은 전문성이 있으나 가장 비용이 많이 발생하는 판매방식이므로 미국이나 유럽에서는 이 방식에 대한 의존도가 높지 않다. 최근 DM 등 저비용 채널이 등장하고 있으나 대면판매가 필요한 보험 상품인 경우 아직 그 효과가 다른 채널들에 비해 높다. 또한 설계사들도 종전의 연고주의 판매방식에서 벗어나 가계 재무설계(Personal Financial Planning)를 과학적으로 설계할 수 있는 전문지식을 함양하고 있어 진정한 의미의 재무설계사(FP; Financial Planner) 또는 재무상담사(FC; Financial Consultant)로의 경쟁력을 키우고 있다. 이의 적합한 상품은 자발적 수요가 낮아 Push전략이 필요한 상품, 복잡하여 설명이 필요한 상품, 고가격 또는 재무설계 상담이 필요한 전문적 보험 상품들이다.

(6) 보험대리점

보험대리점을 운영하는 대리인(Agent)은 보험회사를 대리하여 법적행위를 할 수 있는 권한을 지닌 자를 말하며 주로 계약체결권, 고지수령권, 보험료 수령권을 부여받는다. 다만 요율협상권은 없다. 일반적으로 대리인은 자기의 책임하에 보험판매를 하며 판매실적에 따라 수수료를 수취하고 자신이 직접 보험판매를 하거나 판매원을 고용하고 육성하는 책임을 지기도 한다. 대리점은 크게 전속대리점, 독립대리점, 생명보험과 손해보험의 겸업대리점 등이 있으며 그중 독립대리점은 보험계약 일체에 대한 사용권한 또는 재계약 권한을 지닌다.

(7) 보험중개사

대리점이나 설계사들이 보험사를 위하여 영업을 하는 것과는 달리 보험중개사는 고객을 위하여 최적의 보험계약 및 보험사를 선택하고 독립적으로 요율을 협상하는 사람을 말한다. 이 제도는 영국 등 유럽에서 활발하며 우리나라에서는 인(人)보험, 손해보험 중개사로 구분하여 1998년부터 실시하였다. 이에 적합한 상품은 거액상품이나 가격변화가 많은 상품이나 경쟁이 심한 상품이라고 할 수 있다.

(8) 방카슈랑스

① 의의
방카슈랑스(Bancassurance)는 불어의 은행(Banque)과 보험(Assurance)의 합

성어로서 일반적으로 은행 등 금융기관이 보험회사의 대리점 또는 중개사로 등록하여 보험 상품을 판매하는 것을 말한다. 이는 협의로는 은행의 판매망 (창구)을 통해 은행고객을 주 대상으로 보험 상품을 판매하는 것으로부터 광의로는 은행과 보험사의 종합적인 업무제휴 전략을 포함하는 개념으로 나라마다 그 범위가 다르게 적용된다. 우리나라는 2003년 9월부터 은행에서 보험 상품을 판매하는 방카슈랑스가 시작되었으며 은행뿐만 아니라 증권사, 상호 저축은행, 신용카드사 등에서도 보험 상품을 판매할 수 있다. 본 제도는 종합금융화의 대표적인 형태로서 유럽 특히, 스페인이나 이태리의 경우 생명보험의 2/3 이상이 은행을 통하여 판매되고 있다. 일본은 1997년부터 도입되어 운영되고 있다. 한편, 미국은 은행이나 보험사가 지주회사 형태를 통해 겸영할 수 있게 하고 있다. 한편, 보험회사가 주체가 되어 은행 업무를 겸영하거나 보험사가 소유한 은행이 개발한 은행상품을 보험회사의 채널을 통하여 판매하는 것을 어슈어(Assur) 뱅킹이라고 한다.

② 운영형태

이의 운영은 크게 단순형태, 판매제휴형태, 자회사 혹은 지주회사 설립형태, 자본제휴 형태로 분류할 수 있다. 단수업무제휴 형태는 은행계좌를 통한 보험료 자동이체나 은행의 보험금 지급대행 서비스만을 제공하는 것을 말한다. 판매제휴형태는 은행이 보험사의 대리점 업무를 수행하거나 보험모집인이 은행점포에 상주하면서 보험을 판매하는 형태이다. 자회사설립형태는 은행이 보험사를 자회사로 설립한다거나 기존 보험사를 인수하여 운영하는 형태를 말한다. 그리고 자본제휴형태는 은행과 보험사가 공동으로 자회사를 설립하거나 자본을 제휴하는 형태로서 상품의 공동판매 및 공동개발 등의 업무제휴도 포함한다. 이를 도해하면 다음 <그림 6-1>과 같다.

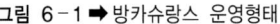

그림 6 - 1 ➡ 방카슈랑스 운영형태

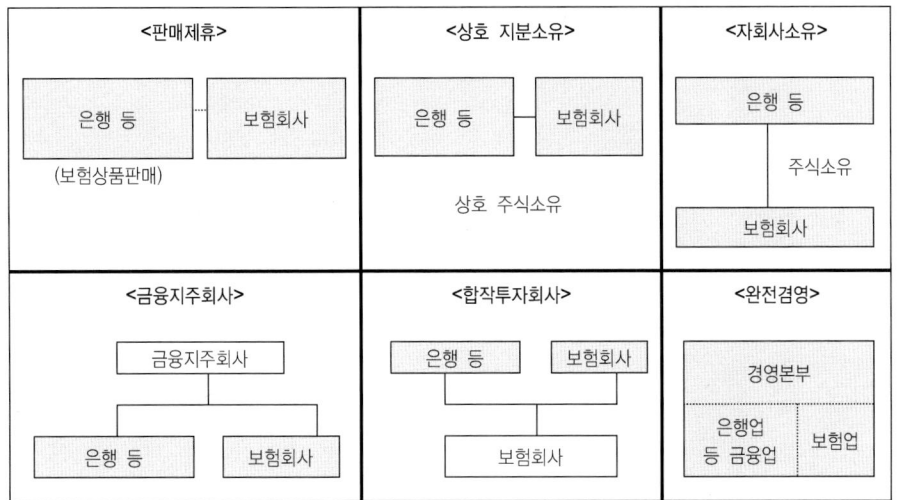

(출처: 금감원 보험업무자료, 2004)

③ 특징

방카슈랑스는 우선적으로 양방향 통신이 가능하고 저렴한 보험료와 고객 접근성이 뛰어나다. 아울러 대면판매방식에 비해 비용이 저렴하고 은행, 증권 상품들과 연계하여 One Stop Shopping의 편리성을 제공한다. 특히 인구 집중도가 높은 지역에 유리하고, 대고객 이미지가 우수한 경우에 본 채널의 강점이 있다. 반면, 보험 상품에 대한 전문성이 낮은 편이어서 불완전판매 등이 문제가 되며 은행직원들의 기피 등이 단점이다.

☆ 참고   선진국 방카슈랑스 운영사례

1. 유럽사례

유럽에서 방카슈랑스가 활성화된 배경으로는 1980년대 중반 이후 진행된 금융개혁을 통해 금융권 간 업무영역 규제가 완화되면서부터이다. 이를 통해 개별 금융기관 간 업무제휴나 상품판매가 활발하게 교류되기 시작하였다. 또한 은행과 보험간의 판매상품에 대한 역할분담이 잘 이루어졌는데, 은행권은 단기저축성위주의 상품으로 보험권은 장기저축성 상품으로 상호 보완하였던 것이다. 또한 프랑스 등에서 보험모집인이 지속감소하면서 이의 대체채널로 방카슈랑스가 적극 알려지게 되었다. 일례로 보험모집인 수가 프랑스는 약 7만 명, 한국은 25만 명, 일본은 40만 명으로 추산되었다. 이런 영향으로 프랑스의 경우 방카슈랑스 점유율이 2000년에 80%에 육박하는 것으로 나타났다. 그에 반해 영국은 24%, 독일은 27%로 나타났다. 한편, 유럽은 보험자회사 설립방식에 의한 운영형태가 주류를 이루며, 취급상품도 보장성보험 위주에서 개인연금 및 손해보험상품 분야까지 확대되는 추세이다. 다음 〈그림 6-2〉는 유럽 주요국의 운영형태이다

그림 6-2 ➡ 유럽 주요국 방카운영 형태

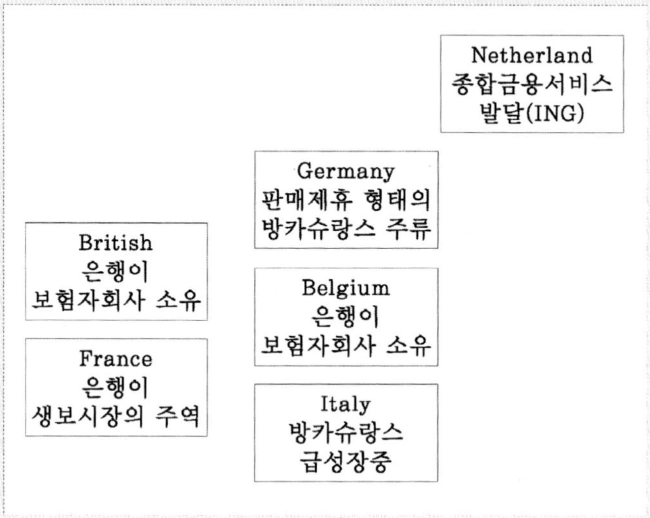

```
                                        Netherland
                                        종합금융서비스
                                        발달(ING)

                        Germany
                        판매제휴 형태의
                        방카슈랑스 주류
      British
      은행이
      보험자회사 소유         Belgium
                        은행이
      France             보험자회사 소유
      은행이
      생보시장의 주역        Italy
                        방카슈랑스
                        급성장중
```

(출처: 미래에셋생명 방카슈랑스 분석자료, 2003)

💡 참고   선진국 방카슈랑스 운영사례

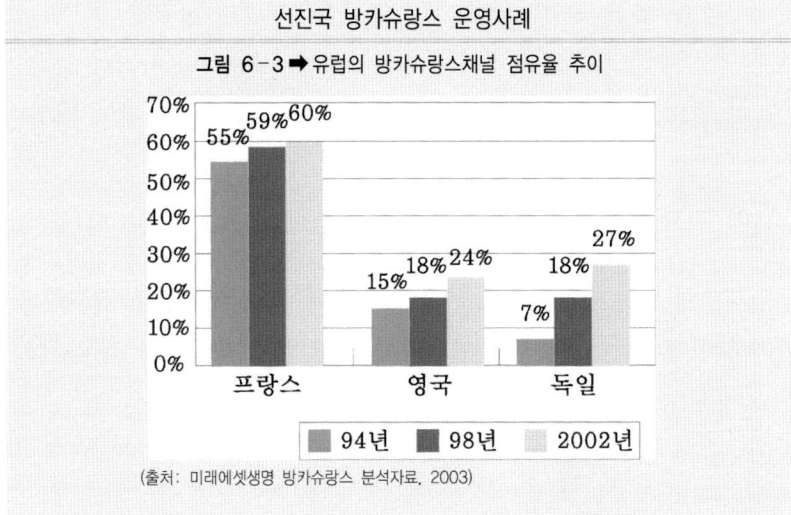

그림 6-3➡유럽의 방카슈랑스채널 점유율 추이

(출처: 미래에셋생명 방카슈랑스 분석자료, 2003)

2. 미국사례

미국은 1999년 미국은행법 개정 이전까지는 직접 겸영이 불가능하여 주로 은행/보험사 간 판매제휴를 통한 보험 상품 판매나 은행산하 보험대리점을 통한 보험판매가 대부분이었으나 은행법 개정 이후에는 대부분이 기존 독립대리점을 자회사로 편입하여 보험 상품을 판매하고 있으며, 다른 한편으로는 다수의 보험회사가 다수의 은행에 보험 상품을 은행창구를 통해 판매하는 복합 형태를 취하고 있다. 예를 들면, First Union 은행은 Hartfort 보험사, Aegon 보험사, 푸르덴셜 보험사, CNA 보험사 등의 상품을 판매하고 있다.

(9) 홈슈랑스(Homessurance)

이는 홈쇼핑(Home Shopping)과 보험(Assurance)을 결합한 용어로 홈쇼핑채널을 통한 보험 상품 판매는 우리나라에서 2003년 10월 처음 시도된 후 중소형 보험사의 새로운 마케팅방식으로 급부상하고 있으며 2004년부터는 대형보험사들도 적극적으로 참여하고 있다. 이 방식은 보험사의 입장에서 규모의 경제가 발생하므로 대면판매에 비하여 사업비를 경감시켜 보험료를 절감할 수 있으며 홈쇼핑사 입장에서도 재고관리나 반송의 문제가 없어 유형상품의 판매보다 선호하게 된다는 장점이 있다. 한편, 홈슈랑스는 보험채널방식 중 전형적인 pull 전략이며 실제로 연령층을 기준으로 목표시장을 설정하여 운용하기 때문에 계

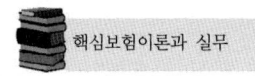

약 성사율도 높은 편이다. 일반적으로 홈쇼핑채널을 시청한 고객이 전화를 하여 상담을 통해 가입을 결정하는 방식이 많이 사용되며 따라서 엄격한 언더라이팅이 필요한 상품은 적절하지 않으며 무진단, 무심사 상품이 대부분이다.

(10) 기타

인쇄매체 또는 방송매체를 이용하여 보험사의 이미지를 제고하고, 상품을 판매하는 경우이다. 기타 할인매장이나 편의점, 공항에서 점두판매 방법 등도 사용되고 있다.

4. 판매채널전략

1) 단일채널과 복수채널 전략

보험사가 단일채널 또는 복수채널을 결정할 때는 해당 기업의 자원 및 역사, 판매상품의 범위, 표적 고객의 채널선호, 경쟁회사의 판매채널전략 등을 고려해야 한다. 단일채널의 경우 판매채널 간의 갈등이 발생하지 않으며 규모의 경제 등으로 채널 운용비용이 절감된다. 반면, 시장을 확대할 경우에는 고객별 선호채널이 다양하기 때문에 부적절하다. 복수채널의 경우 판매 상품군에 적합한 채널을 사용하여야 하며 경쟁사와 비교우위를 유지할 수 있는 탄력적인 전략을 다양하게 구사해야 한다.

2) 채널 구조조정

이는 고비용 채널의 축소와 저비용 채널의 개발전략을 의미하는데 과도하고 일방적인 채널비용 절감은 핵심역량이 있는 부분도 함께 축소될 수 있기 때문에 비용절감 차원의 구조조정은 전략적으로 이루어져야 한다. 따라서 기존채널 조직의 획일적 축소보다는 핵심역량이 있고 양질의 수익을 확보할 수 있는 채널은 오히려 확대 또는 유지하는 것도 효율적이다. 결국 채널조정은 비용 측면에서 검토하되 기존고객 및 잠재고객의 채널 선호분석과 고객세분화를 통한 분석도 함께 전개되어야 한다.

3) 신/구 채널 간 갈등 조정방안

이는 신채널의 판매상품 및 고객을 기존채널과 분리하여 갈등의 소지를 없애는 것인데 이의 도입초기에는 유용하지만 신채널의 판매범위가 확대될 경우에는 사용하기 어려운 제약이 있다. 이의 대표적인 경우가 바로 하이브리드채널이다. 이 채널은 다이렉트채널의 고객 데이터베이스를 이용하여 기존 대면채널에서 해당고객을 대상으로 상품을 판매하는 채널인데 당초 의도한 것보다 상당부분 기존채널의 영역을 침범하는 경우가 많아 양자의 채널 간 갈등이 심화되고 있다. 대체로 채널 간 갈등은 본사와 분리된 별도의 판매자회사를 운영함으로써 해소할 수 있다.

4) 신규채널의 통제력 확보방안

신규채널은 전통채널에 비해 저비용, 고객 접점의 확대 등의 이점을 제공하지만 전통채널에 비해 통제력을 가질 수 없는 한계가 있다. 이의 통제력은 회사가 상품경쟁력이나 인지도를 가질 경우 어느 정도 유지될 수 있으며 판매자회사 등 지배구조 개선을 통해 적절하게 통제할 수 있다.

The Core Theory and Practice of the Insurance Industry

보험세제

The Core Theory and Practice of the Insurance Industry

보험세제

The Core Theory and Practice of the Insurance Industry

보험은 국가의 사회보장제도를 보완하는 역할을 수행하고 또한 국가경제 발전에 필요한 장기적인 자금제공자로서의 기능을 수행하고 있다. 따라서 이의 가입을 장려하고 가입자의 복지증진을 위한 시책으로서 대다수의 국가들이 보험가입에 따른 각종 세제혜택을 부여하고 있다. 보험세제는 일반적으로 보험료 납입 시(이를 입구세제라 칭한다) 부여되는 보험료 소득공제와 보험금 수령 시(이를 출구세제라 징한다) 부여뇌는 보험차익과세, 상속세 및 증여세 공제 등으로 분류한다.

1. 보험료 소득공제

본 제도는 1977년 저축증대를 통한 사회자본 확충과 근로자 복지를 지원하기 위하여 도입되었으며, 근로소득자가 보험료를 납부하는 경우, 일정액을 해당연도의 근로소득에서 필요경비로 공제해 주며 다음과 같은 종류가 있다.

1) 사회보험 보험료 소득공제

사회보험은 국민연금, 공무원연금, 군인연금, 사학연금, 우체국연금과 같

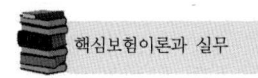

은 공적연금과 국민건강보험, 산재보험, 고용보험이 있다. 한편, 대부분 사회보험은 근로자가 부담하는 보험료 전액을 공제하고 있다. 단, 산재보험은 근로자부담분이 없으므로 해당 공제가 없다

2) 보장성보험료 소득공제

정부는 1982년부터 저축성보험에 대한 소득공제 혜택을 폐지하고 소득과 관계없이 모든 근로자가 보장성보험에 가입하는 경우에만 소득공제 혜택을 받도록 하였다. 본 제도가 시행되면서부터 세법상 최초로 보장성보험(만기환급금이 이미 납입한 보험료를 초과하지 아니하는 보험)의 개념이 도입되었으며 이때부터 모든 보험의 구분이 저축성과 보장성의 개념으로 양분되기 시작하였다. 이의 공제대상 보험은 보장성보험으로 생명보험, 손해보험, 농협·수협·축협의 생명공제, 군인공제회·교원공제회·경찰공제회·소방공제회 등 각 공제회의 보장성공제이다. 특히, 손해보험의 경우 적하보험, 선박보험, 운송보험, 항공보험, 보증보험, 창고 및 공장 보험료율이 적용되는 화재보험 등 비가계성 보험은 공제대상이 아니다.

3) 장애인전용 보장성보험의 보험료공제

장애인을 피보험자 또는 수익자로 하는 장애인전용 보장성보험인 경우에는 기존 보장성보험과는 별도로 추가 소득공제를 해 주며, 보험계약 또는 보험료납입 영수증에 장애인 전용보험으로 표시되어야 가능하다.

4) 연금보험 소득공제

(1) 의의

본 제도는 근로소득자뿐만 아니라 모든 소득자가 공제대상이 되는 조세특례제한법상의 규정에 의해 세제혜택을 주고 있기 때문에 가입조건, 납입금액, 납입기간 등 적격요건을 까다롭게 두어 운영하고 있으며, 이러한 조건에서 이탈할 때에는 추징세액을 적용하는 엄격한 제한을 두고 있다. 1994년 이전에는 연금보험을 일반보험에 준하여 세제혜택을 부여해 왔었다. 그러나 1994년 6월 20일부터 판매한 개인연금저축(개인연금보험)에 대해서는 보험료 납입 시나 연금 지급 시 모두 세제혜택을 부여받았다. 2001년 1월부터 판매 개시한 연금저축(연금저축보험)에 대해서는 보험료 납입 시 더 많은 세제혜택을 주었으나 연금 지급 시에는 연금액에 대한 소득세를 부과하였다.

(2) 주요 내용

개인연금과 연금보험의 세제적격요건으로는 10년 이상의 납입기간, 만 20세 이상부터 가입해야 하며, 매월 100만 원 이상을 불입하고 만 55세부터 연금을 수령해야 하는 등 요건을 충족해야 한다. 다만 연금보험의 가입은 18세부터 가능하다. 한편, 세제지원은 개인연금은 최대 72만 원 한도로, 연금보험은 240만 원 한도이며 소득세는 개인연금은 비과세되나, 연금보험은 과세되는 특징이 있다. 이를 요약하면 다음 <표 7-1>과 같다.

표 7-1 ➡ 개인연금과 연금보험 비교

구분		개인연금	연금보험
세제 적격 요건	납입기간	10년 이상	좌동
	가입자격	만 20세 이상(계약자, 피보험자, 수익자가 동일해야 함)	만 18세 이상(계약자, 피보험자, 수익자가 동일해야 함)
	저축형태	매월 100만 원 또는 3개월간 300만 원 범위	좌동
	연금지급조건	만 55세부터 5년 이상 연금으로 지급	좌동
세제 지원 내용	소득공제	저축불입액의 40% (72만 원 한도)	저축불입액의 전액 (240만 원 한도)
	소득세	연금소득 비과세	연금소득 시 과세

(3) 중도해약 시 세액 추징

－기존 개인연금보험(2000년까지 가입분)

소득공제를 받은 자가 가입일로부터 5년 이내에 중도 해약 시는 해약 시 총 납입보험료(특약보험료 제외)의 4%에 상당하는 금액(년 7만 2천 원 한도)을 추징하고 보험차익에 대해서도 과세한다.

－연금저축보험(2001년 이후 가입분)

연금저축가입자가 중도 해지할 경우 지급받는 일시금에 대해서는 기타소득으로 과세된다.

연금저축보험을 5년 이내 해지할 경우 연간 납입보험료 누계액(연간 240만 원 한도)의 2%를 가산세(최대 4만 8천 원)로 추징한다. 다만, 5년 경과 후에는 가산세액은 면제된다. 만약 소득공제를 받지 않았어도 소득공제를 받는 것으로 간주하고 가산세를 징수하므로 이를 피하기 위해서는 근로소득 원천징수영수증 등 관련서류를 사전에 제출해야 한다.

(4) 연금수령 및 일시금 수령 시

개인연금보험의 경우 10년 이상 납입한 후 5년 이상 연금을 수령할 경우에는 그 연금소득에 대하여 비과세한다. 다만 보험금을 일시에 수령할 경우에는 불입기간 10년 이상을 충족한 경우라도 보험차익 과세대상이 된다. 연금저축의 경우 연금액을 수령할 시 연금소득의 5.5%(주민세 포함)를 원천징수한다. 또한 다른 종합소득이 있는 경우에는 종합과세를 원칙으로 한다.

2. 보험금에 대한 세제

개인보험 가입자가 중도에 해약하거나 사망 또는 만기가 되었을 때에는 각각 해약환급금, 사망보험금 및 만기보험금을 수령하게 된다. 이때에 보험계약자, 피보험자 및 보험수익자 간의 동일인 여부에 따라 소득세법상의 보험차익에 대하여 과세적용을 받거나 상속세 또는 증여세 과세대상이 된다.

1) 보험차익과세

(1) 의의

보험차익이란 저축성보험(만기 시 보험지급금이 보험료납입 원금보다 많은 보험)에서 발생되는 것으로 만기 또는 해약 시 지급받는 보험금 또는 해약환급금에서 납입보험료합계액을 차감한 금액을 말하며 중도급부금이나 배당금은 보험금 등에 합산되고 보험료 할인 시 할인된 기준으로 보험차익을 계산한다. 소득세법상 보험차익은 이자소득으로 규정되어 과세된다. 즉 예금·적금·신탁·채권 등에서 발생하는 이자에 대해 이자소득세가 과세되는 것과 동일한 것이다. 따라서 보험차익은 이자소득과 같이 일반과세, 우대과세, 비과세가 될 수 있으며 일반과세가 되는 보험차익은 조건부 금융소득 종합과세 대상이 된다. 본 제도는 단적으로 보험영업 측면에서 어려움을 가

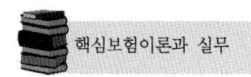
중시킨다. 그러나 장기적인 관점에서 보험회사들이 보험차익과세를 면하기 위해 중장기 상품의 개발·판매 및 유지율 개선에 더 많은 노력을 기울이게 되어 보험 산업의 질을 높일 수 있게 된다.

(2) 우대과세

보험차익에 대해 우대과세를 받기 위해서는 가입당시 세금우대종합저축으로 가입할 것을 신청해야 하며 1년 이상 납입해야 한다.

(3) 비과세

저축성 상품의 보험차익이 비과세가 되기 위해서는 소득세법에 의한 조건을 만족하는 경우와 조세특례제한법에 의한 해당 상품이어야 한다. 소득세법에 의한 비과세 요건은 계약유지기간이 10년 이상이어야 하며, 조세특례제한법에 의한 비과세 상품으로는 다음과 같다.

- 근로자 우대저축보험: 연간 총급여액이 3,000만 원 미만인 근로자가 월 납보험료 최대 50만을 3년 이상 가입 시 비과세된다.

- 생계형 저축보험: 만 60세 이상 노인에게 1인당 최고 3천만 원까지 보험차익에 대하여 비과세해 준다.

(4) 종합과세

일반과세가 되는 보험차익은 다른 금융소득(이자, 배당소득 등)의 합계에 따라 금융소득종합과세가 되는 조건부 종합과세대상, 즉 해당과세기간 중 총소득이 4,000만 원 미만인 경우에는 일반과세로 종료되나, 초과 시 종합과세 대상이 된다. 이러한 금융소득 종합과세는 일반과세가 적용되는 금융상품에 한하며, 우대과세 적용상품, 10년 이상 가입한 장기 채권에 의한 분리과세 적용상품, 비과세 적용상품은 금융소득 종합과세에 해당되지 않는다.

2) 상속세

(1) 사망보험금

피보험자의 사망 시 보험수익자가 받는 사망보험금에 대해서는 상속재산으로 간주되어 상속세가 과세되는데, 과세표준이 50만 원 초과하는 경우에만 과세된다. 예를 들어, 사망보험금 5억 원, 기타 상속재산 4억 원이라 하면, 일괄공제와 배우자공제 최소금액 10억 원과 금융재산공제(5억 원의 20%) 1억 원으로 총 공제액이 11억 원이 된다. 따라서 상속재산 9억 원은 모두 공제되므로 상속세 대상이 안 된다. 따라서 과세표준금액이 산출된 경우에만 상속세가 계산된다. 한편, 피상속인이 보험료 일부를 분담한 경우에는 납입한 보험료비율에 대해서만 상속재산으로 간주한다. 공제금액은 1996년까지는 사망보험금 중 1,500만 원이 상속재산에서 공제되었는데, 1997년부터는 보험금 상속공제가 폐지되고 금융재산 상속공제제도가 도입되었다.

☼ 참고

금융재산 상속공제

상속세 계산 시 금융재산에 해당하는 부분은 상속공제를 하고 있으며 금융재산은 금융기관의 제 예금, 신탁재산, 보험금, 유가증권에서 부채와 이자 소득세를 차감한 순 예금이 대상이 된다. 공제금액은 예를 들어, 1억 원 초과 10억 원 미만 시 금융재산의 20%, 10억 원 초과 시에는 2억 원이 한도금액이 된다.

(2) 연금보험

연금보험 중 계약자, 피보험자, 수익자가 동일인인 경우, 피보험자가 사망하게 되면, 종신연금보험은 연금지급이 종료되나, 종신연금이 아닌 일정 기간 약정형은 수익자에게 해당기간까지 연금보험금을 지급하게 된다. 이것은 피상속인이 상속인에게 연금보험금을 상속하는 것이 되며, 상속세 계산 시 상속재산 과세가액에 포함시키게 된다. 상속세 및 증여세법에서는 이를 정기금이라 한다.

3) 증여세

(1) 발생원인

보험계약 체결 시 계약자와 수익자가 다른 경우에 보험금은 수익자의 증여재산이 된다. 계약자와 수익자가 동일한 경우에도 타인이 증여한 재산으로 보험료를 납입하고 보험금 지급사유가 발생한 경우 수익자는 (보험금 - 증여받은 납입보험료)만큼 본인의 증여재산가액으로 하여 증여세를 납부하게 된다.

(2) 증여재산공제

보험료 또는 보험금 증여에 따른 수익자에게 증여세 부과 시 계약자와 수익자가 친족인 경우, 즉 배우자, 직계존비속의 경우 증여재산공제가 유형별로 이루어진다. 예를 들어, 수익자가 직계비속 중 미성년자인 경우에는 10년간 1,500만 원이 공제된다.

4) 보험계약형태와 상속, 증여와의 관계[1]

(1) 만기보험금(생존만기)

📧 사례 1

보험	계약자	피보험자	수익자
1	남편	부인	남편
2	남편	남편	남편

- 이 경우에는 피보험자에 상관없이 계약자와 수익자가 동일하면 상속 또는 증여와 상관없다.

---

[1] 보험연수원(2005), pp.282 - 286 요약정리

＠ 사례 2

보험	계약자	피보험자	수익자
3	남편	남편	부인
4	남편	남편	자녀
5	남편	부인	자녀

- 이 경우에는 피보험자에 상관없이 계약자와 수익자가 다르면 증여에 해당된다.

＠ 사례 3

보험	계약자	피보험자	수익자
6	자녀	부모	자녀

- 자녀가 자신의 돈으로 보험료를 납부하였다면 전혀 상관없다.
- 보험기간 중에 타인이 증여한 돈으로 보험료를 납부한 경우
· (만기보험금 - 증여받아 납부한 보험료)에 대해서 증여세를 납부한다.
· 보험료 역시 증여받았으므로 먼저 증여세를 납부한다.

- 만약 미성년자가 보험가입시점부터 10년 내 보험료를 1,500만원 증여받아 납입하고 보험금을 5천만 원 수령한 경우
· 증여세 과세가액: 5천만 원(보험료 1,500만원 + <보험금 - 보험료> 3,500만 원)
· 미성년자 증여재산공제: 1,500만 원
· 증여세 과세기준: 3,500만 원
· 증여세 산출세액: 350만 원(과세기준의 10%)

(2) 사망보험금

＠ 사례 1

보험	계약자	피보험자	수익자
1	남편	부인	남편

- 이 경우 계약자와 수익자가 동일하고 보험료 납부능력이 있는 경우이 므로 상속과 증여에 해당이 안 된다.

▣ 사례 2

보험	계약자	피보험자	수익자
2	남편	남편	부인

- 이 경우 남편이 사망하므로 보험금을 부인이 상속하게 된다.

▣ 사례 3

보험	계약자	피보험자	수익자
3	남편	부인	자녀

- 부인이 사망하나 계약자는 남편이며 수익자는 자녀이므로 남편이 자녀 에게 증여하게 된다.

▣ 사례 4

보험	계약자	피보험자	수익자
4	자녀	부모	자녀

- 자녀가 자신의 돈으로 보험료를 납부하였다면 전혀 상관없다. 다만, 자 녀의 소득이 지속적으로 발생해야 하고, 이 소득으로 소득세를 납부한 증명이 있어야 한다.
- 보험기간 중에 타인이 증여한 돈으로 보험료를 납부한 경우
· 사망보험금에서 증여받아 납부한 보험료를 차감한 부분에 대해서 증 여세를 납부한다.
· 보험료 역시 증여받았으므로 먼저 증여세를 납부한다.
- 그러나 사망보험금의 경우 생존보험금과 달리 보험금을 제외한 상속재 산으로 인한 상속세 크기와 보험금으로 인한 증여세 크기를 비교하여 절세 여부를 검토해야 한다.

Case 1

사망 당시 상속재산이 **30억 원** 있는 자가 보험료를 **2억 원** 납입하였으며, 상속인이 사망보험금을 **10억 원** 받은 경우

- 상속세 과세가액: 30억 원 + 10억 원 = 40억 원
- 상속세 공제금액: 12억 원(일괄공제 5억 원, 배우자공제 5억 원 가정, 금융재산공제 2억 원)
- 상속세 과세표준: 28억 원
- 상속세 산출세액: 28억 원 × 40% − 1억 6천만 원 = 9억 6천만 원
  (상속세율: 과세표준 30억 원 이하는 40%, 누진공제액 1억 6천만 원)

Case 2

사망 당시 상속재산이 **30억 원** 있는 자가 미성년자 아들에게 보험료를 매월 주고(누계금액 **2억 원**) 아들이 보험료를 납입하고 아들이 사망보험금을 **10억 원** 받은 경우

- 상속세 과세가액: 30억 원
- 상속세 공제금액: 10억 원(일괄공제 5억 원, 배우자공제 5억 원 가정)
- 상속세 과세표준: 20억 원
- 상속세 산출세액: 20억 원 × 40% − 1억 6천만 원 = 6억 4천만 원

- 보험료에 대한 증여세
  - 증여세 과세가액: 2억 원
  - 증여재산공제: 1천 5백만 원
  - 증여세 과세표준: 1억 8천 5백만 원
  - 증여세 산출세액: 1억 8천 5백만 원 × 20% − 1천만 원 = 2천 7백만 원
  (증여세율: 과세표준 5억 원 이하는 20%, 누진공제액 1천만 원)

- 보험금에 대한 증여세
  - 증여세 과세가액: 8억 원
  - 증여재산공제: 1천 5백만 원(10년 내 재차증여를 하지 않았음)
  - 증여세 과세표준: 7억 8천 5백만 원
  - 증여세 산출세액: 7억 8천 5백만 원 × 30% − 6천만 원 = 1억 7천 5백 5십만 원
  (증여세율: 과세표준 10억 원 이하는 30%, 누진공제액 6천만 원)

- 총 산출세액: 8억 4천 2백 5십만 원 → Case1보다 약 1.2억 원 세금이 절감된다.

─ 사망보험금의 경우 세금의 크기는 상속재산과 보험금 등과의 관계성이 매우 높다. 따라서 세금절감을 고려한다면 현재의 상속재산보다는 사망시점에 대한 상속재산의 크기가 중요하다.

✏ 사례 5

보험	계약자	피보험자	수익자
5	남편	부인	법정상속인

─ 이 경우 부인사망으로 인한 법정상속인은 남편과 자녀가 된다.

─ 만약 자녀가 없는 경우, 남편과 부인의 부모가 법정상속인이 된다. 따라서 남편이 받는 비율의 보험금은 자신이 계약자이고 수익자가 되기

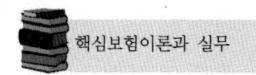

때문에 상속 또는 증여에 해당되지 않는다.

- 다만 자녀 또는 부인의 부모가 받는 비율의 보험금은 계약자가 남편이
기 때문에 남편이 자녀 또는 부인의 부모에게 증여하는 형태가 되어
증여세 대상이 된다.

chapter **08**

생명보험

The Core Theory and Practice of the Insurance Industry • • • • • • • • • • • • •

The Core Theory and Practice of the Insurance Industry

08 생명보험

The Core Theory and Practice of the Insurance Industry

1. 생명보험업 특성

1) 고유의 특성

(1) 수리 및 자산운용이 아주 중요하다

생명보험은 다양한 위험률의 산출과 보정, 상품개발, 보험료 및 책임준비금 계산 시 복잡한 보험 수리적 기술이 요구되며 이는 보험경영에 아주 중요한 역할을 한다. 또한, 생명보험 자산은 보험가입자가 납입한 보험료를 기초로 형성되므로 보험경영자는 재산관리자로서의 역할을 수행해야 하며, 이의 운영에서 발생된 이익은 유배당 상품인 경우에는 계약자 배당형태로 환원해야 하므로 자산운용이 아주 중요해진다.

(2) 판매의존성이 크다

생명보험은 무형의 상품을 판매하고 위험집단이 크면 클수록 안전을 더욱 도모할 수 있으므로 이의 특성상 적극적인 판매활동이 요구된다. 따라서 판매의존성이 다른 업종에 비해 크다.

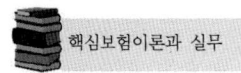

(3) 장기계약이다

보험 상품 판매부터 계약만기까지 장기간에 걸쳐 보험료를 받고 보험사고 시 보장하는 장기계약이다.

2) 특화서비스업

(1) 특화산업

생명보험업 내에는 다수의 보험사들이 존재한다. 미국이나 EU국가들의 경우 수백 또는 수천 개의 보험사들이 사업을 영위하고 있는데 이는 보험 산업이 몇몇 대형사만에 의한 자연독과점이 형성되는 규모산업이 아니라는 것을 의미한다. 따라서 특화가 가능하다. 이는 경쟁방법이 다양하다는 의미이다. 고객, 상품, 유통방식, 지역 등의 특화를 통해 성공한 보험사들이 많다.

(2) 소대다소(小大多少)형 산업

생명보험업은 소수의 대형사와 다수의 소형사로 구성된다. 대체로 중형사의 수익률은 낮은 반면, 대형사와 소형사의 수익률은 높은 편이다. 따라서 대형사들은 매수합병을 통해 더욱 대형화, 국제화, 종합화하고 소형사는 다양한 틈새시장에 집중한다.

(3) 경험곡선효과 존재

생명보험업은 경험곡선효과 또는 학습효과가 존재한다. 즉 여러 번 생산을 반복함에 따라 전문지식이 축적되어 생산능력이 향상되는 것이다. 특히, 전문화를 하는 경우 학습효과를 통한 경험효과 발생속도가 높다. 따라서 보험사들은 백화점식 다양한 상품을 취급하는 것보다 특정상품 분야에 집중하

여 전문화를 한다면 경영성과는 신속히 개선될 수 있으며 이는 신설보험사
인 경우 더욱 영향을 받는다.

(4) 지식산업

생명 보험업은 지식산업이다. 위험분석과 이의 관리를 위해서는 경제와
사회 및 인간에 관한 다양한 정보와 지식을 필요로 한다.

3) 고(高)위험 사업

(1) 확률적 사업

생명보험업은 사람들이 접하는 순수위험을 제거해 주는 유익한 서비스이
지만, 그 자체로는 투기적 위험을 지난 확률적 사업이다. 또한, 생사비용이
사후적으로 확정되는 특성상, 대수의 법칙의 적용가능성에도 불구하고, 보험
산업의 경영성과 예측이 사전적으로 곤란한 업종이다. 그러므로 사후적으로
큰 이익을 내기도 하지만 때로는 지급불능 상태에 놓일 수도 있는 위험예측
이 다소 범위를 벗어날 수도 있다.

(2) 경기변동에 민감한 사업

생명보험업은 경기 민감도가 다른 산업에 비해 높다. 불황이 닥치면 일반
제조업은 대부분 매출액이 감소하는 선에서 영향을 받으나, 보험업은 매출
액(수입보험료) 감소와 함께 비용지출도 증가한다. 즉 수입보험료 감소, 도
덕적 해이 및 해약증가로 인한 보험금지급 증가, 자산운용수익률 감소 등
전체적으로 생명보험업은 타격을 받는다.

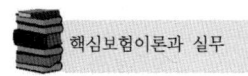

(3) 투자회수기간이 장기인 사업

생명보험회사가 설립된 후 손익분기점에 도달하기까지는 상당기간이 소요된다. 이는 회사설립비용과 보험사가 최소 효율규모에 도달하기까지는 상당한 영업실적이 이루어져야 하기 때문이다. 일반적으로 투자금액이 회수되기까지에는 약 10년 정도 소요된다. 또한 매출액과 이윤 간 직접적인 비례관계가 형성되지 않는다. 따라서 단기적으로 보험영업을 확대하는 전략은 오히려 손실을 초래할 수도 있다. 그러므로 경영자는 장기적인 안목에서 전략적 의사결정을 해야 하고, 이에 합당한 임기, 평가체계, 보수체계가 수립되어 운영되어야 한다.

2. 생명보험 상품

1) 상품특징

(1) 무형상품으로 미래지향적이다

보험 상품은 일반제조업의 유형상품과는 달리 그 형태가 없으므로 상품의 가치를 직접적으로 느낄 수 없고 불확실한 미래에 대한 보장이 주목적이므로 그 효용의 인식시점이 장래에 발생한다. 때문에 미래지향적이다. 따라서 보험 상품은 자발적 수요가 창출되지 않으므로 전문적인 모집조직에 의한 판매촉진이 지속적으로 이루어져야 한다.

(2) 효용의 수혜대상이 타인이다

보험 상품, 특히 보장성상품은 효용의 수혜대상이 타인이다. 반면, 제조업의 상품효용은 1차적으로 상품을 구입한 본인이 누린다.

(3) 효용이 화폐가치로 평가된다

보험 상품의 급부는 계약시점부터 만기까지 일정하게 화폐가치로 표시되고 보험계약자 모두에게 동일하게 적용된다. 반면, 제조업체 상품은 개개인의 주관적 선호도에 따라 효용의 크기, 즉 그 가치가 상이하다.

(4) 장기계약(특히, 생명보험)으로 예정 기초율에 의해 가격이 결정된다

보험 상품은 보험기간이 길어 초회보험료 납입부터 효력이 발생하여 많게는 종신토록 효력이 지속되는 장기 계약성이 있으므로 계약시점의 예정사망률, 예정이율, 예정사업비율 등 예정 기초율을 토대로 수입과 지출이 상등하도록 가격을 산출한다. 따라서 보험 상품은 제조업체 상품에 비해 상대적으로 경직성 또는 비탄력적이다. 반면, 제조업체 상품은 상품인도와 대금납입이 동시에 이루어져 상품구입 즉시 계약이 소멸된다. 또한 상품가격은 제조원가에 목표이윤을 부가하여 책정되고 경제학적으로 시상의 수요공급에 의해 결정된다.

(5) 가격 중 재료비 점유율이 높고, 상품개발비가 소액이다

제조업체 상품원가는 일반적으로 재료비와 공정관리비로 나누어지며 공정관리비 구성이 높다. 보험 상품은 판매가격 및 매출원가에 해당하는 영업보험료가 순보험료와 부가보험료로 나누어지는데 제조업체와 달리 순보험료, 즉 재료비의 비중이 크다. 또한 공정관리 등 공장기반시설이 필요 없으므로 어디서나 상품을 개발할 수 있는 접근성이 뛰어나고 소액으로도 개발이 가능하다.

(6) 이윤이 사후적으로 발생한다

보험 상품은 목표이윤을 설정하여 판매 가격에 반영하는 제조업체 상품과

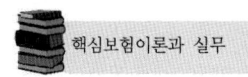

는 달리 수지 상등의 원칙에 의해 목표이윤이 존재하지 않으며 예정기초율과 실제운용 결과의 차이가 손익으로 사후에 측정된다.

(7) 보험 상품에 옵션이 내재되어 있다

일반적으로 보험 상품의 거래조건은 계약 당시에 보험자와 보험가입자 간에 서면합의로 정해지는데 이러한 내용 중에 옵션적 성격의 거래조건이 있다. 대표적으로 보험기간 동안 적립해야 할 금액을 부리하는 데 사용하는 이율을 최저로 보증하는 최저보증이율, 일정 기간 경영성과가 나타나면 이를 계약자에게 배당하는 데 필요한 배당옵션, 보험기간 중 부득이한 사정으로 해약하는 경우 필요한 해약옵션 등이 있다. 특히 해약옵션은 보험기간동안 고정적으로 부리되는 고정 금리형 상품에는 해당되지 않고 금리연동형상품에서만 옵션적 성격이 내재되어 있다.

① 최저보장 금리옵션

예정이율을 최저보장이율로 설정하고 초과수익에 대하여 배당을 실시하는 확정부 배당상품의 경우 보험계약자 입장에서는 자산운용수익률이 예정이율보다 하회하더라고 예정이율만큼의 수익이 확실히 보장된 고정금리상품을 보유한 효과가 있고, 추가로 자산운용수익률이 예정금리를 상회하는 경우에는 배당을 받을 수 있다. 즉 고정된 예정이율하에서 책임준비금의 적립이율은 자산운용수익률의 상승에 따라 증가하지만, 자산운용수익률의 하락에 대해서는 일정수준 이하로 하락하지 않는 금리 Floor의 특징을 갖고 있다.

② 배당옵션

배당부상품인 경우 배당률은 자산운용수익과 예정이율의 차이에 의해 결정되지만 그 차액이 모두 배당금의 재원이 되는 것이 아니며 일정부분은 잉여 또는 여력(Buffer)으로 확보하고 있어야 하며 그것을 초과하는 잉여금은 주주와 계약자의 배당재원으로 활용된다. 일반적으로 년 1회 배당을 실시할 때 최저보장금리(예정이율)를 r_B, 적정잉여비율을 λ, 초과잉여에 대한 계약 자배분율을 α, t기의 자산을 A(t), t기의 책임준비금을 P(t)라고 할 때, 배당 을 실시하는 t기의 배당률 d(t)는 다음 식으로 표현될 수 있다.

$$d(t) = \max[o, \alpha(\frac{A(t-1) - P(t-1)}{P(t-1)} - \lambda) - r_B]$$

여기서 $A(t-1) - P(t-1)$는 전기(t - 1)의 자산에서 책임준비금을 제외한 부분, 즉 잉여를 의미하므로 잉여금이 적정잉여비율, λ를 초과하는 부분(초 과잉여) 중에서 α만큼을 계약자에게 예정이율, r_B에 따른 책임준비금 부리 와 배당의 형태로 귀속시키게 된다. 만일 잉여가 적정잉여비율을 충족시키 지 못할 경우에라도 배당은 음수(-)가 될 수 없으므로 배당은 옵션의 성격 을 띠게 된다.

③ 해약옵션

보험계약자는 보험계약 시 보험자에게 일정 기간 동안 미리 정한 일정금 액, 즉 해약환급금을 청구할 수 있는 권리를 부여받으며 이는 보험자에게 보험을 해약청구하고 보험계약 당시에 미리 정한 금액을 받을 수 있으므로 풋옵션(Put Option)을 보유한 것이다. 다시 말해 보험계약자는 어느 시점에 현재의 시장가치로 계산하여 돌려받을 수 있는 금액이 미리 정한 행사가격 (해약당시 적립금)보다 크면 해약옵션을 행사하고 작으면 해약옵션을 행사 하지 않는다는 것이다. 특히, 보험만기 이전에 어느 때라도 보험계약자는 원 하는 시점에 해약할 수 있으므로 미국형 풋옵션을 소유한 셈이다.

보통 보험계약자가 시장이자율에 민감하고 시장에 장애요인이 없다고 하 면 시장이자율이 상승할수록 보험계약자는 상승된 이자율로 새로운 투자처 를 확보하기 위해 기존의 계약을 해약하는 옵션을 행사하고 이와 같은 경우 가 빈번하게 발생될 것이다. 보험회사입장에서 보면 기존의 현금흐름보다 더 증가된 현금흐름의 인출(Cash - Out)이 발생하여 결국 부채포트폴리오의

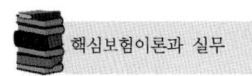

듀레이션이 보다 짧아지게 된다. 즉 시장이자율이 상승함에 따라 보험회사의 부채가치는 해약옵션이 없을 때보다 더 작아지게 된다고 할 수 있다.

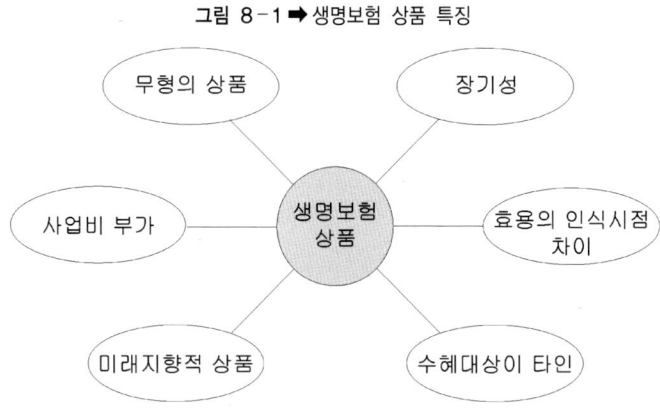

그림 8-1 ➡ 생명보험 상품 특징

2) 상품개발 트렌드

한국은 1950년대 양로보험을 중심으로 저축성보험 위주로 개발되어 판매되어 오다가 1980년대 들어 금리연동형 저축상품, 암보험, 치명적 질병보험, 개인연금, 3분야보험 등이 집중적으로 개발되어 90년대 후반까지 생명보험시장이 지속적으로 성장하였다. 2000년대 이후부터는 수익위주의 종신보험과 변액보험 등 선진형 상품 등이 도입, 개발되었다. 일본은 한국보다 이르게 1900년대 초반에 저축성보험이 개발되어 판매되었었고, 이후 1950년대 정기부 양로보험으로 성장기를 거쳐 1980년대 변액보험으로 보험시장의 성숙기를 맞이하였다. 한편, 미국도 일본과 유사한 패턴으로 상품이 개발되어 왔으나 다양하게 금융상품과 접목된 시도가 일본보다 훨씬 적극적이었다. 결과적으로 보면, 미국은 보험 상품 운용 및 보장부문의 탄력성 중심으로 발전해 왔으며, 일본은 90년대 상당하였던 이차역마진 Risk Hedge형으로 전환하였고, 한국은 IMF 이후 부가가치가 높은 보장성보험으로 전환, 특히 종신보험을 확대하는 추세이며, 여기에 변액보험 등 투자형 상품을 추가하는 형태이다. 이를 요약하면 다음 <그림 8-2>와 같다.

그림 8-2 ➡ 미국, 일본, 한국의 상품개발 트렌드 비교

	1900년 1950년 1970년 1980년 1990년 2000년		
미국	도입기 · 종신 · 정기	성장기 · 건강 · 연금	성숙기 · 투자형 상품 (UL/VL/Package 형 등 실세금리연계상품)	현재 · PE, APL, ETI등 제도적 선택권 부여/변형서비스 제공
일본	도입기 · 저축성 양로	성장기 · 정기부양로 · 정기부종신	성숙기 · 변액 도입 · 건강 중심 * 양로 판매 자제	현재 · 기계약 전환 추진 (Life Account) · 생 · 손보혼합형 상품
한국	도입기 · 저축성 위주 (양로, 연금)	성장/성숙기 · 금리연동형저축 · 암/치명적 질병 · 개인연금/제3분야	현재 · 수익중시에 따른 종신 판매활성화 · 변액 도입

주)PE : Poliy Exchange, APL : Automatic Premium Loan, ETI : Extended Term Insurance

(출처: 미래에셋생명 상품개발 분석자료, 2003)

3) 상품개발 프로세스

상품 개발이란 소비자가 필요로 하는 보험서비스를 정형화하는 전략적 행위를 의미한다. 이러한 상품개발의 범위는 신상품 개발 외 기존상품의 개정과 재조립을 통한 서비스 확충까지도 포함한다. 보험 상품을 개발하는 과정은 우선적으로 해당상품에 대한 아이디어를 수집하는 것이다. 이는 주로 영업현장에서 많이 발생하고 필요시 고객설문조사나 동종업계 혹은 외국의 선진형 상품조사로 이루어진다. 이후 아이디어성 상품이 보험 상품으로서 설계가 가능한지 또는 해당 시장이 존재하는지 등 상품에 대한 전반적인 기획단계로 접어든다. 이 부분은 오랫동안 상품판매에 따른 기술과 분석기법이

적용되기 때문에 대부분의 회사에서는 가장 신경을 쓰고 검토하고 있다. 그 다음 단계는 해당상품에 대한 본격적인 검증이다. 영업현장을 방문하여 해당상품에 부과된 수당과 급부가 적절한지 사전에 테스트해서 이를 수정 보완해야 한다. 이후 상품개발부서에서는 판매 이후에 회사손익에 어느 정도 기여할 수 있는지 손익분석을 실시한다. 이런 방법은 보통 손익분석 시스템을 통하여 이루어지는데 이미 조사된 고객모니터링, 판매채널 역량, 시장세분화 등 보험영업 환경을 고려하여 사전 목표수익에 부합하고 수익과 리스크를 감안한 적정의 테스트를 통하여 최적의 가격을 도출한다. 국내에서는 제도적으로 가격 자유화가 시행되었다고는 하나 예정 기초율 설정에 관한 제한적 요소로 보험가격의 결정보다는 산출된 보험료로 판매할 경우에 어느 정도의 수익을 얻을 수 있는가를 전망하고 분석하는 손익분석 과정이 아직까지도 상당히 중요하다. 마지막으로 해당상품 판매인가에 필요한 부속서류를 준비하고 판매준비에 들어간다. 이를 요약하면 다음 <그림 8-3>과 같다.

그림 8-3 ➡ 상품개발 프로세스

Needs 파악	상품 기획	Sales Testing	손익 분석	검증/판매
Idea Gathering	Idea의 상품화	Market 검증	시스템 적용	인가 및 판매
□영업 현장 및 고객 Needs 조사/Monitor - Yearly Monitoring - 정기적 상품 Workshop - 업계/외국의 선진 상품 조사/연구	□상품 설계 및 Pricing - 급부 및 금액 설계 - 사업비 부과 수준 검증 - Target 시장 설정	□상품안 현장 검증 - 영업 현장 방문을 통한 상품 검증 - 급부/사업비 수준 재검토를 통한 상품안 확정	□상품의 손익 분석 - 분석System을 통한 손익 추정/분석 - 상품안 내부 품의	□인가 및 판매 - 상품 인가 신청 - Marketing 전략 수립 - 영업 현장에 대한 상품 교육

(출처: 미래에셋생명 상품개발 분석자료, 2003)

4) 상품개발 관련조직

보험회사가 보험 상품을 개발할 경우 관련부서는 다양하다. 우선 상품개발 주무부서는 상품개발팀을 중심[1]으로 계약심사팀, 영업기획 혹은 지원팀, 재무기획팀, 리스크관리팀, 계리팀, 전산기획팀, 영업교육팀, 홍보팀 등이 관여하고 있다. 계약심사팀은 보험 상품의 가입한도와 가입연령, 해당 위험직종과 재보험출재비율 등을 검토한다. 영업기획팀은 보험판매채널의 성적책정 기준과 신상품 판매촉진을 위한 시책과 판촉자료 등을 제작한다. 재무기획팀은 상품판매에 따른 예정이율의 이상의 자산운용수익 방안과 예정이율이 적합한지에 대한 의견을 개진한다. 또한 리스크관리팀은 해당 상품에 내재된 다양한 리스크를 도출, 분석하고 이의 수용 여부를 사전에 체크한다. 만약 기대 이상의 리스크가 잠재되어 있다고 판단된 경우에는 별도의 리스크관리위원회를 개최하여 이의 판매 여부를 결정토록 추진해야 한다. 그리고 계리팀은 상품판매 전에 종합적인 손익을 분석하여 미래 기대수익에 대한 전반적인 검토의견을 제시한다. 전산기획팀은 상품판매에 필요한 신계약, 보전, 지급시스템 구축을 기한 내에 완료해야 하며, 영업현장에서 필요한 각종 영업지원 시스템을 보완하여 제시하여야 한다. 영업교육팀은 해당 상품의 특징과 판매회법에 대하여 정기적으로 교육하고 이를 피드백하여야 하며, 홍보팀은 신상품에 대한 대언론광고 등을 기획하여야 한다.

이처럼 하나의 상품을 개발하여 완료하기까지는 관련부서가 각각의 역할을 충실히 수행해야 하며, 그에 따른 책임과 권한, 의무가 명확히 설정되어야 하며 어느 한 부서의 일방적인 의사결정이 이루어지지 않도록 주관부서의 적극적인 중재가 아주 중요하다. 이를 요약하여 정리하면 다음 <그림 8-4>와 같다.

---

1) 대부분 회사에서는 상품개발팀을 사무국으로 하는 상품개발심의위원회를 운영하고 있다.

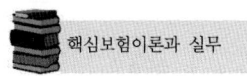

그림 8-4 ➡ 상품개발 관련부서(예시)

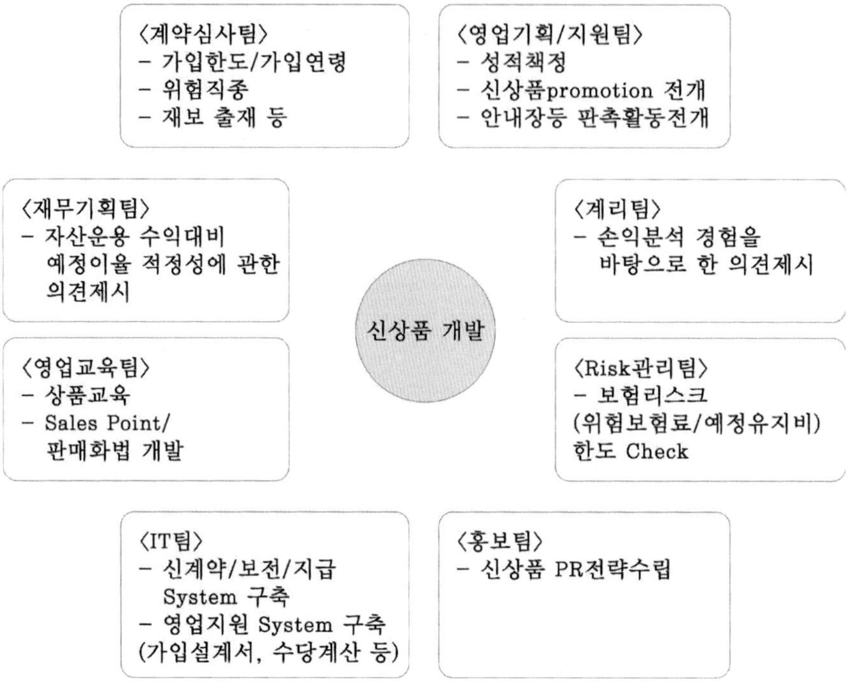

〈계약심사팀〉
- 가입한도/가입연령
- 위험직종
- 재보 출재 등

〈영업기획/지원팀〉
- 성적책정
- 신상품promotion 전개
- 안내장등 판촉활동전개

〈재무기획팀〉
- 자산운용 수익대비
  예정이율 적정성에 관한
  의견제시

〈계리팀〉
- 손익분석 경험을
  바탕으로 한 의견제시

신상품 개발

〈영업교육팀〉
- 상품교육
- Sales Point/
  판매화법 개발

〈Risk관리팀〉
- 보험리스크
(위험보험료/예정유지비)
한도 Check

〈IT팀〉
- 신계약/보전/지급
  System 구축
- 영업지원 System 구축
(가입설계서, 수당계산 등)

〈홍보팀〉
- 신상품 PR전략수립

(출처: 미래에셋생명 상품개발 분석자료, 2003)

5) 주요 상품 예시

(1) 종신보험

이는 보험기간이 정해져 있는 정기보험과는 달리 보험을 가입한 사람의 평생을 보장하는 상품이다. 계약이 계속해서 유지되는 동안에는 어떤 형태의 이유로 언제 사망을 하고 장해를 당했든지 간에 그 사유에 관계없이 언젠가는 반드시 보험금이 지급되는 상품이다.

① 기본형
사망보험금 1억 원으로 기본형으로 가입하면 종신토록 1억 원이 보장되는 형태로 이를 도해하면 다음과 같다.

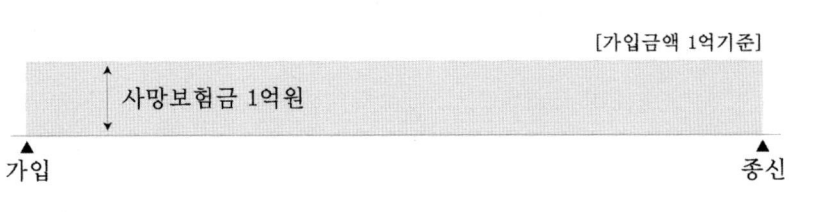

② 추가형

종신보험을 추가형으로 가입하면 제1보험기간에는 동일한 금액이 보장되지만 제2보험기간이 도래되면 기본적인 사망보험금 외에 종신토록 계속해서 증액보험금과 가산보험금이 추가된다. 이를 도해하면 다음과 같다.

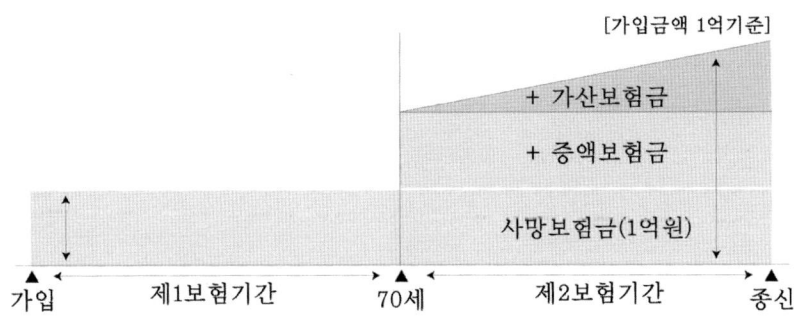

(2) 정기보험

종신보험과 달리 일정한 기간 내(80세, 20년 등) 피보험자 사망 시 보험금을 지급하는 상품으로서 종신보험에 비해 보험료가 매우 싼 것이 특징이다.

(3) 질병보험

이는 질병에 걸리거나 질병으로 인한 입원, 수술 등의 위험(질병으로 인한 사망은 제외)을 주로 보장하는 보험을 말하며, 주로 암보험, 건강보험, 치명적 질병(Critical Illness)보험, 소득보상보험으로 분류한다. 한편, 질병보험은 생명보험과 손해보험 중 어느 분야에 속하는지 불명확한 보험인 제3분야보험으로 사람의 신체에 관한 보험이란 점에서 생명보험으로, 그리고 신체에 발생한 비용 손해를 보상한다는 측면에서 손해보험으로도 분류될 수 있는 특성이 있다.

① 암보험

이는 암 치료를 위한 암 전문 보장상품으로서 진단→수술→입원→건강관리에 필요한 급부를 보장하는 상품이다. 이를 도해하면 다음과 같다.

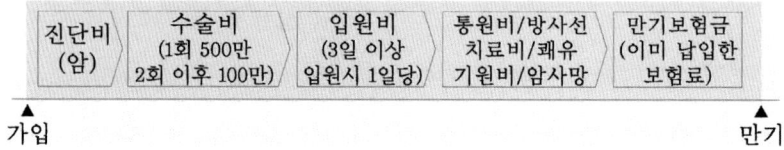

② 건강보험

질병으로 인한 진료비, 입원비, 수술비 등의 의료비를 보장하는 주로 실손 형태로 보장하는 보험으로 일반적으로 의료 실손 보험으로 불린다. 이를 도해하면 다음과 같다.

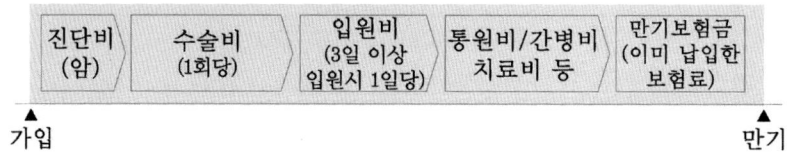

③ 치명적 질병(Critical Illness)보험

암, 뇌졸중, 심근경색, 간경화 등 고액의 치료비가 요구되는 치명적 질병 발생 시 사망보험금의 일부(50~100%)를 생전에 지급하여 피보험자의 생존을 지속게 하는 선진형 생활보장보험이다. 현재 판매 중인 상품 중 주보험 1억 원, 특약 2,000만 원인 상품을 도해하면 다음과 같다.

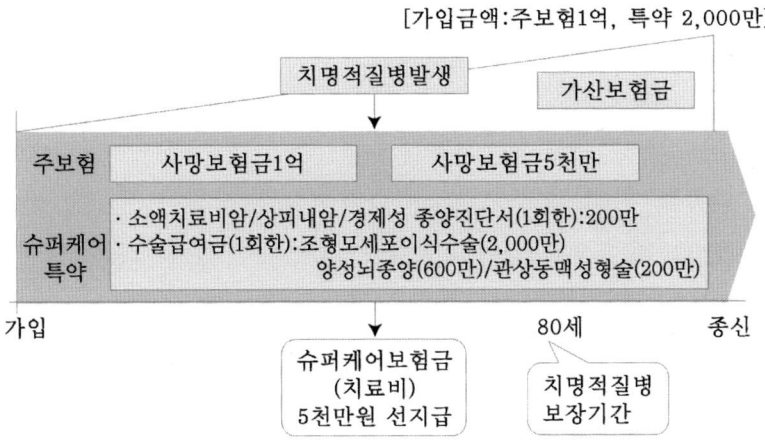

(출처: 미래에셋생명 상품개발 분석자료, 2003)

④ 소득보상보험

피보험자가 질병으로 인하여 본인의 직업을 수행할 수 없는 취업불능 상태가 될 경우, 피보험자의 소득 상실액을 이전 소득수준의 일정비율에 따라 보험금을 지급하는 상품이다.

(4) 상해보험

상해보험은 우연한 외래의 사고로 신체상해에 대한 치료비용 및 상해의 결과에 기인한 사망 등의 위험을 담보하는 보험이다. 한편, 상해보험도 생명보험과 손해보험 중 어느 분야에 속하는지 불명확한 보험인 제3분야보험으로 분류된다. 이를 도해하면 다음과 같다.

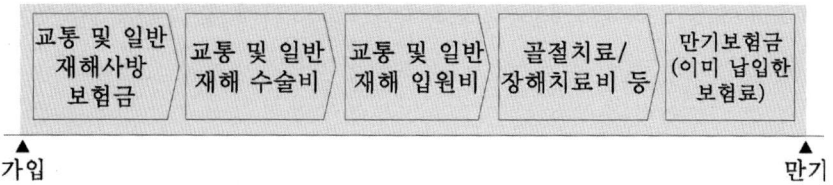

| 교통 및 일반 재해사망 보험금 | 교통 및 일반 재해 수술비 | 교통 및 일반 재해 입원비 | 골절치료/ 장해치료비 등 | 만기보험금 (이미 납입한 보험료) |

▲ 가입   ▲ 만기

(5) 장기간병(Long Term Care) 보험

재해, 뇌졸중, 치매 등으로 인하여 다른 사람의 도움이 필요한 장기간병 상태가 되었을 때 본인과 가족의 육체적, 경제적, 정신적 고통을 덜어 주기 위해 간병비용을 지급하는 보험이다.

(6) 실버세대보험

실버계층(50대 ~ 60대)을 대상으로 노인질환 수술/입원과 골절을 중점 보장하며, 치매 및 사망을 추가적으로 보장하는 상품이다.

| 수술비 (노인질환) | 입원비 (노인질환 및 기타) | 골절/깁스 | 치매 및 사망 | 매년 건강관리 자금 |

▲ 가입   ▲ 만기

(7) 양로보험

기본적으로 정기보험에다 만기에 생존 시 만기보험금이 지급되는 생사혼합형 상품으로 지금까지 가장 대표적인 보험 상품 유형이다.

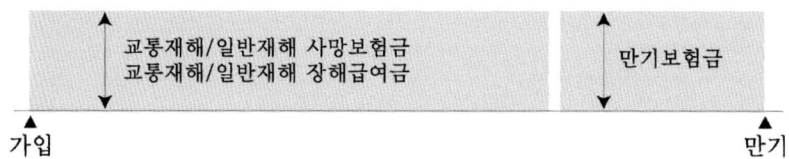

교통재해/일반재해 사망보험금
교통재해/일반재해 장해급여금   만기보험금

▲ 가입   ▲ 만기

(8) 연금보험

연금보험은 기본적으로 제1보험기간에 보험료의 불입기간 동안 보험사고에 대한 보장과 이후 제2보험기간에 해당 연금액을 원하는 형태로 수령하는 상품이다.

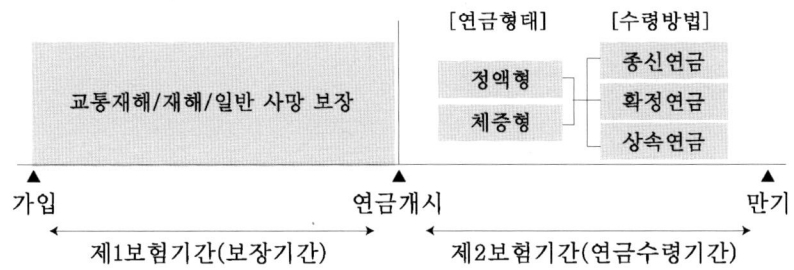

(9) 변액 유니버설보험

계약자가 납입한 보험료로 펀드(Fund)를 구성하여 주식, 채권 등에 투자하여 그 실적을 보험금에 반영하는 투자형 상품으로서, 보험료 납입주기/금액을 자유롭게 결정할 수 있으며, 추가납입 및 중도인출도 가능한 선진형 상품이다.

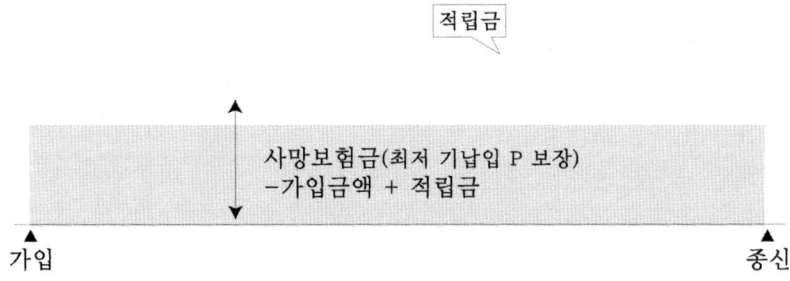

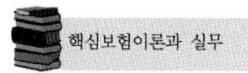

3. 생명보험 설계[2]

1) 단계별 설계 프로세스(Process)

이 프로세스는 고객이 필요로 하는 생명보험의 내용과 금액을 결정하도록 조언하는 과정을 단계별로 세분화하여 체계적이고 합리적으로 설계하는 데 목적이 있다.

(1) 1단계: 고객정보 수집

첫째 고객 프로파일 및 재무목표 수집이다. 이 단계에서는 고객의 나이, 수입, 건강상태가 가장 중요한 정보이며, 일반적으로 나이의 많고 적음, 안정적인 수입 여부에 따라 정기보험과 종신보험의 선택이 적절한지 판단한다. 고객의 건강상태에 따라 표준체, 우량체, 표준미달체로 구분되고 이는 보장비용에 직접적인 영향을 미친다. 예를 들어 표준미달체인 경우에는 보장급부가 감소되거나, 동일한 보장금액에 더 많은 보험료를 납입해야 한다. 두 번째 가족의 니드(Needs) 및 상속재산의 유동성 파악이다. 대표적인 니드로 자녀교육 및 결혼자금, 유족들의 고정적인 수입, 배우자의 은퇴 전/후 생활자금, 비상예비자금 등이 있다. 또한 상속재산이 사망 시 발생한 비용(주로 상속세)을 커버할 수 있도록 유동성이 확보되어야 한다. 세 번째 위험보유성향 및 기 가입 보험금액 파악이다. 예를 들어 안정적인 투자자는 확정이자율 또는 최저이율이 보장되는 상품을 선호할 것이다. 네 번째 필요보장금액이 얼마인지 파악하는 것인데 이는 어떤 종류의 보험 상품이 적합한가보다 필요한 보장금액이 얼마냐가 더 중요하다.

---

2) 안용운, 이준승 외(2006), pp.377 - 421 요약정리

(2) 2단계: 목표 수립 및 가용재원의 확인

고객본인의 재무목표와 본인 사망 시 필요한 가족의 니드를 포함하여 시기별로 목표를 수립한 다음 현재의 재무 상태를 나타낸 대차대조표와 수입과 지출을 보여 주는 현금흐름표를 작성하여 고객의 가용재원을 확인한다.

(3) 3단계: 경제가정의 결정

대표적으로 물가상승률과 세후 투자수익률이 있으며 이는 국내외 경제상황 및 금리추이, 물가상승률, 원자재비용, 금융시장 지수, 정부 통화 및 금융정책 등을 고려하여 결정해야 한다.

(4) 4단계: 생명보험 니드의 결정

이 단계는 고객의 재무상태, 가족의 니드를 미래 가정치를 이용하여 세부적으로 분석한 다음 최종적으로 필요보장금액을 산출하는 단계로 가장 중요한 단계이다.

(5) 5단계: 적절한 상품종류 결정

고객의 수입 및 건강상태, 위험성향 등을 고려하여 결정하되 기존 보유상품과의 형평성도 감안하여야 한다.

(6) 6단계: 기 계약에 대한 평가

이 단계는 보험 금액당 연간 코스트를 산출하여 상품별로 보험료 부담을 비교함으로써 기 계약의 적정성을 평가하는 과정이다. 연간 코스트는 가입금액 10만 원 기준으로 기말준비금에서 기시준비금과 배당금을 차감하고 이를 기말 위험보험금액으로 나누어서 아래와 같은 방법으로 계산한다.

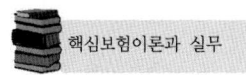
$$※ \ 계산식 = \frac{(P+CV_{t-1})(1+i)-(CV_t+D)}{(DB-CV_t)\times0.00001}$$

P: 연간보험료, CV_{t-1}: 직전 보험연도 말 해약환급금, CV_t: 당해 보험연도 말 해약환급금, D: 배당금, DB: 일반사망 보장금액

간단한 예를 들어 계산해 보자. 연간보험료 100만 원, 직전 해약환급금 총액 1,000만 원, 당해 해약환급금 총액 1,050만 원, 배당금 10만 원, 일반 사망보장금액 5,000만 원, 예정이율 5%일 경우

$$* \ 보험금액 \ 단위당 \ 코스트 = \frac{(100+1,000)(1+0.05)-(1,050+10)}{(5,000-1,050)\times0.00001}$$
$$= 2,405원이 \ 된다.$$

이는 보험금액 10만 원당 연간 2,405원을 지급하고 있고, 다른 보험계약도 동일한 기준으로 산출하여 비교하면 된다.

(7) 7단계: 보장금액 및 보험료의 적정성 판단

적절한 보험계약과 보장금액의 과다 여부를 확인하여 필요한 조치를 취한다. 예를 들어 높은 보험금액이라면 일정부분 감액을 고려해야 한다. 계약이 부적절하다고 판단되면 적절한 형태의 보험을 구입할 재원이 있는지도 고려해야 한다. 만약 재원이 불충분하면 재무목표를 수정하거나 필요한 보장금액의 일부분이라도 구입하는 방안을 고려한다.

2) 설계사례(4단계: 생명보험 니드금액 결정)

(1) Step 1: 고객정보 파악 및 주요 가정수치 결정

- 가족: 40세 남편(세후 월수입 4백만 원), 38세 배우자(세후 월수입 1백

만 원), 15세 남자(중 2), 모두 건강

- 은퇴: 65세 은퇴예정, 은퇴기간 20년, 자녀의 독립나이 24세
- 기 보험가입: 본인 개인연금 25만 원, 정기보험 5만 원, 부인 암보험 4만 원
- 주요 가정: 물가상승률 4%, 투자수익률 6%, 담보대출금리 7%, 신용대출금리 8%
- 기타: 연간 재산세 50만 원, 매월 생활비 250만 원, 교육비 50만 원, 기타 30만 원, (모든 수입과 지출은 연도 말 기준임)

<재무현황>

(단위: 백만 원) (20**년 12월 31일)

자산			부채	
현예금	MMF	20	주택대출	150
	현금	10	신용대출	20
	소계	30	할부잔액	10
투자자산	핀드	50		
	골동품	10	총부채	180
	개인연금	10		
	소계	70		
기타자산	주택	500		
	자동차	20		
	기타	10		
	소계	530	순자산	450
합계		630		630

<현금흐름표>

(단위: 백만 원) (20**년 12월 31일)

현금유입 (세후)		년간급여	60
		이자소득	1.2
		소계	61.2
현금유출	고정비용	주택대출이자	10.5
		보험료	4.08
		재산세 등	2.1
		소계	16.68
	변동비용	생활비	30
		교육비	6
		기타	3.6
		소계	39.6
	총현금유출		56.28
	순현금유입		4.92

<재무정보 분석>

- 현·예금 및 투자자산의 비율이 16%로 대체로 기타자산 특히 주택에 치우침
- 전체 자산 중 부채비율이 29%로 비교적 양호
- 현금흐름 중 고정비용 지출비율이 27.3%로 과다함
- 저축재원 약 5백만 원으로 향후 투자재원 확보 미흡함

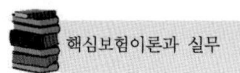

(2) Step 2: 고객자산을 시장가격에 기초하여 유동자산과 비유동 자산으로 분류한다.

- 유동자산과 비유동자산은 고객 사망 시 현금화가 쉬운지, 일정 기간 동안 특정목적으로 불입하는지 등을 고려하여 구분한다.
- 시장가격 평가: 펀드 원금대비 10% 손실, MMF 시가평가 금액 21백만 원

유동자산	금액(백만원)
현예금	31
펀드	45
개인연금	10
생명보험금	50
유동자산 계	136
비유동자산	
골동품	10
비유동자산 계	10

(3) Step 3: 고객의 사망 시 상환해야 할 부채금액 확정

- 고객은 장례비로 20백만 원, 상속처리 비용으로 5백만 원 예상
 (상속세 등 세부비용은 달라질 수 있음)

부채	금액(백만원)
주택대출	150
신용대출	20
기타	10
부채 계	180
예상사후정리비용	
장례비	20
상속처리 비용	5
사후정리비용 계	25
Step3 합계	205

(4) Step 4: 유동자산에서 부채 및 사후정리비용 차감

	금액(백만원)
유동자산계	136
부채 및 사후비용 계	205
Step 4 계	-69

(5) Step 5: 자녀가 독립하기까지 부양가족 양육에 소요되는 매월 필요비용 추산

- 부인은 남편이 사망할 경우 현재 생활(월 생활비 2.5백만 원)을 유지하고 싶어 한다.
- 자녀가 독립하기까지 향후 10년 동안 연간 필요비용은 물가상승률만큼 증가한다.
- 향후 10년 동안의 필요비용을 현재시점까지 투자수익률로 할인한다.

* 엑셀에서 사용하는 함수식: NPV(투자수익률, 미래현금흐름)

		(단위:백만원)
(1) 희망 월수입		2.5
(2) 배우자의 예상 월수입		1
사회보장제도에 의한 예상 월수입		0
기타 월수입		0
합계	1	
(3) (1) - (2)		1.5
(4) 년간 필요비용 : (3) × 12		18
(5) 년간 필요비용의 누적계산		
지급회수	10	
물가상승율(%)	4%	
세후 수익율(%)	6%	
년간 필요비용의 연금현가		156

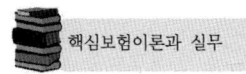

(6) Step 6: 자녀의 대학 및 대학원에 필요한 교육비 추산

– 대학(대학원포함) 교육자금 연간 8백만 원 예상, MMF중 교육자금 10백만 원 배정하고, 만약 자녀 추가 시 동일한 방법을 적용하여 최종 합산하면 된다.

		(단위:백만원)
(1) 년간 대학교육비		8
(2) 년간 교육비 조정		
대학입학까지의 연수	4	
물가상승율(%)	4%	
대학입학 당시의 교육비 종가		9.4
(3) 교육비 누적 계산		
대학 및 대학원 재학연수	7	
물가상승율(%)	4%	
세후 수익율(%)	6%	
연금현가 계산		58
(4) 할인계산		
년간 필요비용의 누적계산		
대학입학까지의 연수	4	
세후 수익율(%)	6%	
상기 금액의 현가		46
(5) 자녀교육을 위해 현재 준비한 자산		10
(6) 필요자금 : (4) – (5)		36

(7) Step 7: 자녀의 결혼비용 추산

– 30세 결혼 예정이고 그 비용은 약 200백만 원 예상, MMF중 결혼자금 10백만 원 배정

			(단위:백만원)
(1) 예상하는 결혼비용			200
(2) 결혼비용 조정			
결혼까지의 연수		15	
물가상승율(%)		4%	
결혼당시의 결혼비용 종가			360
(3) 할인계산			
결혼까지의 연수		15	
세후 수익율(%)		6%	
상기 종가의 현가계산			150
(4) 자녀결혼을 위해 현재 준비한 자산			10
(5) 필요자금 : (3) - (4)			140

(8) Step 8: 자녀가 독립 후 배우자 은퇴 전(48세~64세)까지 필요한 수입 추산

- 자녀 독립 후 혼자 생활할 경우 현재(월 2.5백만 원)의 2/3 수준을 원한다.

			(단위:백만원)
(1) 희망하는 배우자의 연간수입		20	
(2) 예상되는 배우자의 세후소득		12	
(3) (1) - (2)			8
(4) 계산 조정			
지급개시 시점까지의 연수		10	
물가상승율(%)		4%	
필요수입의 종가			11.8
(5) 누적 계산			
은퇴전 수입지급 횟수		17	
물가상승율(%)		4%	
세후 수익율(%)		6%	
연금현가 계산			164
(6) 할인계산			
지급개시 시점까지의 연수		10	
세후 수익율(%)		6%	
연금현가의 현가 계산			91
(7) 필요자금			91

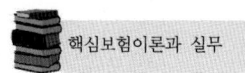

(9) Step 9: 배우자 은퇴 후 예상 생존 시까지(65세 ~ 85세) 수입자금 추산

– 은퇴 후 국민연금 등 기타수입을 연간 10백만 원 예상

		(단위:백만원)
\<step10\> 비상예비자금		15
\<step11\> 생명보험니드를 결정한다		
(1) 각 Step에서 결정된 금액의 합계		
Step5	156	
Step6	36	
Step7	140	
Step8	91	
Step9	99	
Step10	15	
필요자금의 합계		538
(2) 사용가능한 재원		0
(Step4에서 남은 유동자산을 기재, 부치면 '0')		
(3) (1) – (2)		538
(4) 사망시 유동성을 제공하기 위한 생명보험 니드		69
(Step4가 부치일 경우 기재)		
(5) (3) + (4) : 필요한 생명보험 니드 합계		607

(10) Step10, 11: 비상예비자금을 반영한 최종 생명보험 니드 금액 결정

– 비상예비자금: 6개월분 생활비(6×2.5백만 원)
– 필요한 최종적인 생명보험 니드금액은 607백만 원이다.

	(단위:백만원)
<step10> 비상예비자금	15

<step11> 생명보험니드를 결정한다
(1) 각 Step에서 결정된 금액의 합계

Step5	156
Step6	36
Step7	140
Step8	91
Step9	99
Step10	15
필요자금의 합계	538

(2) 사용가능한 재원　0
(Step4에서 남은 유동자산을 기재, 부치면 '0')

(3) (1) – (2)　538

(4) 사망시 유동성을 제공하기 위한 생명보험 니드　69
(Step4가 부치일 경우 기재)

(5) (3) + (4) : 필요한 생명보험 니드 합계　607

4. 변액보험

1) 개념

변액보험은 계약자가 납입한 보험료의 일부(저축보험료)로 펀드를 조성하여 유가증권 등에 투자하고 그 펀드의 운용실적에 따라 계약자에게 투자이익을 배분함으로써 보험기간 중에 사망보험금(매월 변동), 해약환급금(매일 변동) 등이 변동되는 실적 배당형 보험 상품이다. 또한 변액보험은 투자실적을 전액 계약자에게 환원하는 보험이므로 보험회사는 기존의 확정금리 또는 연동금리 보장상품 판매로 인한 금리리스크의 부담을 해소할 수 있고 보험가입자에게 보다 넓은 상품선택의 기회를 제공함과 아울러 금리 하락 시의 실질보장이 가능할 수 있는 보험 상품이다. 한편, 보험은 기본적으로 보험가입 시 보험금액이 정해지는 정액보험의 형태이다. 이를 변액보험과 비교해 보면 다음 <표 8-1>과 같다.

표 8-1 ➡ 변액보험과 정액보험 비교

구분	변액보험	정액보험
사망보험금	특별계정자산의 운용실적에 따라 변동 (단, 기본보험금액은 보증)	일정
해약환급금	특별계정자산의 운용실적에 따라 매일변동(단, 보증은 없음)	납입 년월 수 등에 따라 계산한 소정의 금액
책임개시일	정액보험과 동일	보험료 납입일
상품판매자	일정자격을 갖춘 보험설계사로서 판매자격시험에 합격한 자	일반 보험설계사

2) 특징

(1) 펀드 운용실적에 따라 보험금과 해약환급금 변동

변액보험은 운용수익률에 따라 해약환급금, 사망보험금이 변동되는 아주 특이한 보험 상품이다. 그러나 투자형 이전에 보험의 본연인 보장기능을 충실히 이행할 필요가 있다. 이를 위해 사망 시에 투자실적이 아무리 악화된다 하더라도 보험 가입 시 최초 설정한 최저사망보험금을 지급하는 옵션을 부여한다. 이를 도표로 나타내면 다음 그림과 같다.

그림 8-5 ➡ 변액보험의 사망보험금 도해

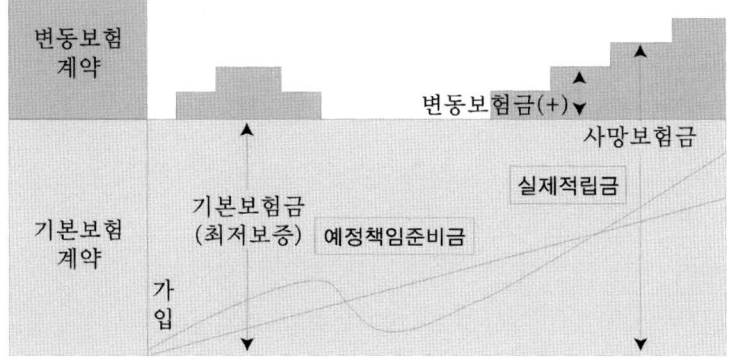

(출처: 교보생명 변액보험 설명회자료, 2004)

한편, 이 상품은 보험 상품 중 전형적인 투자 상품으로 투신사의 수익증권 또는 뮤추얼펀드와 자산운용 구조가 유사하다. 즉 인플레이션을 헤지(Hedge)할 수 있는 실질가치가 보전된다든가 혹은 투자한 결과에 따라 배당되는 형태 등이 동일하다. 다만, 변액보험의 경우 계약지는 투자운용에 대한 지시권은 없으며, 단지 상품형태만 선택할 수 있다. 이를 요약하면 다음 <표 8-2>와 같다.

표 8-2 ➡ 변액보험과 투자신탁 상품 비교

구분	변액보험	투신상품
주요 특징	장기적인 인플레 헤지를 통해 실질가치가 보전된 보장 제공	위탁자의 지시에 따라 수탁자가 신탁재산을 투자하고 운용
운용형태	보험료의 일부(저축보험료)를 유가증권 등에 투자하여 실적에 따라 보험금 정산	신탁재산 전액을 유가증권 등에 투자하여 수익원을 불특정 다수에게 지급
계약자권리	투자운용 지시권 없으며 상품형태만 선택함	수탁자는 위탁자의 지시에 따라 운용

(2) 특별계정에 의한 자산운용

본 상품은 그 운용에 따른 실적을 배당하기 때문에 투자결과에 대한 책임을 계약자가 부담하는 '자기책임주의 원칙'이 적용된다. 따라서 변액 상품은 타 상품의 자산과 분리하여 특별계정으로 운용되며 일반계정 계약자와 구분되어 운용된다. 현행 감독규정에 의하면 특별계정이란 변액보험, 퇴직보험, 퇴직연금보험 등 특정 보험종목이나 상품에 속하는 자산과 부채, 수익과 비용을 보통의 보험종목이나 상품과는 별도로 분리하여 회계 처리하는 제도로 계약자와 주주 간의 지분을 구분하여 공평하고 투명한 사업을 할 수 있도록 하고, 보험종목별 계정에 따라 리스크관리 및 수익관리를 별도로 하여 경영효율성을 기할 수 있으며 보험종목과 상품 상호 간의 자금이체 및 내부보조를 차단하기 위해 도입되었다. 이는 기본적으로 변액보험 특별계정과 원리금보장형 특별계정으로 구분하고, 변액보험 특별계정이란 납입보험료에 대한 운용수익을 전액 계약자에게 귀속시키기 위한 특별계정을 의미하며, 원리금보장형 특별계정이란 손익구조는 일반계정과 동일하나 수급권보장을 위하여 자산을 별도로 운영하는 특별계정을 말한다. 한편, 이러한 특별계정은 보험 수리에 적용되는 구분계리[3]와 다른 의미이다. 이와 같은 특별계정과 일반계정을 비교하여 요약하면 다음 <표 8-3>과 같다.

표 8-3 ➡ 특별계정과 일반계정 비교

구분	특별계정	일반계정
리스크 부담	계약자 부담	회사 부담
최저보증이율	없음	예정이율
자산운용목적	수익성	안정성
자산평가시기	매일	매월
결산시기	매일	매년
회계처리	시가평가	원가평가

(3) 기타

계약자는 가입시점에 자신의 투자성향에 적합한 펀드를 선택하고 시장상황에 맞게 효율적인 포트폴리오 관리를 위해 보험기간 중 일정 횟수만큼 펀

---

3) 특별계정은 보험종목이나 상품 특성에 따라 완전 분리하여 계정 처리함으로써 투자전략을 공격적 또는 안정적으로 할 것인지를 구분하는 기준인 데 반해, 구분계리는 동일한 계정으로 처리한 후 재무제표에서 기표상으로만 구분하고 운영하여 투자수익과 사업비에 대한 종목 간 배분기준으로 사용된다.

드변경이 가능하다. 또한 계약자가 선택한 특약은 일반계정의 보험 상품처
럼 운용되므로 보험금 또는 환급금은 가입시점에 고정된다.

3) 펀드운용

특별계정으로 편입된 펀드자산은 원칙적으로 시가법에 의해서 평가하며,
자산운용실적이 계약자적립금에 즉시 반영될 수 있도록 매일 평가한다. 또
한 펀드의 좌수는 특별계정 설정 시 1원을 1좌로 하며 그 이후에는 매일 좌
당 기준가격에 따라 좌단위로 특별계정에 이체 또는 인출한다. 한편 특별계
정의 좌당 기준가격은 아래와 같이 산출하되, 1,000구좌 단위로 원 미만 셋
째 자리에서 반올림하여 원 미만 둘째 자리까지 계산하며 최초판매개시일의
기준가격은 1,000좌당 1,000원으로 한다.

$$좌당기준가격 = \frac{당일특별계정의 \ 순자산가치}{특별계정 \ 총 \ 좌수}$$

4) 자금흐름도

계약자가 보험료를 불입하면 우선 일반계정으로 이체된다. 이후 순보험료
만 특별계정으로 이체되고 이의 적립금이 해당펀드에 운용되면서 매일매일
그 잔액이 시가기준으로 평가된다. 만약, 계약자가 해약을 원할 경우 해약환
급금이 기준에 따라 계산되어 일반계정을 통하여 지급되며, 사망 등 보험계
약 시 약정한 보험사고가 발생한 경우에도 동일하다. 이를 도해하면 다음
<그림 8-6>과 같다.

그림 8-6 ➡ 자금흐름도

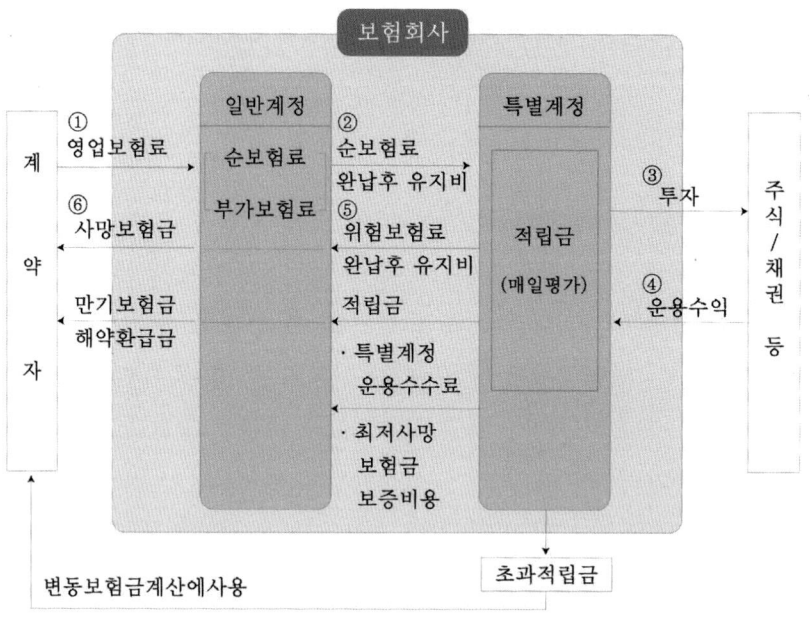

(출처: 교보생명 변액보험 설명회자료, 2004)

💡 참고 **미국의 변액보험 분석**

1. 추이 분석

1) 변액종신보험
개인보험 초년도 수입보험료 기준으로 볼 경우 1998년을 기점으로 전통형 종신보험보다 변액종신보험이 우위를 차지하고 있으며, 2000년의 경우 종신보험의 점유율은 17.2%, 변액종신보험은 51.3%로 그 격차가 확대되고 있다.

그림 8-7 ➡ 개인보험 시장점유율 추이(초년도 수입보험료 기준)

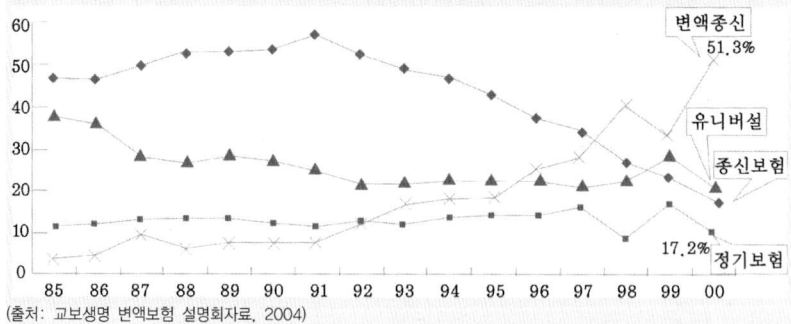

(출처: 교보생명 변액보험 설명회자료, 2004)

💡 참고 | 미국의 변액보험 분석

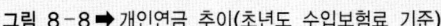

2) 변액연금보험

변액연금은 1990년대 이후 비약적으로 성장하였으며 2000년에는 초년도 수입보험료 기준으로 변액연금 1,372억 달러, 정액연금 527억 달러로 변액연금의 판매가 상당히 확대되었다. 이는 미국인들이 금리하락에 따른 새로운 투자수단으로 변액연금을 선호하였기 때문으로 분석된다.

그림 8-8 ➡ 개인연금 추이(초년도 수입보험료 기준)

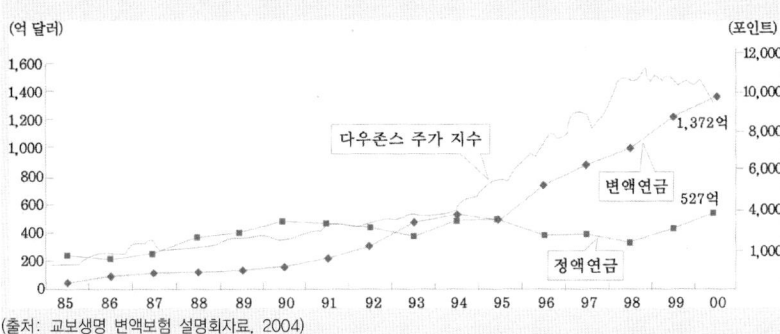

(출처: 교보생명 변액보험 설명회자료, 2004)

2. 미국에서 변액보험 성공요인

가장 큰 이유는 1990년대 이후 지속적인 금리하락과 주식시장의 활황에 기인한다고 볼 수 있다. 또한 뮤추얼펀드의 대중화와 실적 배당형 보험 상품에 대한 인식이 변하였기 때문이다. 1996년 기준 미국가계의 약 35%가 뮤추얼펀드를 소유하고 있으며 이는 대부분 주식형 투자 상품이며 이의 인지도가 높아 이것과 유사한 보험 상품인 변액보험상품의 판매가 증대하였다고 볼 수 있다. 그리고 변액보험상품의 뛰어난 유연성과 다양한 투자옵션이 제공된 점도 유력한 이유 중에 하나이다. 변액보험 상품 중 특히 변액 유니버셜 보험은 보험료의 자유납입과 중도인출 등이 가능하고, 상품구조도 단순하였기 때문에 고객 접근이 용이하였다. 또한 회사별로 10~30개의 펀드를 운용하고 있어 계약자에게 투자선택의 폭을 넓혀 주었고, 펀드변경 등 다양한 자산운용 옵션을 부가하여 투자리스크를 경감할 수 있는 간접적인 선택권을 다양하게 제공하였다.

The Core Theory and Practice of the Insurance Industry

보험 수리

The Core Theory and Practice of the Insurance Industry

09 보험 수리

The Core Theory and Practice of the Insurance Industry

1. 보험료 계산기초율[1]

보험수리적인 측면에서 보험료 산정은 적정하고 공평한 가격의 산정에 필요한 계산 기초율의 합리적인 사용으로 귀결된다. 이러한 가격결정 문제는 통상적으로 해당 기업이 속해 있는 기업군 전체의 상황에 따라 매우 복잡하고 어렵다. 특히 보험시장은 미래의 불완전성에 기인하므로 적정한 가격을 산정하기에는 더욱 어렵다. 보험시장 불완전성 이유로는 보험급부의 중도지급 등 분화경향, 보험 수요자 측의 개인적 선호 확산, 보험시장의 투명성 결여, 보다 유리한 경쟁사계약으로의 전환, 보험시장 외의 감독규제 등을 들수 있다. 또한 국내외 급속한 보험환경의 변화, 상품 구성의 다양성 등으로 인하여 상품별 경험 기초율 축적이 미흡하거나 시중금리의 잦은 변동성과 상품관련 법규의 잦은 개정으로 인해 보험료계산기준이 자주 변경됨으로써 어려움에 처하기도 한다. 무엇보다 상품수명주기가 지속적으로 짧아져 상품별 특성에 적합한 경험데이터 축적이 어렵다는 것이다. 그리고 회사별 보유

---

1) 요율산정은 보험 분야에서 전문적인 지식과 기술을 필요로 하므로 전문 보험계리사(Actuary)에 의해서 이루어지며, 이는 국가에 따라 자격취득요건이 다르지만 일정한 시험을 통해서 자격을 취득하게 된다. 우리나라의 경우 금융감독원 홈페이지에 자세히 나와 있다. 한편 생명보험과 손해보험의 요율산정 방식이 다르며 본 저서에서는 생명보험위주로 기술하였다.

상품도 전통형 상품을 비롯하여 실적 배당형, 금리연동형, 실손 보상, 종신 보험 등 다양하게 혼재되어 있고, 상품별 급부의 구성도 외국 보험 상품처럼 단순하지 않은 종합보장형 상품개발 추세이다 보니 가격분석 자체가 어려워지고 있다.

한편 보험업감독규정에 명시된 보험료율 산출원칙으로는 보험료율은 보험종목별 또는 위험단위별 특성 등을 기준으로 객관적이고 합리적인 통계자료를 기초로 대수의 법칙 및 통계적 신뢰도를 바탕으로 산출하여야 한다. 두 번째 보험회사는 자사의 경험요율을 사용하는 것을 원칙으로 하나, 과거의 경험통계가 없거나 충분하지 아니할 경우에는 객관적인 국내·외 통계자료나 위험률 관련 자료를 참고하여 보험료율을 산출할 수 있으며, 기타 보험개발원의 참조 순보험료율을 사용하거나 이를 수정 또는 조정할 수 있다.

또한, 보험료율 적용 시 기본적으로 충족되어야 할 요건으로 먼저 보험자 측면의 충분성(Adequacy)의 원칙이다. 즉 보험자가 보험금지급의무를 원활히 이행하고 필요한 사업경비와 이윤을 확보할 수 있을 정도의 적정성을 의미하여 '적정성의 원칙'이라고도 하는데, 보험업법에서는 보험요율이 회사의 재무건전성을 크게 해할 정도로 낮지 아니할 것을 규정[2]하고 있으며, 그 적정성 여부는 이원분석을 통하여 보험료를 조정하고 계약자배당을 통해 사후적으로 판단하도록 한다. 두 번째는 비과도성(Non-Excessiveness)의 원칙으로 이는 계약자를 고려한 원칙이다. 이는 보험계약자가 보험료율 산정에 대하여 기본적으로 잘 모른다는 이유로 너무 부당하게 높은 보험료율을 사용해서는 안 되고, 보험사업의 공공성을 감안해야 한다는 원칙으로 이는 앞서 논의한 충분성과 상충되는 요건이기도 하다. 세 번째, 공정성(Equity)의 원칙이다. 이는 모든 가입자에게 동일한 요율을 적용하자는 것이 아니라 직업, 성별, 병력 등 위험대상에 따라 차등적인 보험료율을 적용하자는 원칙이다. 보험업법에서는 보험료율이 계약자 간 부당하게 차별적이지 아니할 것을 규

2) 이의 궁극적인 목적은 보험자 간 불합리한 요율경쟁을 방지하여 보험회사의 파산을 방지하는 데 있다.

정하고 있으며, 위험집단을 특화하는 경우를 제외하고는 동일한 위험집단 내에서는 동일한 위험률, 즉 1사(社) 1위험의 원칙을 사용하도록 한다. 네 번째 부합성의 원칙으로 이는 보험약관에서 보장하는 위험과 위험률 산출통계 및 산출 식 등이 일치해야 한다는 원칙으로 보험감독규정에는 보험료율의 산출기초와 약관상의 보장내용이 부합되게 산출할 것을 명시하고 있다. 다섯 번째 안정성의 원칙이다. 만약 보험료율이 자주 변동되거나 갑자기 개정된다면 상당한 혼란과 불신을 야기하기 때문에 안정성을 가져야 한다는 원칙으로, 특히 장기계약인 생명보험요율을 산출할 경우에 유의하여야 한다. 여섯 번째 적응성의 원칙이다. 이는 당초 예상했던 예정손해율이 월등히 높거나 낮아진 경우에 요율을 인상하거나 인하해서 균형을 이루어야 한다는 원칙으로, 손해보험요율을 산출할 경우에 유의하여야 한다.

그 외 보험료율 산정 시 유의점으로는 보험료율은 장기간 동안의 장래를 예측하여 결정한 금액으로 그 수준을 결정할 때에는 장래 리스크에 대한 어느 정도의 여분, 즉 안전할증을 포함하여 산정하거나 조정해야 한다. 또한 보험료율을 산정하거나 조정할 때에는 반드시 보험회사의 재무건전성을 확보할 수 있는 수준에서 산정하되, 보험시장에서 상품의 수요와 공급을 촉진시킬 수 있도록 추진해야 한다. 국내에서 현재 보험료 산정에 필요한 계산기초율로는 예정 위험률, 예정이율, 예정사업비율이 대표적이다.

1) 예정 위험률

(1) 개요

예정 위험률은 한 집단의 구성원 중 일정 기간에 위험이 발생하는 확률을 나타낸 것으로, 사망률(배당, 무배당, 개인연금, 기업연금), 장해율, 입원율, 질병발생률 등 그 종류가 다양하며 통상적으로 성별(남, 여), 연령별로 구분한다. 실무적으로 활용하는 예정 위험률로는 보험가입자의 경험실적을 토대로 사망할 확률을 작성한 경험생명표, 재해사망률, 재해 장해율과 입원율, 암관련 위험률, 보험료 납입 면제율 등이 있다. 생명보험에서는 보험기간 내에 보험사고 발생 시 보험금을 지급하게 되므로 일반적으로 예정 위험률이 높아지면 보험료가 상승하게 되며, 반대로 예정 위험률이 낮아지면 보험료가 인하하게 된다.

(2) 경험생명표

경험생명표란 보험가입자들에 대하여 성별, 연령별로 사망할 확률과 앞으로 얼마나 더 살 수 있는지를 계량적으로 예측하여 표시한 표를 말하며 생명보험 사업의 기초가 되는 보험료를 계산하는 데 필수적이다. 생명표[3](사망표)는 보통 0세에서 10만 명을 시작으로 하여 각 연령마다 생존자수와 사망자수로 분류하고 생존율, 사망률 및 평균여명 등을 표시한다. 현행 감독규정으로는 해당회사는 표준적인 경험생명표 또는 자체적인 경험생명표 중 어느 것도 사용할 수 있도록 되어 있으나 아직까지 대부분의 회사에서는 회사 자체적으로 경험데이터가 충분하지 못하여 자사의 경험위험률[4] 적용에는 한계가 있는 상태이다.

$$x\text{세의 사망율}(q_x) = \frac{x\text{세와 } x+1\text{세사이의 사망자수}(d_x)}{x\text{세의 생존자수}(l_x)}$$

생존율(px) = 1 − qx

---

3) 경험생명표 외에 국민생명표가 있으며 이는 말 그대로 국민 전체 또는 특정지역의 인구를 대상으로 그 인구 통계에 의해 사망과 생존상황을 나타낸 표이다.

4) 1997년 4월부터 예정 위험률이 자유화됨에 따라 회사별로 경험사망률의 적용이 자유화되었다.

2) 예정 이율

(1) 개념

보험료의 대부분은 장래의 보험금 지급에 차질이 없도록 하기 위하여 보험계약준비금을 적립해야 한다. 이러한 까닭에 장래를 예상하여 처음부터 일정한 이율을 선정해야 한다. 즉 축적된 자금이 장래에 어떤 이율로 운용될 수 있는가를 예측하여 일정한 이율을 산정하는데 이를 예정이율이라 한다. 예정이율은 향후 실질금리가 변동되더라도 해당계약의 종료 시까지 변경할 수 없으므로 보수적으로 안정되게 책정하는 경향이 있다. 생명보험의 보험료는 예정이율에 의한 이자만큼 미리 할인한다는 관점에서 계산하기 때문에 현가개념이 적용되며, 예정이율이 높으면 보험료의 할인율이 크므로 보험료는 낮아지고, 예정이율이 낮으면 보험료는 높아진다. 한편, 국내 감독규정상 예정이율 적용방법은 자율화되었으나 가격에 대한 민감도가 높아 시장에서 상품경쟁력 요인에 아주 영향이 크고, 표준책임준비금을 적립해야 하는 규제 부담 등으로 실질적으로는 회사별 가격조정의 요소로는 활용되지 못하고 있다.

(2) 단리법과 복리법

가장 기본적인 이자부리 방법으로 원금은 변하지 않고 이자만 가산되는 단리법과 원금에 이자에 포함되어 재차 부리되는 복리법이 있다. 이를 정리하면 다음 <표 9-1>과 같다.

표 9-1 ➡ 단리법과 복리법 비교

구분	단리법	복리법
의미	원금은 변하지 않고 이자만 가산	매년 원금에 이자율 가산하여 이자 부리
계산식 (경과기간: n)	$P \times (1+ni)$, 단, P: 원금, i: 연이율	$P \times (1+i)^n$
실적용	연 단위는 복리, 월 단위는 단이율 적용 n년 m개월 경과 시 이자계산: $P \times (1+i)^n \times (1+\frac{m}{12} \times i)$	

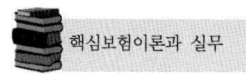

(3) 현가와 종가

현가(Present Value)는 장래 일정시점에 지급해야 할 금액을 지금 곧 지급하는 경우 현시점에서 지급되는 금액으로, 달리 말하면 장래 일정 기간 후에 일정금액을 얻기 위해 현재 필요한 금액을 현가라고 한다. 보험료는 현가계산에 의해 예정이율로 할인하여 산출한다. 이를 수식으로 표현하면 다음과 같다.

$$P = S \times \frac{1}{(1+i)^n}$$ 단, P(현가): n년 후 지급액의 현재가치,

S: n년 후의 지급액, i: 연이율

한편, 종가(Accumulated Value)는 현재의 금액이 장래의 어느 일정시점에 이르렀을 때 지급되는 금액을 말하며, 이를 수식으로 표현하면 다음과 같다.

$$A = P \times (1+i)^n$$ 단, A(종가): n년 후 지급액, P: 원금, i: 연이율

(4) 기말급 연금과 기시급 연금

기말급 연금은 시간적으로 정하여진 일정간격의 말에 지급하는 연금을 말하며, 기시급 연금은 일정 기간의 초에 지급하는 연금이다.

3) 예정사업비율

생명보험회사가 보험사업의 영위를 위한 필요경비를 보험료 계산 시 부과하는데 이때 적용되는 비율을 말하며 그 종류는 세 가지로 구분된다. 첫째, 예정신계약비(α)이다. 이는 주로 계약의 체결에 필요한 예상비용을 보험가입금액 또는 영업보험료에 대한 일정비율로 표시하며 주로 모집인의 수당, 대리점 수수료, 진단비용, 인쇄비 등이 해당된다. 둘째, 예정유지비(β)이다. 이

는 계약의 유지관리에 필요한 예상비용을 보험가입금액 또는 영업보험료에 대한 일정비율로 표시하며 주로 내근직원 인건비, 전산운용비 등이 해당된다. 세 번째, 예정수금비(γ)이다. 이는 보험료 수금관리에 필요한 예상비용을 영업보험료에 대한 일정비율로 표시하며 주로 모집인의 수금수당, 자동이체 수수료 등이 해당된다.

한편, 예정사업비율은 현재 대부분의 회사에서 가장 큰 가격결정 요소로 작용하고 있으나, 국내 판매채널 특성상 대면채널에 의한 상품판매 의존도 가 높아 상품판매에 가장 큰 역할을 담당하고 있는 생활설계사의 수당재원 인 예정신계약비의 규모를 축소하기가 어렵고, 감독 당국의 사업비 부가제한 및 표준 해약환급금 제도에 따른 부담 등으로 예정사업비율에 의한 가격 조정도 일정부분 한계가 있다.

2. 보험료 산출

1) 보험료 계산 원리

(1) 수지 상등의 원칙

이는 대수의 법칙에 의해 파악된 사고발생 확률을 가지고 장래 수입될 보 험료의 현재가치와 장래 보험사고로 지급될 보험금의 현재가치를 일치하도 록 하는 원칙이다. 즉 P: 순보험료, N: 보험가입자수, K: 보험사고건수, S: 사고보험금이라면 수지 상등의 원칙에 따라 '순보험료 총액 = 지급보험금 총 액'이므로 $N \times P = K \times S$ 성립한다. 따라서 순보험료 P를 구하면 $P = (K/N) \times S$ 가 된다.

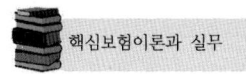

(2) 순보험료 산출 식

수지 상등의 원칙에 의거 장래 수입보험료의 현가와 장래 지급될 보험금의 현가가 같도록 식을 만들어 해당 순보험료를 다음과 같이 산출한다.

순보험료 ×보험료 납입할 자의 현가＝보험금×보험금 받을 자의 현가

$$\Rightarrow 순보험료 = \frac{보험금 \times 보험금\ 받을\ 자의\ 현가}{보험료\ 납입할\ 자의\ 현가}$$

(3) 영업보험료 산출 식

영업보험료도 마찬가지로 장래 수입될 영업보험료의 현가와 장래 수입될 순보험료의 현가와 장래 소요될 예정사업비의 현가를 합한 식으로부터 다음과 같이 산출한다.

영업보험료×보험료 납입할 자의 현가＝(순보험료×보험료 납입할 자의 현가) +(예정사업비×각 사업비를 부담할 자의 현가)

$$\Rightarrow 영업보험료 = 순보험료 + \frac{예정사업비 \times 각\ 사업비\ 부담할\ 자의\ 현가}{보험료\ 납입할\ 자의\ 현가}$$

2) 보험료의 구성

계약자가 납입하는 보험료는 영업보험료이며 이는 순보험료와 부가보험료로 나뉜다. 순보험료는 다시 위험보험료와 저축보험료로 구분된다. 위험보험료는 보험기간 동안에 발생하는 사망, 상해, 입원, 퇴직 등의 보험금 지급재원이 되는 보험료이며, 저축보험료는 만기보험금, 생존급여금 등의 지급재원이 되는 보험료이다.

한편, 부가보험료는 보험계약을 모집하고 유지 및 관리하기 위한 경비로 예정신계약비, 예정유지비, 예정수금비로 구성된다. 이를 도해하면 다음과 같다.

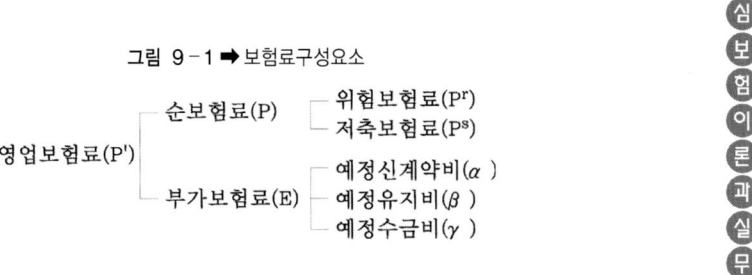

그림 9-1 ➡ 보험료구성요소

3) 자연보험료와 평준보험료

자연보험료란 보험료수입과 보험금지출이 매년 동일하도록 산출하는 보험료로 매년 수지 상등의 원칙이 적용되도록 산출되므로, 통상 연령이 증가함에 따라 해당 위험률이 높아지므로 계약 이후 기간이 경과할수록 위험보험료가 매년 증가하여 계약자가 납입하는 보험료가 변하는 특성이 있다. 따라서 실무처리가 복잡하고 계약자에게도 혼란을 줄 수 있어 민원을 야기할 수 있는 단점이 있는 반면 매년 자기 위험 크기에 상응하는 보험료 적용으로 합리적이며 책임준비금을 적립할 필요가 없는 장점도 있다. 한편, 평준보험료는 자연보험료가 갖는 단점을 보완하여 자연보험료를 평준화시켜 총괄적으로 보험납입전체기간 동안에 수지 상등의 원칙이 적용되도록 산출하여 보험료가 변하지 않는다. 따라서 보험료 산출이 단순한 장점이 있는 반면, 계약 경과기간에 따라 책임준비금을 적립하여야 하는 실무적인 부담감이 생긴다. 이를 도해하면 다음 <그림 9-2>와 같다.

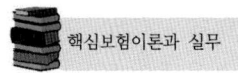

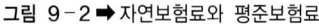
그림 9-2 ➡ 자연보험료와 평준보험료

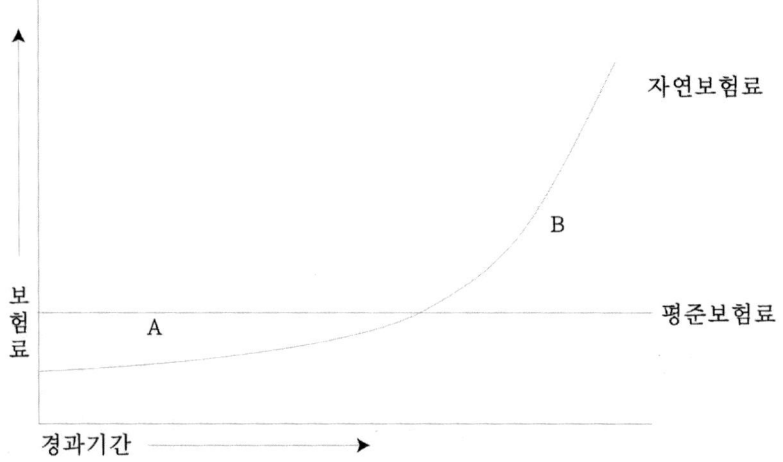

위의 그림에서 보는 바와 같이 자연보험료는 연령에 따라 매 연령마다 보험료가 증가한다. 평준보험료는 연령의 변화에 관계없이 매년 보험료가 일정하며, 계약초기에 보험료가 A만큼 더 많이 납입하고 계약후기에는 B만큼 덜 납입되므로, 계약초기에 더 많이 납입된 A는 책임준비금으로 적립하였다가 계약후기의 부족분 B에 충당된다.

3. 책임준비금

1) 의의

책임준비금은 보험회사가 보험계약에 대하여 장래에 지급하는 보험금, 환급금, 배당금 등의 지급책임을 완전히 수행할 수 있도록 준비하는 금액을 말한다. 이 금액은 계약자에 대한 부채로서 총자산의 90% 이상을 점유하고 있다. 따라서 이는 보험회사의 손익결정, 지급여력 평가, 배당률 결정 등에 중요한 기준이 된다. 한편, 책임준비금은 크게 보험료적립금, 미경과 보험료 적립금, 지급준비금, 계약자 배당준비금 등으로 구성되며, 이를 적립하게 된 배경으로는 보험계약은 장기간이므로 보험료수입과 보험금지급 간에 현금흐름의 시차가 발생하여 장래 계약자에 대한 채무를 성실히 이행하기 위해서이며, 또한 책임준비금은 보험회사의 경영 상태를 판단하는 기준이며, 산출기초율의 불확실성에 대응하기 위하여 담보되는 최소한의 지급능력으로 재무건전성을 확보하기 위해서이다. 그리고 보험회사 이익은 총수지차에서 준비금증가액을 차감한 것으로 계약자와 주주의 이익배분, 현재와 미래계약자의 공평한 이익배분을 위해서도 필요하다. 그 외 보험료 산출방식이 평준보험료 방식으로 보험기간별로 수지 상등의 원칙이 이루어지지 않아 매 시점에서 수지 상등을 유지할 필요가 있기 때문에 책임준비금을 적립하는 것이다. 생사혼합보험 등 저축성보험의 경우 납입보험료 중 저축보험료를 예정이율로 부리하여 적립한 금액이 책임준비금으로 적립된다.

2) 계산 원리

어느 시점에서의 책임준비금이란 그 시점에서 본 장래의 지급보험금의 현가에서 장래의 수입보험료 현가를 차감한 금액을 그 시점의 생존자수로 나누어 계산한다. 이를 장래법이라 한다. 또한 과거의 수입의 종가에서 과거 지출의 종가를 차감한 금액을 생존자수로 나누어 계산하기도 한다. 이를 과거법이라 한다. 이를 도해하면 다음 <그림 9-3>과 같다

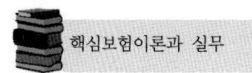

그림 9-3 ➡ 책임준비금의 과거법과 장래법

수입:	보험료(A)	보험료(B)
가입	과거 ← 현재→장래	만기
지출:	지급보험금(C)	지급보험금(D)

A+B=C+D ⇒ A −C=D −B

                ↓   ↓
         (과거법) (장래법)

A: 과거에 수입된 보험료의 원리합계
B: 장래에 수입될 보험료의 현가
C: 과거에 지급된 보험금의 원리합계
D: 장래에 지급될 보험금의 현가

3) 책임준비금 계산식

보험료적립금은 순보험료식 준비금으로 적립하며 회계연도 말 보험료적립
금은 다음과 같이 월별 기간경과에 따라 산출한다.

$$t+\frac{m}{12}\mathrm{V} = {}_t\mathrm{V} + \frac{m}{12}({}_{t+1}\mathrm{V} - {}_t\mathrm{V})$$

단, m: 납입경과월수, ${}_t\mathrm{V}$: 보험연도 말 순보험료식 보험료적립금

한편, 미경과 보험료 적립금은 다음과 같이 산출한다.

$$미경과보험료\ 적립금 = \frac{m'-t}{m'} \cdot P$$

단, m′: 납입주기(2, 3, 6, 12), t: 납입경과 월수, P: 납입 순보험료

4) 적립방식

(1) 순보험료식 책임준비금

이 방식은 사업비에 관한 것은 일체 고려하지 않고 순보험료와 보험금만
으로 책임준비금을 계산하는 방법으로, 회사의 경비는 매년 일정액의 부가
보험료만으로 충당한다. 그러나 계약초기에는 많은 신계약비가 소요되는데,
이의 부족분은 기존계약의 부가보험료에서 충당하는데 이러한 까닭에 초년
도의 많은 신계약비 지출은 보험수리 측면에서 큰 부담이 되지만 책임준비
금 적립을 두텁게 한다는 관점에서 매우 안정적인 방법이라 할 수 있다.

그림 9-4 ➡ 순보험료식 책임준비금

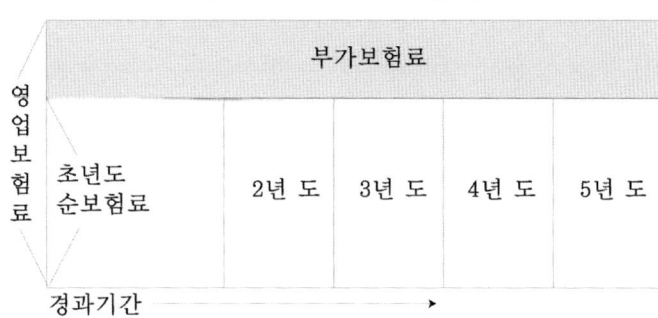

(2) 질멜(Zillmer)식 책임준비금

보험계약의 초년도에는 많은 신계약비가 소요되기 때문에 초년도에 수입되
는 부가보험료만으로는 절대액이 부족하므로 평준 순보험료 부분에서 우선
대체해서 사용하고, 차년도 이후의 평준 부가보험료로 메워 나가는 방식이다.

그림 9-5 ➡ 질멜(Zillmer)식 책임준비금

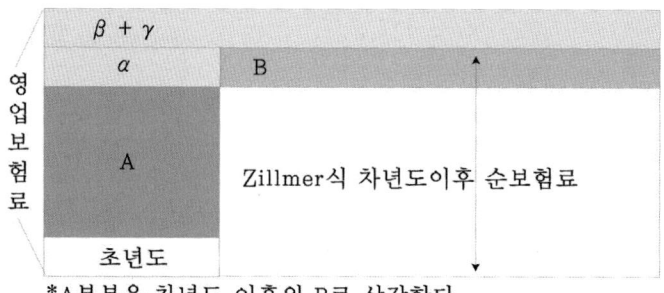

*A부분을 차년도 이후의 B로 상각한다.
(A부분이 Zillmer부분임)

(3) 해약환급금식 책임준비금

이는 질멜식 준비금의 변형으로 순보험료식 준비금에서 초기에 사용하는 신계약비를 비용으로 인정하여 신계약비를 7년(납입기간이 7년 미만인 경우는 납입기간) 동안 균등히 상각해 나가는 방식으로 상각 시 사망률과 이자율을 고려하지 않는다.

그림 9-6 ➡ 적립방식별 책임준비금 도해

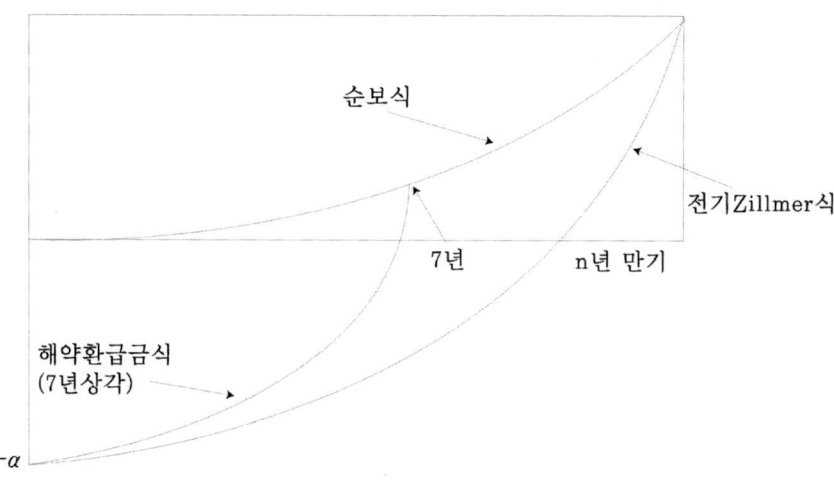

주) 해약환급금식　: Zillmer기간 7년
　　전기Zillmer식 : Zillmer기간 전기간

💡 참고

해약환급금

보험기간이 끝나기 전에 해약하는 경우 또는 효력상실(실효) 시 지급되는 환급금을 해약환급금이라 한다. 이의 기본이 되는 것은 책임준비금인데 책임준비금 전부를 해약환급금으로 하지 않고 보통 책임준비금에서 어느 정도 공제하는 것이 일반적이다. 해약환급금의 산출 식은 다음과 같다.

해약환급금 산출 식 = 책임준비금 − (예정신계약비 − 경과분의 신계약비)

그리고 이를 식으로 나타내면 다음과 같다.

$$_tW = {}_tV(N) - \frac{12 \cdot m - t'}{12 \cdot m} \cdot \alpha$$

단, $_tW$: 해약환급금, $_tV(N)$: 순보험료식 보험료적립금,
α: 예정신계약비, t: 납입경과 월수, m: 신계약비 상각기간, t′: 납입경과기간 월수

한편 계약 초기에는 해약환급금이 없거나 있더라도 본인이 납입한 보험료 합계액보다 작아 해약하는 사람들의 불만이 많다. 이 중 대부분은 은행의 적금을 보험과 비교한다. 즉 은행에 적금을 가입한 후 도중에 해약하는 경우에는 약정이자는 받지 못하더라도 최소한 불입금보다 더 많은 금액을 받을 수 있다는 것이다.

해약환급금이 일반적으로 납입한 보험료보다 적은 이유는 첫 번째, 보험가입과 동시에 위험에 대한 보장이 주어져 자기가 납입한 보험료보다 훨씬 큰 보험금을 받을 기회가 제공된다. 이에 대한 대가로 납입보험료의 일부분인 위험보험료가 빠져나갔다. 보험이외의 은행에 대한 예금이나 적금, 신탁에서는 위험보장이 제공되지 않기 때문에 이러한 보장비용의 차감이 없다. 두 번째, 신계약비, 유지비, 수금비 등의 사업비로 납입보험료의 일부가 지출되었기 때문이다. 이 중 신계약비는 설계사수당, 건강 진단비, 증권발급비 등 보험판매에 따라 발생하는 비용으로 초년도 납입보험료의 전부 또는 대부분이 이러한 비용으로 지출된다. 한편, 초년도 사업비는 첫해에만 발생되는 비용으로 초년도 전체보험료를 넘어서는 경우도 많다. 그런데 계약자가 납입하여야 하는 보험료를 계산할 때는 초년도 사업비를 일정 기간 또는 보험기간 말까지 납입하는 것으로 가정하여 평준화한다. 그 결과 초년도 납입보험료만으로는 초년도 사업비를 감당하기 곤란하게 된다. 계약체결 후 초기에 해약하는 경우 해약환급금이 거의 없는 것도 이 비용이 많이 발생하기 때문이다. 세 번째, 사망 역선택(Adverse Mortality Selection)에 대한 공제가 있다. 사망보험에서는 건강이 불량한 사람은 가능하면 해약을 피하고, 스스로 건강하다고 믿는 사람들이 해약을 하게 되어 계약자집단에는 건강이 불량한 사람들이 더 많이 남게 된다. 그 결과 역선택현상이 발생하게 되어 잔여계약자들에게 불리한 결과를 초래하게 된다. 이를 보전하기 위해 해약하는 사람들에 대한 해약환급금은 감소되어야 한다는 것이다. 네 번째, 재무역선택(Adverse Financial Selection)에 대한 공제가 있다. 회사는 해약에 대비해서 유동성이 높은 자산을 준비하거나 또는 해약환급금을 지급하기 위해 불리한 시점에서 자산을 처분해야 할 때도 있어 투자이익이 감소된다. 특히 경기 침체기에는 문제가 심각하다. 사망 역선택에서처럼 재무 역선택도 잔여계약자에게 불리한 결과를 초래하게 되므로 이의 보전을 위해 해약공제금이 부과

❦ 참고   **해약환급금**

되어야 한다는 것이다. 다섯 번째, 계약자가 해약하는 경우 해약환급금을 지급하기까지 사무경비가 발생하므로 이에 대한 공제가 필요하다.

이상의 다양한 이유들 중 모두 다 항목별로 구분되어서 납입보험료에서 차감되는 것은 아니고 현행 감독규정은 위의 두 번째 이유에 해당하는 항목의 초년도에 집행된 신계약비만 반영하고 있다. 따라서 해약시점의 아직 상각되지 않은 신계약비만 책임준비금에서 차감하고 해약환급금을 산출한다.

5) 책임준비금 평가

(1) 평가의 개념

평가란 해당계정의 정확한 가치를 산정하는 것을 의미하며 평가이유는 첫 번째로 기업의 이익계산, 즉 기간손익을 정확히 계산하기 위해서이며 이는 회계의 중심을 손익계산서에 두고 있음을 암시한다. 둘째로, 기업의 재무 상태를 정확히 파악하기 위해서이다. 이는 평가하는 시점에 있어서의 모든 자산과 부채를 있는 그대로 대차대조표에 계상하고자 하는 것으로 손익계산서보다 대차대조표 중심의 평가형태이며 일반적으로 평가방법은 다음과 같이 구분된다.

① 원가주의(Cost Basis)

자산과 부채의 시장가격의 변동을 일체 무시하고 취득원가로서 평가하자는 주장으로 이의 이론적 근거는 취득원가는 시장에서 객관적으로 결정된 가장 권위 있는 원가라는 것이며, 또한 자산과 부채는 투하자본이 회전도중에 취하는 한 형태이므로 특정기업에 있어서의 어느 자산과 부채의 가치는 이것을 취득할 때 이미 결정된 것이며, 시가의 변동에 영향을 받아서는 안된다는 것이다. 이는 보유단계에서 발생하는 이익과 손실은 전혀 신경을 쓰지 않는 방법으로 단지 해당자산의 처분 시에만 그 가치의 증감부분을 손익부분으로 인식한다.

② 시가주의(Market Basis)

취득원가는 각종의 자산과 부채를 각각 상이한 시기에 취득한 과거의 가액으로 표시하므로 무의미하며, 또한 기업의 채무담보능력과 지급능력, 그리고 채권자를 보호하기 위해서는 그 기업의 명백한 재산 상태를 계산할 수 있어야 하는데 그러기 위해서는 시장에서 거래되는 객관적인 가격, 즉 시장가격으로 산정되어야 한다는 것이다.

③ 저가주의(Adjusted Basis)

이는 시가와 원가를 비교해서 저가인 것을 평가의 기준으로 함으로써 과대평가를 피하려는 것으로 '예상된 이익은 계상하지 않으나, 예상된 손실은 빠짐없이 계상하여야 한다.'는 보수주의의 평가형태이다.

현재 기업회계기준에 의한 계정별 평가기준을 요약하면 다음 <표 9 - 2>와 같다.

표 9 - 2 ➡ 계정별 평가기준

구분	평가기준
일반적인 경우(대다수의 자산)	취득원가(역사적 원가주의)
유가증권	시가주의
재고자산	순실현 가능금액(추정판매가액 – 추정판매비용)
유형자산	취득원가 – 감가상각누계액
장기채권, 채무	현재가치 평가
중대한 영향력을 행사할 수 있는 주식	지분법

주) 1. 재고자산의 순실현가능금액은 산정이 어려워 대부분 저가주의를 적용하고 있다.
    2. 현재가치 평가요건
    – 장기연불조건의 매매거래, 장기금전대차거래 또는 이와 유사한 거래에서 발생한 채권과 채무
    – 명목상의 가액과 현재가치의 차이가 큰 경우이어야 한다.
    – 결제일과 결제금액이 정해져 있거나 결정 가능해야 한다.

(2) 책임준비금 평가

책임준비금은 보험회사가 보험계약에 대한 장래의 보험금지급을 충실히 이행하기 위하여 적립한 것으로 보험회사의 지급능력, 손익규모, 계약자배

당, 자산운용정책 등 경영전반에 걸쳐 지대한 영향을 미친다. 이러한 책임준비금은 예정이율, 예정 위험률, 예정사업비율에 기초하여 산출된 보험료의 집합체이므로 보험계약 당시에 보험계약자와 약속된 예정 기초율을 준수하고 있지만 일정 기간이 경과한 후에는 실제 보험부채를 평가하는 적용률은 틀릴 수밖에 없다. 일반적으로 부채로서 인정되기 위한 하나의 조건으로 부채는 원칙적으로 현시점에서 앞으로 지급될 금액이 확정되어야 한다는 것이다. 그러나 현재로서 지급해야 할 금액이나 시기가 확실하지 않다 해도 합리적인 추정에 의해 지급의무 발생의 확률 및 금액의 범위를 확정할 수 있으면 부채로서 인정될 수 있다는 것이다. 이와 같은 부채평가의 목적은 이익측정으로 이익결정에 필요한 비용과 손실을 부채의 인식에 따라 계상하는 것이고 또한, 투자자나 채권자 등 회계정보이용자로 하여금 미래예측, 즉 미래 현금흐름의 측정된 양, 시기, 불확실성 등을 이해할 수 있도록 정보를 제공하기 위해서이다.

따라서 누구나 이해할 수 있는 평가기준이 적용되어야 하며 국제적인 정합성차원에서도 공정가치[5]로 평가해야 한다는 추세이다.

보통 책임준비금과 같은 평가성 부채의 공정 가치는 현재의 이자율과 미래의 위험에 대한 시장측정치를 반영한 미래현금흐름의 현재가치로 나타내는데, 시장거래의 부족으로 인해 객관적인 자료가 없는 경우에는 기업 고유의 경험적인 가정과 정보를 사용하여 미래현금흐름을 추정해야 한다.

① 평가기준

현행 보험회계기준에 의하면 책임준비금 산정 시 계약의 종류에 따라 전통형 보험은 장래법(과거법으로 할 수 있다고 명시)으로 계산하고, 금리연동형상품은 과거법으로, 미경과 보험료는 이연법을 적용하여 계산하고 있으며 순보험료와 지급보험금만을 고려하여 책임준비금을 평가하고 있다. 또한, 감

---

5) 공정 가치라 하면 합리적인 판단력과 거래의사가 있는 독립된 당사자 간에 거래될 수 있는 교환가격을 말하며 시장성이 있는 경우 시장가격을, 시장성이 없는 경우 일반적으로 합리적이라고 인정되는 평가모형을 이용하여 공정 가치를 결정한다.

독규정에서 규정한 표준이율, 표준위험률을 모든 보험사가 일률적으로 적용하도록 하고 있으며, 보험계약 성립당시에 적용했던 평가 기초율을 보험계약이 종료할 때까지 동일하게 사용하도록 하고 있다. 이는 일종의 원가주의(장부가치,Book Value)에 근거하고 있음을 의미한다.

향후에는 시장가치(Market Value) 평가기준에 준하는, 즉 보험종류나 보험기간에 관계없이 단일평가방법을 적용해야 하며 미래 발생가능한 모든 현금흐름, 즉 영업보험료, 지급보험금, 해약환급금, 배당금, 사업비, 운용수익 등을 고려하여 책임준비금을 평가해야 하며 그 평가기초율도 이자율과 같이 시장에서 얻을 수 있는 기초율은 시장정보 데이터를 사용해야 하며 사망률, 사업비율과 같이 시장에서 얻을 수 없는 데이터는 회사의 경험적인 예측치를 사용해야 한다. 또한 평가시점마다 시장 환경 및 회사실정을 반영하여 평가 기초율이 변경되어 적용되어야 하며 이의 공정한 평가가 되기 위해서는 제가정의 정확성, 데이터의 정합성, 다양한 평가기법의 개발이 이루어져야 한다.

② 평가방법

가. 발행연도 방식과 평가년도 방식

책임준비금 적립 시 어느 시점의 이율을 적용할 것인지를 결정해야 하는 바, 준비금을 합리적이고 적정하게 적립하는 방향으로 평가방식을 선택해야 하는데, 평가방식은 상품의 예정이율과 밀접한 관련이 있으므로 예정이율체계에 따라 상품을 구분하여 그 특성에 맞는 방식을 구분·적용해야 하며 크게 발행연도 방식과 평가년도 방식으로 구분한다.

발행연도 방식(Lock – in Method)은 책임준비금 평가 기초율이 보험계약 체결 이후 변경되지 않고 계약 당시 적용했던 기초율을 보험기간까지 그대로 적용하는 방식으로 금리 확정형 상품 평가 시 적용된다. 그리고 평가연도 방식(Lock – out Method)은 책임준비금 평가 기초율이 매 평가시점마다 변경되어 적용되는 방식으로 금리연동형상품 평가 시 적용된다.

나. 직접법과 간접법

직접법은 보험부채의 시장가치를 부채의 현금흐름을 바탕으로 직접 추정하여 평가하는 방법으로, 보험계약을 보험회사와 보험계약자 간의 특정조건이나 변형된 지급조건을 포함하는 금융옵션으로 간주하고 채권형 고정수익증권(Fixed – Income Securities)을 평가하는 방법이 적용되며, 특히 보험계약에 내재된 다양한 옵션을 평가하는 옵션가격결정기법의 관점에서 보험부채를 평가한다. 그리고 간접법은 보험회사 잉여금의 시장가치를 전체 가치로 정의하고 부채가치는 자산의 시장가치에서 잉여금의 시장가치를 차감한 가치로 측정하는 방법이다. 이하 보험부채 평가방법을 요약하면 다음 <표 9－3>과 같다.

표 9-3 ➡ 보험부채 평가방법

구분		현행보험회계	공정가치 회계
책임 준비금	평가원칙	계약의 형태에 따라 다른 평가방법 적용	모든 보험계약에 단일평가방법 적용
	적립방법	순보험료 방법	영업보험료 방법
	기초율	감독규정에서 정한 기초율 적용	예정이율은 시장정보, 기타 율은 회사정보 사용
	기초율 변경 여부	발생시점에 설정된 기초율은 변경 안 됨	최근의 정보를 반영하여 기초율을 변경함
신계약비		이연자산 후 상각	당기비용 처리

(3) 보험료적립금평가

보험회사는 평가시점에서 보험료적립금을 적립함에 있어 상품판매 이후 시장이자율 하락 등으로 실제 적립되는 준비금이 계약 당시 예정 기초율에 의해 적립해야 할 기준준비금보다 부족하여 보험료결손이 발생하는 경우에는 보험업 회계준칙에 준하여 이를 보전해야 한다.

① 보험료결손준비금

가. 개념

보험 상품을 판매한 후 이자율 하락, 위험률 증가 등으로 기준준비금보다 추가적으로 적립액이 필요한 경우 그 부족액을 말하며 보험료적립금의 기말 잔액이 미래 보험금 부채의 현재가치에서 미래에 유입될 보험료의 현재가치를 차감한 금액보다 적은 경우 동 차액을 의미한다.

나. 보험료결손 인식 및 처리기준

보험료적립금의 예정이율이 회계연도 말 현재의 1년 만기 정기예금 이자율보다 높고, 이러한 현상이 장기간 계속될 것으로 예상됨으로써 보험료결손이 발생되는 경우 미상각 신계약비를 추가로 상각하거나, 또는 계약자배당안정화준비금을 보험료적립금으로 대체하고, 계약자이익배당준비금 또는 계약자배당안정화준비금이 없거나 부족한 경우에는 부족한 금액만큼 보험료적립금을 추가적으로 적립해야 한다.

다. 세부회계처리 기준(보험료결손 산출시 반영 경험률)
가) 일반기준

　　　(가) 보험계약과 관련된 수입과 지출 등 모든 현금흐름, 즉 영업보험료식 준비금 평가방식으로 이자율, 위험률, 사업비율, 해약률 등을 반영해야 한다.

　　　(나) 각종 경험률 자료 적용기간은 다음과 같다.

구분	할인율(이자율)	사업비율	해약률	보험금지급률
기간	최근 3년	최근 1년	최근 3년(원칙)	최근 3년(원칙)

주) 1. 해약률, 보험금지급률은 1~3월 중 큰 변동이 없는 경우 12월 말까지의 자료도 사용 가능하며, 주관적 요소는 향후 변화가 확정적인 경우 일부 반영 가능하다.
　　2. 할인율이외의 경험률은 동종 또는 유사한 보험 상품별로 세분화해야 한다.
　　3. 보험계약과 직접 관련된 손익사항만 반영하고 보험회사의 전체 손익과는 상이하다.

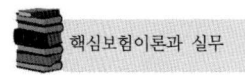

나) 세부기준

(가) 할인율(운용자산 수익률)은 금융시장의 급격한 변화 등으로 운용자산 수익률이 일시적으로 크게 하락하는 경우에는 무위험자산의 수익률(3년 만기 국고채의 최근 1년간 월말 평균 수익률)을 사용할 수 있다. 다만, 일부 항목은 조정 가능한데 제외항목과 포함항목은 다음과 같다. 제외항목으로는 평가손익이 당기손익에 반영되지 않는 매도가능증권과 지분법 적용투자주식의 평가손익과 헤지(Hedge) 목적의 파생상품 평가·거래 손익이다. 포함항목은 생명보험사 부동산 감가상각비가 해당된다.

(나) 사업비율은 해약식 예정사업비대비 실제사업비율로 α, β, γ로 구분하여야 하며 α는 원칙적으로 경과기간별로 구분하여야 하며 α가 결산기 이후 분할 사용되는 경우 동 비율만큼 차감 조정한다. 또한, 사업비는 단위비용 기준(보험계약 건 및 금액)으로 산출 가능하며 신계약비는 실제 집행될 금액기준으로 산출이 가능하다. 단, 영업개시 후 5년 이내 신설사는 예정사업비로 지출하는 것으로 산출이 가능하다.

(다) 위험보험료대비 지급보험금 비율은 상품별 또는 위험별로 세분화하고 경과기간별로 구분하여야 한다.

(라) 해약률은 경과년수별로 적용해야 한다.

② 신계약비 이연과 상각

가. 개념

이연신계약비는 신계약비 중 차기 이후에 귀속될 금액으로 사업비 차감항목이며, 미상각 신계약비는 당기말 현재 미상각된 신계약비 잔액으로 이연자산으로 계상한다. 그리고 신계약비상각비는 미상각신계약비 중 당기에 상각되는 금액을 의미한다.

나. 상각기간별 Flow

구 분	1년 말	2년 말	3년 말	4년 말	5년 말	6년 말	7년 말
순보식책임준비금(V)	100	200	300	400	500	600	700
해약식책임준비금(W)	0	50	180	310	440	570	700
신계약비(V－W)	100	150	120	90	60	30	0
예정신계약비(α)	210	210	210	210	210	210	210
이연신계약비(당기)	130	80	0	0	0	0	0
신계약비상각비(누적)	30	60	90	120	150	180	210
신계약비상각비(당기)	30	30	30	30	30	30	30

주) 1. 해약식 책임준비금(W): 순보식책임준비금(V)－예정신계약비(α)×(7년－경과년수)/7
　　2. 당기말 신계약비(V－W): 전기 말 신계약비+이연신계약비－당기신계약비상각비
　　3. 신계약비 상각비: 예정신계약비(α)×경과년수/7

다. 예정 신계약비 계상방법

예정 신계약비 계상은 크게 재원식과 보고서식으로 구분되는데 재원식 신계약비는 영업보험료 중에서 보험사고 발생 시 보험금지급 재원이 되는 위험보험료 및 책임준비금 적립을 위한 저축보험료, 유지비, 수금비를 제외한 금액이 신계약비 재원이 된다. 즉 재원식 신계약비는 각 경과기간별로 필요한 모든 비용(책임준비금 적립비용, 보험금 지급재원, 유지비 및 수금비 재원)을 감안한 후 발생하는 실질적인 예정 신계약비를 의미하며 그 산출 식은 다음과 같다.

재원식 신계약비 = 영업보험료－저축보험료－위험보험료－유지비－수금비

반면, 보고서식 신계약비는 영업보험료 중에서 단지 유지비와 수금비를 제외한 금액이 신계약비 재원이 되는데, 이는 단순히 상품개발 시 부가한 예정 신계약비 총재원을 실제사업비 집행기준에 부합하도록 단기간(보통 1년 이내)에 계상하는 방법으로 현행 업무보고서상 금액이 이에 해당되며 그 산출 식은 아래와 같다.

보고서식 신계약비 = Min(예정 신계약비 총액/12, 영업보험료－유지비－수금비)

③ 지급준비금의 평가

만일 보험사고가 보험자에게 즉시 보고되고, 그 사고가 보고되는 즉시 보험사가 보험계약자 또는 보험수익자에게 해당 보험금을 지급한다면 지급준비금을 적립할 필요가 전혀 없다. 그러나 사고가 발생된 시점과 보험금이 지급되는 시점까지의 시간적인 차이가 있으므로 보험사의 책임을 인식시키기 위하여 지급준비금이 필요하다. 이러한 지급준비금은 장래에 지급해야 할 몫으로 적립되는 보험료적립금과는 달리 이미 발생한 사고에 대한 준비금이라는 데 그 특색이 있으며 일반적으로 미확정보험금과 미보고 보험금부분으로 구분되어 평가되어진다.

가. 미확정 보험금평가

평가일 이전에 보험사고가 발생하였으나 보험금관련 분쟁 또는 소송 중이거나 보험금 지급금액이 미확정되어 추정금액을 계상해야 하며 보통 손해보험의 기보고 발생손해액(Outstanding Loss Reserve)과 동일한 개념이다. 이는 부채성충당금 성격으로 보통 발생주의 회계원칙에 따라 계상하는 것으로 보험사고 발생분에 대한 보험금추정액을 비용으로 처리하고, 동 추정액 중 미지급된 금액은 지급준비금으로 계상한다. 한편, 지급보증에 대한 보험계약의 경우는 평가일 현재 보험사고가 발생하지 않은 보험계약에 대하여도 지급준비금을 적립해야 하며 실효계약도 마찬가지로 적립해야 한다.

나. 미보고 보험금평가

이는 보험사고가 발생하였으나 보험사에게 사고통보가 이루어지지 않아서 미지급된 금액으로 손해보험에서는 IBNR(Incurred But Not Reported)로 계상되고 있으며 보통 경과보험료의 일정률을 적립하는 형태이며, 생명보험에는 아직 적립규정이 없는 실정이다. 손해보험의 지급준비금 추정방법을 정리하면 다음 <표 9-4>와 같다

표 9-4 ➡ 손해보험의 지급준비금 추정방법

기보고 발생손해액	미보고 발생손해액
- 개별추산법(Individual Case Estimate Method) - 평균평가법(Average Payment Method, APM) - 손해율평가법(Loss Ratio Method) - 지급보험금진전추이방식(사다리방법, Chain-Ladder Method)	정률법

4. 손익분석

1) 손익산출 흐름

보험회사의 손익은 생활설계사의 활동량에서 시작된다. 즉 신규계약을 통한 초회보험료와 기존계약을 통하여 계속 보험료가 합쳐져 수입보험료가 창출된다. 이러한 수입보험료는 분해되어 저축보험료와 위험보험료, 그리고 부가보험료로 나뉘게 된다. 한편, 저축보험료는 책임준비금으로 누적 적립되어 자산으로 운용되고 운용기간만큼 수입이 발생하게 되고, 여기서 해당 비용을 차감하면 바로 이차손익이 된다. 위험보험료는 해당기간에 발생하게 된 사망보험금의 재원이 되며 남는 금액은 바로 사차손익, 즉 위험률차 손익이 된다. 그리고 부가보험료, 즉 예정사업비는 실제 집행된 사업비의 재원이 되며 남는 금액이 비차손익이 된다. 이와 같이 이차손익, 위험률차손익(사차손익), 비차손익을 대표적으로 보험회사의 3대 이원이라 하며 손익의 원천에 해당된다. 이를 도해하면 다음 <그림 9-7>과 같다.

그림 9-7 ➡ 보험회사 손익산출 흐름도

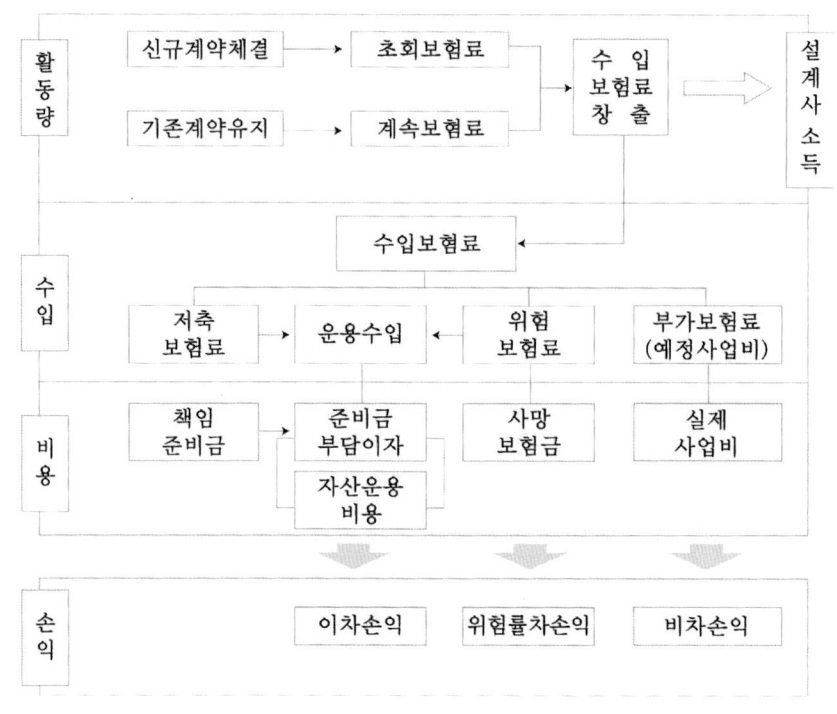

(출처: 미래에셋생명 그룹보고자료, 2000)

2) 이원분석(利源分析)

(1) 개요

이원분석이란 회계 연도를 마감한 결산 시 예정기초율과 실제경험율과의 차이에서 발생된 회계상의 당기손익을 수리적 기법을 이용하여 발생원천별로 규명하는 작업을 말한다. 이러한 이원분석은 보험경영 계획수립 시 각종 근거자료로 활용되고 보험경영의 성과를 손익 측면에서 재조명하기 위하여 필요하다. 또한 보험료산출의 기초자료, 잉여금 분배 및 계약자배당의 척도로 활용되며, 보험감독정책의 판단 자료로 활용된다. 한편, 이원분석이 되는 대상이익은 생명보험 및 장기손해보험에서 책임준비금을 적립한 후, 계약자

배당준비금 적립 전 잉여금으로 이를 다시 일반계정과 특별계정으로 구분하고, 계정별로 자본계정운용손익 및 계약자계정손익으로 구분한다. 여기서 계약자계정은 무배당보험과 유배당보험으로 나뉜다. 그리고 계약자계정 손익을 이원별로 구분하는데 이는 위험률차, 이자율차, 사업비차, 준비금차, 기타손익으로 구분하여 산출한다. 한편, 기준이 되는 책임준비금은 표준이율과 표준위험률에 의해 계산된 순보험료식 보험료적립금에서 해약공제액, 즉 미상각신계약비를 차감한 금액이 된다. 다시 말해 보험료납입기간(최대 7년) 동안 상각하는 해약환급금식 보험료적립금으로 하며, 이원분석을 위한 기준 책임준비금은 보험료를 분해하거나 또는 재원식 예정사업비를 계상할 때 적용한다.

(2) 이원분석 방법

① 위험률차 손익

위험률차 손익은 위험보험료에서 순위험 보험금을 차감해서 계산한다. 위험보험료는 순보험료에서 순보험료식 보험료적립금을 이용하여 점화식으로 구한 저축보험료를 차감하여 산출한다. 한편, 순위험 보험금은 위험관련지급금에서 위험관련 준비금을 차감한 금액이다. 이를 차감하는 이유는 보험사고 발생으로 인하여 회사가 실제로 부담하는 금액은 사고금액 전액이 아니라 사고 당시에 적립된 준비금을 초과한 금액이기 때문이다. 이를 식으로 나타내면 다음과 같다.

순위험 보험금＝(지급보험금＋지급준비금증가액) － 위험발생당시 기준준비금

② 이자율차 손익

이자율차 손익은 투자수지(투자이익)에서 예정이자, 즉 필요이자를 차감해서 산출된다. 투자수지 계정별로 구분하여 자산운용 결과로 획득한 수입이자와 처분익 등 투자수입에서 재산관리비, 처분손 등의 투자비용을 차감한 금액으로 산출하고 투자이익률은 Hardy공식에 의해 산출한다. 산출된 투자

수지는 자본금과 잉여금 등에서 발생한 자본계정운용손익을 우선적으로 배정한 후 그 잔여 액을 계약자계정손익으로 처리한다. 예정이자는 전기에 적립된 이자율차 관련 책임준비금과 당해연도에 들어온 보험수지차 등이 예정이율이나 부리이율로 이식되는 금액으로 저축부분의 원가라 할 수 있으며, 이때 준비금부담이율인 예정이자율, 즉 필요이자율은 Hardy공식[6]에 의해 산출한다. 이를 식으로 나타내면 다음과 같다.

예정이자＝(이자율차 관련 책임준비금 증가액 ＋ 해지당시 기준준비금 ＋ 위험발생당시 기준준비금＋중도환급금 및 만기환급금) － 저축 보험료

한편 자본계정운용손익 다음 산식에 따라 배분하고 잔여액에 대해서는 계약자 계정손익으로 처리하며, 자본계정운용손익이 부치(－)일 때는 '0'으로 처리한다.

투자수지×[자본계정금액÷(자산총계 － 미상각 신계약비)]
단, 자본계정금액(자본금, 잉여금)과 자산총계는 자본조정을 제외한다.

또한 계약자계정손익은 계약자이익배당준비금에 해당하는 투자수지로서 총액으로 산출하여 배당보험의 계약자지분으로 배분하며, 배당보험 평균책임준비금의 점유율에 따라 상품별로 배분한다.

③ 사업비차 손익

사업비차손익은 보험료분해방법에 따라 보험 상품별로 산출한 해약환급금식 예정사업비에서 사업비 배분기준에 의거하여 보험 상품별로 산출한 실제사업비를 차감하고 다시 신계약비 이연손익을 가감하여 산출한다. 여기서 신계약비 이연손익은 다음 산식으로 산출한다.

신계약비 이연손익＝(신계약비이연액 － 신계약비 상각액) － (예정신계약비이연액

---

6) 산식은 (투자수입×2)/(기시자산＋기말자산－투자수입)으로 자산이 지속 증가할 때 의미가 있다.

- 예정신계약비 상각액)

이원분석 시 사업비차손익을 구할 때 신계약비 이연손익을 가감하는 이유는 현재의 신계약비 이연·상각제도가 예정 신계약비를 기준으로 이연하지 않고 예정 신계약비 이내에서 실제 신계약비를 이연하고 상각하기 때문이다. 즉 부채는 순보험료식으로 적립하여 해약환급금식보다 미상각된 예정 신계약비만큼을 해약환급금식보다 많이 적립하는 반면, 자산은 미상각 실제 신계약비만큼만 이연자산으로 인정하기 때문에 실제신계약비가 예정신계약비보다 적게 집행되는 회사는 당기 부채증가액이 자산증가액보다 커 그 차액만큼을 사업비차 손익에서 차감하여 이원별 손익에 반영하여 주는 것이다.

그러나 지급여력금액을 산정할 때 생명보험에서는 순보험료식과 해약환급금식의 차액을 합산항목으로 인정해 주고, 손해보험에서는 순보험료식과 해약 시 지급할 금액(해약환급금)과의 차액을 지급여력으로 인정해 주고 있으므로 미상각 신계약비는 생명보험과 손해보험 공히 차감항목으로 지급여력금액에서 제외시키고 있다.

④ 준비금관계손익

준비금관계손익은 해약이나 실효계약에서 당시의 기준준비금인 해약환급금식 보험료적립금에서 실제로 지급한 해약환급금과의 차액을 말하고, 이를 해약 손익이라고 하며 3이원으로 배분 시 이자율차 손익에 포함한다. 이러한 손익은 금리연동형 상품의 적립부분 순보험료 부리이율을 이원화하여 만기 유지 시 적용하는 만기최고이율과 중도해약 시 적용하는 중도해지이율을 다르게 적용할 경우에 발생한다. 즉 계약자가 부리이율을 이원화한 금리연동형상품에 가입하고 이후 일정 기간 안에 계약이 해약되거나 실효되었을 경우, 만기최고이율로 부리된 해약환급금식 보험료적립금과 중도해지이율로 부리된 해약환급금과의 차액이 발생하여 계약소멸로 인한 부채감소액이 해약환급금보다 크기 때문이다. 이를 식으로 나타내면 다음과 같다.

준비금관계손익 = 해지당시 기준준비금 − 해약환급금

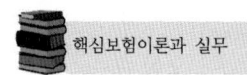

단 해지당시 기준준비금은 금리연동형상품에서 만기이율로 적립된 금액이며, 해약환급금은 금리연동형상품에서 중도해지이율로 적립된 금액을 말한다.

⑤ 기타손익

기타손익은 휴면보험금, 특별이익, 잡이익 등의 기타수입에서 제세공과 등의 기타지출을 차감하여 산출하고, 발생원천에 따라 보험 상품별로 직접 배분하며, 발생원천이 불명확한 경우에는 수입보험료나 평균책임준비금에 비례하여 배분한다.

(3) 이원분석의 한계

이원분석은 앞서 이원분석의 방법에 따라 다섯 가지 이원별로 손익이 계산되는데 이를 세 가지, 즉 3이원의 가격산정 자료 등에 활용하기 위해서는 예정 기초율에 따라 3이원손익으로 배분해야 한다. 따라서 준비금관계손익은 이자율차 손익에 배분하고 기타손익은 구분이 가능한 경우에는 해당 이원에 배분한다. 만약 해당 이원별로 구분이 곤란한 경우에는 그 발생원천에 따라 비용성격은 사업비차 손익, 자산과 준비금에 관련된 손익을 이자율차 손익에 배분한다. 그리고 실제사업비 중 공통비, 즉 고정비를 보험감독기준에 따라 배분함에 따라 이원분석의 결과를 보험종목별, 상품별, 조직단위별로 세분화하기에는 정확성과 객관성이 결여되고 이에 따라 관련 조직 간 이해관계 상충으로 전사적인 공감대 형성이 어려울 수도 있다. 대표적인 예를 들면 인건비와 물건비용 등 해당사업단위로 귀속이 불분명한 사업비를 집행했을 때 이를 배분하는 경우이다.

5. 잉여금의 처리

1) 의의

잉여금이란 보험 사업을 영위한 결과 주주지분과 계약자지분으로 배분하기 전 법인세 등을 산정하기 전의 이익으로, 잉여금 발생 시 상호회사는 사원배당금, 주식회사는 주주배당금으로 지급하는 것이 원칙이나 우리나라의 경우 현행기준은 주식회사도 계약자배당을 실시토록 하고 있다. 그 이유는 잉여금을 단지 주주의 경영성과에 따른 이익으로만 볼 수 없고 계약자가 납입한 개산보험료와 실제 보험료의 차이에서 발생할 수 있기 때문이다. 한편 이와 같이 잉여금이 발생한 원인은 보험계약은 대부분 장기계약이고 계약 후에는 보험료를 임의로 변경할 수 없으므로 예정기초율과 실제기초율의 차이에서 잉여금이 발생하며, 설령 동일한 예정 기초율에 의하여 보험 사업을 영위하더라도 보험회사별로 경영성과에 따라 잉여금의 차이가 발생할 수 있다.

2) 지분의 구분 및 처리

보험회사는 매 회계연도 말에 책임준비금을 우선 적립한 후 잔여액인 계약자 배당준비금을 적립하기 전에 잉여금을 일반계정과 특별계정으로 구분하고, 다시 유배당과 무배당보험손익과 자본계정 운용손익으로 구분한다. 여기서 주주지분은 무배당보험손익과 유배당보험손익의 10% 이하 해당액 및 자본계정운용손익으로 하며, 잔여분인 유배당보험손익의 90% 이상과 계약자이익배당 준비금에 해당하는 투자이익 전액을 계약자지분으로 한다.

한편, 이렇게 구분된 각각의 지분은 해당 용도별로 처리되는데 주주지분은 법인세 비용의 납부재원, 결손보전 및 주주배당 등으로 사용할 수 있으나, 주주배당은 현행 기준상 당해 회계연도 말 지급여력비율이 100% 이상인 경우에 한하여 가능하다. 계약자지분은 개별 계약자에게 할당하여 적립하여 놓은 계약자 배당준비금과, 개별계약자에게 아직 할당하지 않고 장래 배당하기 위하여 총액으로 적립하여 놓은 계약자이익배당준비금으로 구분하고, 계약자지분은 계약자배당을 위한 준비금 적립 이외에 다른 용도로 사용하거나 적립할 수 없다. 다만 예외적인 경우가 있는데 생명보험과 손해보험의 적용기준이 다르다. 생명보험의 경우는 계약자지분에서 배당보험손실보전준비금을 우선 적립한 후 개별계약자 몫으로 할당한 금액을 계약자 배당준비금으로 적립하고, 잔여지분을 총액으로 계약자이익배당 준비금으로 적립한다. 반면 손해보험은 개별계약자 몫으로 할당한 금액을 계약자 배당준비금으로 적립하고, 잔여지분을 총액으로 바로 계약자이익배당준비금으로 적립한다.

6. 계약자 배당

1) 의의

계약자배당제도란 잉여금을 처리하는 데 있어서 매 사업연도 말 이원분석을 실시한 결과 손익기여도에 따라 계약자지분에 해당되는 금액을 각 이원별로 계산하여 계약자에게 일정한 기준으로 환원하여 정산하는 제도를 말한다. 현재 계약자배당은 예정 기초율에 의해 3이원별로 계약자 배당률을 결정하여 위험률차 배당, 이자율차 배당, 사업비차 배당을 실시하고, 생명보험에는 별도로 특별배당의 형태로 장기유지특별배당, 재평가특별배당 등을 실시하고 있다. 한편, 계약자배당금은 경영성과에 따른 순수이익으로만 볼 수 없는데 그 이유로는 불특정다수의 계약자가 납입한 개산보험료와 실제보험료와 차이가 발생하기 때문에 계약자배당금은 보험료의 거스름돈이라 할 수 있다. 따라서 보험회사는 유배당보험의 경우 감독 당국이 정하는 방법에 따라 결정한 계약자배당금을 계약자에게 지급하여야 하고 배당금지급의 내역을 계약자에게 알려야 한다.

2) 배당원칙

계약자 배당의 원칙으로 우선 공평성의 원칙이 있다. 이는 계약자 집단 간의 이익기여도에 따라 공정하게 이익을 분배하고, 위험단체 내에 있는 계약자 간에도 공평하게 분배하여 특정 계약자에게 부당하게 이익을 제공한다든지 불이익을 주지 않아야 한다는 것이다. 둘째 탄력성의 원칙이다. 계약자 배당은 사회경제적 환경변화나 경영실적에 따라 변동하는 잉여금에 대한 할당이므로 과거 배당률과의 관계를 유지하면서 잉여금의 변동에 탄력적으로 대응할 수 있어야 한다. 세 번째 실용성의 원칙이다. 이는 모든 계약자에게 완전한 평등은 실무상 불가능하므로 배당방법은 최소한의 시간과 경비가 소요되도록 실용성 있게 배당하여야 한다는 의미이다. 마지막으로 대중성의 원칙이다. 일반적 대중, 즉 계약자가 이해하기 쉽고 사회통념이나 관습에 따라 지지를 받을 수 있는 배당방식이어야 한다.

3) 산출방식

계약자배당 산출방식은 대표적으로 이원별 산출방식과 자산할당방식이 있다. 이원별 산출방식은 국내에서 적용하는 방법으로 이익금의 발생에 대해서 이원별로 분석하여 이익규모를 측정한 후 배당금을 정하여 이익기여도에 따라 배당금을 할당하는 방식을 말한다. 이 방식은 이익을 원천별로 분석하기 때문에 손익발생의 원천은 쉽게 파악할 수 있는 장점이 있으나, 손실이 발생한 이원(예: 이자율차)이 있음에도 불구하고 이익이 발생한 이원(예: 위험률차)에 대해서는 계약자배당을 하여야 하는 단점이 있다. 한편, 자산할당방식은 3이원 방식의 보험료 산출체계에 따른 이원별 배당방식의 단점을 보완코자 도입되었는데 선진국에서는 영업보험료기준으로 순 현금흐름을 추정한 자산할당방식을 이용하여 보험료와 계약자배당을 결정하는데, 대표적인 자산할당방식으로는 누적형태공식(Accumulation Type Formula)이 있다. 이방식은 현금흐름방식의 보험료 산출체계에서 보험종목별 보험기간, 계약연령 등을 고려한 실제 자사 경험률과 목표이익(Profit Goal)을 기준으로 각 보험연도의 현금흐름(수지잔고)을 보유계약 1단위당(Per Unit in Force) 이자와 함께 누적함으로써 자산형성의 계약단위당 기여도에 따라서 자산을 할당하는데 이와 같이 보유계약 1단위당 할당된 자산과 책임준비금과의 차액을 기준으로 배당가능이익인 PVDE(Present Value of Distributable Earning)를 산출하면서 계약자배당금을 결정하여 나가는 방식을 말한다.

4) 종류

(1) 이자율차 배당

이는 상품별 투자이익률과 예정이자율의 차이로 인해 발생한 이익을 계약자에게 환원하는 배당을 말하며, 보험연도 말 현재 1년 이상 유지된 유효한 계약을 대상으로 전 보험연도 말 해약환급금식 보험료적립금에 이차 배당률을 곱해 산출한다. 이차 배당률을 이차배당기준율에서 금리 보장률을 포함한 상품별 예정이율을 차감한 율로 금리연동형상품의 예정이율은 사업연도 개시일 이전 1년간 보험료적립금 부리이율을 산술평균한 율로 계산한다.

(2) 위험률차 배당

이는 상품별 위험보험료와 위험보험금의 차이로 발생한 이익을 계약자에게 환원하는 배당을 말하며, 보험연도 말 현재 1년 이상 유지된 유효한 계약을 대상으로 통상적으로 연간 위험보험료에 위험률차 배당률을 곱해 산출한다.

(3) 사업비차 배당

이는 상품별 예정사업비율과 실제사업비율의 차이로 인하여 발생한 이익을 계약자에게 환원하는 배당을 말하며, 보험연도 말 현재 1년 이상 유지된 유효한 계약을 대상으로 통상 보험가입금액이나 예정사업비에 사업비차 배당률을 곱하여 산출하며, 사업비차 배당률은 예정사업비율에서 사업비차 배당기준율을 차감한 율이다.

(4) 기타

생명보험에 있어서 6년 이상 유지한 장기유지계약을 대상으로 경과년수에 비례하여 배당금을 지급하는 장기유지특별배당과 자산재평가로 인한 재평가차익 중에 감독 당국이 정한 방법에 따라 계약자에게 배당하기 위하여 적립되는 재평가특별배당이 있다.

5) 지급방식

이의 방식으로 보험료 상계방식이 있는데 이는 장래 납입할 보험료에서 계약자배당금을 차감하여 상계하는 방법으로, 상계 후의 보험료는 매년 저렴해지는 이점이 있으나 사무처리가 다소 복잡한 단점이 있다. 다음으로 현금지급방식이다. 이는 계약자배당금이 발생할 때마다 현금으로 지급하는 방법으로, 장래 납입할 보험료와의 상계가 부자연스럽거나 업무상 번잡스런 경우에 사용하는 방식이다. 세 번째로 사내유보 적립방식으로 대부분 국내에서 적용되는 방법으로 매년 발생되는 배당금을 회사가 정한 이율로 부리하여 적립하는 방식으로, 원리금을 회사에 유보하였다가 계약이 소멸할 때 보험금이나 환급금, 연금 등을 지급할 경우에 배당금과 이자를 가산하여 지급하는 방식이다. 네 번째로 보험금증액 등 대체방식이다. 이는 계약자배당금으로 보험가입금액을 증액하거나 그 자금을 별도의 다른 계약에 가입하도록 하는 방법으로, 계약 획득이 용이하고 자동가입으로 역선택 문제가 발생하지 않는다는 장점이 있으나, 금액이 적고 매 발생마다 배당금을 보험금에 대체하여야 하므로 사무처리가 복잡하다.

chapter 10

손해보험

The Core Theory and Practice of the Insurance Industry

1. 손해보험의 개요

1) 의의

손해보험은 개인 또는 기업의 활동 중에 장래 우연히 발생할지도 모르는 상해, 재산손해 및 제3자의 배상책임 등의 위험을 담보할 것을 약속하는 계약이다. 손해보험에서 담보하는 위험은 기본적으로 다음 요건을 충족해야 한다. 첫째, 다수의 동질적인 순수위험이어야 한다. 그 이유는 서로 독립적인 위험이 다수 존재하여야만 대수의 법칙을 이용하여 손실을 예측할 수 있으며 보험료를 계산할 수 있다. 동질성을 갖는다는 것은 위험이 동일한 확률분포를 갖는 확률변수이어야 함을 의미한다. 둘째, 손실발생이 우연적이고 고의성이 없어야 한다. 이러한 이유로는 보험계약자의 고의나 사기의도가 개입되면 기타 선의의 피해자가 발생하고 신의성실의 원칙을 위반하여 보험회사를 속이기 때문이다. 한편, 건물의 감가상각처럼 미래에 확실하게 발생하는 손실은 보험에 가입할 필요를 못 느낀다. 셋째, 손실은 확정적이고 측정 가능해야 한다. 흔히 보험대상이 될 수 있는 손실은 그 발생 원인이나 발생한 시간과 장소, 손실의 크기 등을 명확히 식별하고 측정할 수 있는 것이어야 한다. 그 이유는 손실이 명확하지 않을 경우에는 보험료산출이 불투명하고 그런 손실에 대한 상품을 조립할 수 없기 때문이다. 넷째, 손실이 너무 거대하거나 작지 않아야 한다. 천재지변으로 인한 손실 등 손실의 규모가 재난적일 만큼 과도하여 보험회사의 능력으로 도저히 보상할 수 없을 정도의 위험과 너무 작은 위험은 보험회사가 인수할 수 없다. 다섯째, 경제적으로 부담 가능한 보험료이어야 한다. 보험료 계산이 가능하다 하더라도 보험료수준이 지나치게 높지 않아 보험가입자가 경제적으로 부담할 수 있을 정도의 보험료이어야 한다. 그렇지 않으면 보험 상품이 판매되지 않기 때문이다.

2) 기본원리[1]

손해보험도 마찬가지로 보험의 근본적인 원리인 대수의 법칙이 적용된다. 이에 따라 개개인의 우연한 사고의 발생유무 또는 발생 시기 등은 불확실하지만 다수의 경제주체가 보험단체 또는 위험집단을 구성할 때는 대수의 법칙에 의해 우연한 사고의 발생을 예측할 수 있게 되는 것이다. 두 번째로 수지 상등의 원칙이다. 이는 대수의 법칙에 의해 파악된 사고발생 확률을 가지고 장래 수입될 보험료의 현재가치와 장래 보험사고로 지급될 보험금의 현재가치를 일치하도록 하는 원칙이다. 세 번째로 급부/반대급부 균등의 원칙이다. 이는 보험계약자가 부담하는 보험료는 가입자 개개인의 위험도에 비례하여 장래 보험사고 발생 시 보험자가 지급할 보험금의 수학적 기대치와 일치하여야 한다는 원칙이다. 수지 상등의 원칙이 한 개 종목 또는 전체 종목에서 보험가입자 전체와 보험자 사이의 관계를 파악한 것이라면, 급부 반대급부 균등의 원칙은 보험자와 개개의 보험가입자 사이의 관점에서 파악한 것이다.

---

1) 손해보험의 보험자는 피보험자가 실제 입은 손해만을 보상한다는, 즉 실손 보상의 원리가 그 본질이며 이를 근거로 보험의 기본원리가 적용된다.

3) 손해보험 사업의 특성

손해보험 사업의 주요 특성으로 위험인수 및 손해사정 기술이 가장 우선시 된다. 이는 손해보험은 단위당 위험이 커 위험인수와 보험사고 발생 시 위험에 대한 합리적인 손해사정기술이 경영성과에 바로 영향을 미치기 때문이다. 따라서 이의 지속적인 관리가 아주 중요하다. 두 번째로 손해보험은 기업형 보험이 대다수이며 보험기간도 단기적이다. 일반적으로 손해보험은 생명보험의 불특정 다수인 개인을 상대하기보다는 대부분이 기업성이 강하며 보험기간이 1년이 대부분인 단기적인 상품이 주류를 이룬다. 세 번째, 재보험이 활발하고 따라서, 국제적인 거래가 많다. 손해보험은 인수위험이 상대적으로 커 적절한 위험분산을 통한 경영의 안전성을 확보해야 하므로 재보험이 필수적으로 검토되어야 하며 대부분 Pool형태로 국제적인 거래가 빈번하다.

2. 손해보험 분류

1) 사업형태상 분류[2]

(1) 화재보험

화재보험은 화재로 인한 직접손해, 소방손해, 피난손해를 보상하는 보험으로, 고의 또는 중과실에 의한 손해, 화재 시 도난 또는 분실로 인한 손해는 보상하지 않는다. 일반적으로 화재보험은 화재로 인한 물적 손해를 담보하지만, 그 이외에도 화재로 인한 기업휴지 시에 상실한 영업이익을 보상하는 기업휴지보험 등도 대상이 된다.

---

2) 미국의 경우에는 화재보험, 해상보험, 특종보험, 종합보험, 신용본드 및 보증본드로 분류하고 있다.

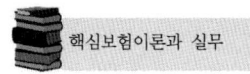

(2) 해상보험

해상보험은 해상사업에 관계되는 모든 사람들의 재산을 항해에 관련된 위험으로부터 보상하기 위한 보험이다. 항해에 관련된 위험이란 해상고유의 위험인 침몰, 좌초, 파선 등뿐만 아니라 도난, 해적, 나포, 선원의 악행 등 인위적 위험까지 포함된다. 또한 항해 위험 외에 선박 건조 중 위험과 양륙 후 육상운송 중의 화물위험까지도 담보한다.

(3) 자동차보험

이는 자동차를 소유, 사용 또는 관리하는 동안에 발생한 사고로 인하여 생긴 손해를 보상해 주는 보험으로 가입이 의무화되어 있는 책임보험(대인배상 Ⅰ)과 임의로 되어 있는 임의보험(대인배상 Ⅱ, 대물배상, 자기신체사고, 자기차량손해, 무보험 자동차 상해)으로 구분된다.

(4) 보증보험

보증보험이란 보험자가 보험료를 받고 채무자인 보험계약자가 채권자인 피보험자에게 계약상의 채무불이행 또는 법령상의 의무불이행으로 손해를 입힌 경우에 그 손해를 보상하여 주는 보험이다. 이는 채무자의 신용을 보강하는 측면에서 신용보험과 유사하다. 그러나 신용보험은 보험계약자가 동시에 피보험자로서 피보증인의 채무불이행 등 손해를 보상받기 위하여 체결하는 자기를 위한 보험이기 때문에 타인을 위한 보험형태의 보증보험과는 구별된다.

(5) 장기보험

손해보험에 있어서 보험기간이 통상 1년 이내인 것을 일반손해보험이라 하는데 이것과 구분하여 보험기간이 3년 이상인 것을 장기손해보험이라 하며 이는 일반손해보험의 장점과 만기 시 만기환급금을 지급받을 수 있는 저축기능을 결합한 형태이다. 이는 일반보험 가입자의 사고가 없으면 손해라고 생각하는 불만을 줄여 주고, 모집조직의 소득수준을 안정시켜 줄 필요에 의해 개발, 판매되었다. 한편, 이 보험도 시장규모가 확대됨에 따라 상품이 다양화되고 있으나 기본적으로 장기화재보험, 장기상해보험, 장기종합보험으로 구분된다.

(6) 특종보험[3]

특종보험은 화재보험, 해상보험, 자동차보험, 보증보험, 장기보험에 속하지 않는 모든 손해보험의 영역을 포괄하는 보험이다.

2) 보험가입금액에 따른 분류

(1) 보험금액과 보험가액

보험금액이란 계약당사 간의 합의에 의하여 약정한 보험급여의 최고한도액을 의미하며, 보험가액이란 보험자가 지급해야 할 발생손해의 법정 최고한도액을 말한다. 즉 생명보험과 같은 정액보험의 경우 보험금액은 보험계약 체결 시에 약정한 금액으로 보험자가 지급해야 할 보험계약상의 최고한도액이며, 보험가액은 손해보험에서만 발생하는 개념으로 보험목적에 대한 피보험이익을 금전적으로 평가한 가액이다.

한편, 보험금액과 보험가액은 일치하는 것이 보통이지만 양자의 개념이 다르고 또한 보험가액은 그 결정이 곤란하고 항상 변동하는 것이기 때문에 계약체결의 신속성을 위하여 당사자 사이에 임의로 정하는 보험금액과 일치하지 않는 경우가 생긴다. 이때 양자의 차이를 비교하여 전부보험, 일부보

---

3) 이는 재해보험 또는 일본의 경우 신종보험이라 부른다. 이 보험은 일반적으로 그 성격이 다양하고 광범위한 보험분야로서 화재, 해상 및 생명보험 등을 제외한 보험을 모두 특종보험으로 간주하기도 한다.

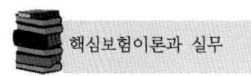

험, 초과보험, 중복보험으로 구분한다.

(2) 전부보험

보험금액과 보험가액이 일치하는 경우로서 별도 특약조건이 없는 한 손해액 전부를 보상한다.

(3) 일부보험

이는 보험금액이 보험가액에 미달하는 경우로 보험사고 발생 시 보험자는 보험가액에 대한 보험금액의 비율로 보상한다.

(4) 초과보험

초과보험은 보험금액이 보험가액을 현저하게 초과하는 보험으로 당사자가 선의인 경우, 보험자는 보험금 감액을 청구할 수 있고, 보험계약자는 보험료 감액청구를 할 수 있으며, 사기에 의한 초과보험은 무효이다.

(5) 중복보험

이는 보험계약자가 동일한 피보험이익, 동일한 보험사고에 대해 다수의 보험자와 보험계약을 체결한 경우에 보험금액의 합이 보험가액을 현저하게 초과하는 보험이다. 당사자가 선의인 경우, 각 보험자는 각자의 보험금액의 비율에 따라 보험금액 한도 내에서 보험책임을 지며, 사기에 의한 중복보험은 역시 무효이다.

3) 실정법상의 분류

(1) 상법상 분류

현행 상법상 손해보험은 화재보험, 운송보험, 해상보험, 책임보험[4]으로 분류하고, 인(人)보험으로는 생명보험, 상해보험으로 분류한다.

(2) 보험감독법상 분류

현행 보험감독법상 손해보험은 화재보험, 해상보험, 특종보험, 자동차보험, 보증보험, 장기보험의 6가지로 분류하고, 참고로 생명보험은 개인보험과 단체보험, 그리고 제3보험으로 분류한다. 한편, 개인보험은 다시 사망보험, 생존보험, 생사혼합보험, 연금보험으로 구분하고, 단체보험은 저축성보험, 보장성보험으로 구분한다. 그리고 제3보험은 상해보험, 질병보험, 간병보험으로 나뉜다.

3. 손해보험계약상의 특성

1) 피보험이익

(1) 개념

이는 '어떤 물건에 우연한 사고가 발생함으로써, 어떤 사람이 손해를 입을 위험이 있는 경우에 그 사람과 그 물건 사이에 개재하는 이해관계'를 말한다. 즉 피보험자가 보험목적에 대하여 가지는 경제적 이해관계로 우리나라 상법에서는 이를 '보험계약의 목적'이라고 표현하고 금전으로 산정할 수

---

4) 이는 피보험자가 보험기간 중 발생된 사고(피보험자의 과실 등)로 타인에게 손해를 입힘으로써 법률상 손해배상책임을 부담하게 될 때에 그러한 배상책임손해를 보상하는 보험이다.

있는 이익으로 한정하고 있다. 따라서 피보험이익이 없는 손해보험계약은 보험이 아니고 단지 도박일 뿐이다. 한편, 생명보험의 경우 일반적으로 피보험이익이 존재하지 않는데 그 이유는 인간의 생명이나 신체의 가치는 금전적으로 산정할 수 없기 때문이다. 한편, 피보험이익은 계약의 성립요건이며 계약을 유효하게 존속시키는 요건으로서, 계약 체결 시에 피보험이익이 존재하지 않으면 그 계약은 무효이고, 보험기간 중에 소멸하면 실효되기 때문에 손해보험에서는 가장 중요시한다. 또한 피보험이익은 보험계약의 대상인 재화를 의미하는 보험의 목적과는 구별되며, 보험목적이 동일하더라도 피보험이익이 다르면 별개의 보험계약이 된다.

(2) 피보험이익의 요건

피보험이익을 구성하기 위해서는 다음의 세 가지 필수조건이 충족되어야 한다. 첫째 적법성이다. 피보험이익은 법률에 의하여 인정된 적법한 이익이어야 한다. 왜냐하면 적법하지 못하면 공서양식에 반하기 때문이다. 따라서 적법성이 결여된 경우 피보험자의 선의나 악의 여부를 불문하고 보험계약이 무효가 된다. 두 번째 피보험이익은 금전으로 산정할 수 있어야 하는 경제성이다. 따라서 종교적 가치나 정신적 가치는 피보험이익이 될 수 없으나, 영업상의 이익 등은 피보험이익이 될 수 있다. 세 번째 피보험이익의 확정성이다. 이는 계약체결 당시에 반드시 확정되어야 하는 것은 아니지만[5] 최소한 보험사고가 발생하기까지 확정되어야 한다. 미확정된 것은 보상이 불가능하기 때문이다.

(3) 피보험이익의 효용

보험자의 책임은 손해액을 초과할 수 없으므로 보험금액은 보험가액을 초과할 수 없다. 따라서 피보험이익은 보험자의 책임한도를 결정하는 중요한 기준이 된다. 그리고 동일한 보험목적에 대하여 다수의 피보험이익이 생길

---

5) 손해보험은 손해발생 시 존재해야 하며, 생명보험은 보험계약 개시시점에 존재해야 한다.

수 있으며 피보험이익이 다르면 모두 별개의 보험계약이다. 따라서 피보험이익은 보험계약의 동질성을 식별하는 중요한 기준이 된다. 보험사고가 발생하여도 피보험자는 피보험이익의 평가액, 즉 보험가액을 초과하는 금액의 취득은 불가능하므로 피보험이익은 보험계약의 사행성으로 인한 보험의 도박화를 막고 인위적 사고의 유발을 방지한다. 예를 들면 부정직한 자들이 타인의 재산이나 생명을 보험에 가입할 수 있으며, 그 재산의 손해나 타인의 조기사망을 기대하게 될 것이다. 또한, 피보험이익은 초과보험과 중복보험 등을 판단하는 기준이 되어 고의인 경우 계약을 무효화하여 보험을 이득 획득 수단으로 이용하지 못하도록 하고 있다.

(4) 피보험이익의 평가

① 기평가보험
보험계약 체결 시 당사자 간 미리 보험가액에 대해 합의가 이루어진 보험으로 이는 이미 객관적인 자료가 있고 사고발생 시 보험가액과 큰 차이가 나지 않는 선박보험, 항공보험 등에 주로 사용되며, 당사자 간 분쟁을 피하고 신속히 평가가 가능하다.

② 미평가보험
보험계약 체결 시 평가를 하지 않은 보험으로 사고발생 시의 가액이 보험가액이 되며, 이의 산정은 사고가 발생한 때와 장소의 가액으로 함을 원칙으로 한다.

2) 보험자대위[6]

이는 보험금을 지급한 보험자가 보험의 목적 또는 제3자에 대하여 보험계

---

6) 대위란 '어떤 자의 타인으로의 대체'를 의미하며 이 개념은 로마법에 유래되었으며, 18세기 말경 영국의 대다수 개별적인 법률관계에서 대위의 권리가 인정되었으며, 그 후 손해보험에 도입되었다.

약자나 피보험자가 가지는 권리를 법률상 당연히 취득하는 것을 의미하며, 보험목적에 대한 대위와 제3자에 대한 대위로 구별되고 본 제도는 손해보험에서만 인정되고 인(人)보험에서는 금지되고 있다. 보험목적에 대한 대위, 즉 잔존물 대위는 보험목적이 전부 멸실되어 보험자가 보험금액 전부를 지급한 때로부터 보험자에게 권리가 이전되는 것을 말한다. 한편, 제3자에 대한 대위, 즉 청구권 대위는 제3자로 인한 손해가 발생한 경우이며 보험금액을 지급한 범위 내에서 권리가 행사된다.

3) 보험 위부

이는 특정한 보험사고, 즉 보험의 목적이 전부 멸실한 것과 동일시할 수 있는 일정한 사유가 발생한 경우에 피보험자가 보험목적에 대하여 가지는 모든 권리를 보험자에게 양도하고 보험금액 전부를 청구할 수 있는 해상보험 특유의 제도이다. 이러한 제도는 선박의 행방불명과 같이 피보험자가 현실전손이 되었다는 것을 입증하기가 곤란한 경우에 선박이라는 보험목적에 대한 권리를 이전시키고 전손금(全損金)에 대한 청구권을 취득하게 함으로써 피보험자의 불안정한 지위를 벗어나게 해 주자는 취지에서 도입되었다.

4. 손해보험 설계[7]

1) 설계 프로세스(Process)

손해보험 설계는 그 다양성으로 인해 정형화된 프로세스를 설정하기가 어

---

7) 안용운, 이준승 외(2006). pp.466 - 476. 요약정리

려우며 대체적으로 위험요소를 분석하고 이런 위험이 어느 정도 영향을 미치는지에 따라 치명적 위험, 중요한 위험, 일반적 위험으로 분류하여 각각에 대하여 처리방법을 선택하고 이를 실행하는 단계로 구분한다.

2) 설계사례

(1) 1단계: 고객정보(자영업자) 파악

- 자영업자 가족: 배우자, 자녀 1명(초등 2학년 남), 아파트 34평형 거주
- 식당운영: 4층 건물의 1층 25평, 보증금 1억 원, 월세 40만 원, 종업원 3명
- 주요 물품: 대형냉장고, 오토바이 2대, 6인승 소형차 보유

(2) 2단계: 위험요소 분석

- 인적 위험: 생명보험에서 설계
- 재산위험: 보유한 물품의 파손, 도난, 폭발, 붕괴, 침수 등의 직접적인 손해와 이로 인한 식당휴업 등 간접적 손해로 구분
- 배상책임위험: 건물주, 관리물, 음식물, 종업원 과실 등에 대한 배상책임

(3) 3단계: 위험평가 및 처리방법 선택

2천만 원 이내는 일반적 위험, 2천만 원 이상 1억 원 미만은 중요한 위험, 1억 원 이상은 치명적 위험으로 분류하기로 결정한다.

(4) 4단계: 위험관리계획의 실행

해당 위험별 처리방법에 대한 대체상품과 기 가입 여부를 체크한 이후 우선순위를 설정하여 실행한다.

(5) 5단계: 평가 및 검토

보험 가입 후 고객의 위험 변경, 재산 증가 등 부보된 위험에 영향을 미치는 다양한 요소의 변경사항을 확인하고 당초 계획대로 수행되는지에 대해 평가하고 조언한다.

표 10-1➡ 위험평가 예시

위험평가	위험노출	추정최대손실		처리방법	
		현재가액	재도달가액	위험축소	위험 이전
치명적 위험	임차보증금 미반환		1억 원	정기점검, 전세권설정, 일부 월세 전환	임차보증금 보장보험
	주택 화재, 폭발 등	9천만 원	1억 2천만 원	정기점검 및 소화기 설치	주택화재보험
	식당 화재, 폭발	3억 2천만 원	5억 5천만 원		임차자 배상책임보험
	자동차로 타인 피해유발		무한	정기점검 및 안전운행	자동차보험
	오토바이로 타인 피해 유발		무한		
	음식물부패로 피해		무한	위생관리	음식물배상책임 보험
중요한 위험	가족의 상해		인당 1천만 원	안전의식	상해보험
	식당화재로 휴업손해		2천 5백만 원	정기점검	휴업보상보험
일반적 위험	냉장고 파손	3백만 원	1천만 원	정기점검 및 안전운행	동산종합보험
	자동차 파손, 도난	5백만 원	8백만 원		자동차보험
	오토바이 파손, 도난	2백만 원	3백만 원		
	집기비품 파손, 도난	2백만 원	5백만 원		주택화재보험

(출처: 안용운·이준승 외(2006). pp.468-469)

chapter **11**

연금제도

The Core Theory and Practice of the Insurance Industry . . . .

The Core Theory and Practice of the Insurance Industry

연금제도

The Core Theory and Practice of the Insurance Industry

1. 우리나라 노후보장 체계

1) 의의

연금제도는 경제석인 안정을 도모하기 위한 여러 가지 제도 중 특히 노후생활의 경제적 안정을 확립하기 위하여 만들어진 사회복지제도이다. 이러한 연금제도는 개인, 기업, 국가라는 세 주체가 함께 개인의 노후생활에 대한 보장을 책임질 수 있도록 하는 3층 사회보장제도의 근간을 이룬다. 한편, 3층 보장에 의한 노후소득보장체계는 국가, 기업 및 개인 3자 간의 부담을 체계화하여 상호 보완관계를 유지시키는 것이며, 이의 핵심은 3가지 연금제도, 즉 국민연금, 퇴직연금, 개인연금으로 이루어진다. 연금제도의 주요 내용을 정리하면 다음 <표 11-1>과 같다.

표 11-1 ➡ 연금제도의 주요 내용

책임주체	준비수단	비용부담
개인	개인연금	개인
기업	퇴직연금	기업주
국가	국민연금	국가, 기업주, 개인

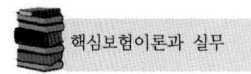

2) 3층 사회보장제도

(1) 공적(사회) 보장

공적(사회)보장은 국가가 국민의 생존권을 확보하려는 것으로, 그 근거는 사회연대원리에 입각한 헌법상의 국가의무와 생존권의 보장에 있으며 공적 연금과 공적 부조가 중요한 수단이 된다.

(2) 기업보장

기업의 사회적 책임원리가 작용하고 있으며 그 수단은 기업의 복지계획 일환인 퇴직금, 퇴직연금, 단체보험 등이 주축을 이루며, 기업의 사회적 보장원칙과 종업원에 대한 급여의 후불지급에 입각하여 비용은 사용자가 부담하는 것이 일반적이며 정부는 세제혜택 등을 통하여 도움을 주게 된다.

(3) 개인보장

개인보장은 자조노력을 통하여 개인 스스로 노후보장을 마련하는 것으로 생활에 대한 자기부담의 원칙에 입각한 개인보장이며, 구체적인 보장수단으로는 (개인연금)보험, 저축 등으로서 이 역시 정부는 세제혜택 등을 통하여 개인의 자조노력을 지원하게 된다.

2. 국민연금

1) 의의

국민연금제도는 1988년 1월부터 시행되었으며, 1995년 7월부터는 농어민까지 확대하여 시행되었고, 기본적으로 가입자가 은퇴할 경우에 노령연금, 장해 시 장해연금, 사망한 경우에 유족연금 등 공적연금을 지급하는 제도이다. 이의 가입대상으로는 시행초기에는 국내에 거주하는 18세 이상 60세 미만의 5인 이상 사업체의 근로자와 고용주를 대상으로 하는 강제가입과 가입희망자를 대상으로 하는 임의적용제도를 실시하였으나, 1999년 4월부터 전국민[1]을 대상으로 의무가입제도를 확대 실시하고 있다. 다만, 공무원연금법, 군인연금법, 사학연금법의 적용을 받는 가입대상은 제외한다.

2) 특징

(1) 소득 재분배[2]

최종보수 대비 연금수급액의 비율이 저소득층일수록 높아 저소득계층이 상대적으로 유리하며, 또 가입기간에 따라 연금액이 증액되므로 장기가입자가 유리하다. 특수직연금은 최종보수를 기준으로 가입기간에 따른 일정률을 곱하는 소득비례제도인 반면, 국민연금은 모든 가입자들의 평균보수를 기준으로 하는 균등부분과 가입자 개인의 가입기간 중의 소득수준을 평균하여 계산한 보수 비례부분을 합산한 혼합제도이다. 따라서 본 제도는 고소득층으로부터 저소득층으로 소득을 재분배하는 기능이 있다.

---

1) 외국인의 경우도 내국인과 동등하게 국민연금에 가입하면 동일한 혜택을 누릴 수 있다.
2) 이는 현재세대내의 고소득에서 저소득으로 재분배되는 '세대 내 소득재분배'와 미래세대가 현재의 노인세대를 지원하는 '세대 간 소득재분배'로 나뉜다.

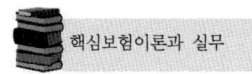

(2) 실질가치 보전 및 세제상의 특전

연금수급권자는 연금을 주요 소득으로 생계를 꾸려 가야 되므로, 실질가치가 보전되도록 임금 및 소비자물가와 연동시켜 연금액이 결정된다. 또한 기업 측이 부담하는 부담금에 대해서는 법인세 또는 소득세법에 의해 손비 또는 필요경비로 인정된다. 노령연금, 장해연금 등과 반환일시금에 대해서는 소득세, 주민세가 면제되며, 유족연금과 사망으로 인하여 지급되는 반환일시금에 대해서는 상속세가 면제된다.

3) 문제점

주요 문제점으로는 우선 시행초기부터 본 제도 자체가 저부담, 고급여의 구조로 설계됨에 따라 갹출금액에 비하여 급부수준이 지나치게 높아 국가가 연금지급을 위해 적립하고 있어야 하는 책임준비금이 급속도로 줄어들고 있다는 점이다. 두 번째로 저출산 현상이 심화되고 평균수명이 계속적으로 연장되어 연금급여를 받아야 하는 노인인구의 비중은 늘어나는 반면, 보험료를 부담하는 노동인구의 비중은 계속 줄어들고 있는 인구사회적인 변화가 상당히 빠르다는 것이다. 세 번째, 국민연금 자산에 대한 중장기적인 투자전략이 공정하고 투명하게 수립, 운영되지 않고 있다는 점이다. 이는 연금재원의 급속한 고갈을 초래할 수 있어 상당한 논의가 요구되는 부분이다.

3. 퇴직연금

1) 의의

통상 근로자의 퇴직금은 퇴직할 경우 3개월간의 평균임금에 근무 연수 이상에 해당하는 지급률을 곱하여 산정하고, 이는 회사 내 적립 또는 회사 외 적립하는 방법이 있다. 그런데 정부에서는 퇴직금의 안정성 확보를 위해 사외적립을 유도하고 있으며, 세법상 손비인정이 가능한 사내 퇴직급여충당금 누적액 한도를 퇴직급여 추계액의 40%로 제한하고 있다. 한편, 사외적립제도는 보험회사의 퇴직보험과 은행 및 투신의 퇴직일시금신탁에 가입하면 세법상 손비인정을 받을 수 있고 근로기준법에 근거하여 퇴직금 제도를 설정한 것으로 인정하고 있다. 현행 퇴직금제도는 1961년 근로자의 노후소득보상을 위해 도입하였으며, 국민연금과 고용보험의 도입과정에서 기능이 중복되고, 퇴직 일시금으로 지급되기 때문에 지급보장성이 약화되고, 또한, 퇴직 중간 정산제도 실시로 퇴직금의 노후보장 효과가 미흡하여 2005년 12월 1일부로 퇴직연금제도[3]가 도입, 운영되고 있다. 동 제도는 확정급여형(DB; Defined Benefit)과 확정기여형(DC; Defined Contribution)으로 크게 나뉘며 5인 이상 기업은 현행 퇴직금제도와 병행하여 세 가지 형태 중 근로자 동의 하에 하나 이상을 선택하여 운영해야 한다. 이를 도해하면 다음 <그림 11-1>과 같다.

---

[3] 퇴직연금보험료는 개인연금과는 달리 단체보험이기 때문에 예정탈퇴율과 예정승급률이 추가적으로 사용된다.

그림 11 - 1 ➡ 퇴직연금 운영체계

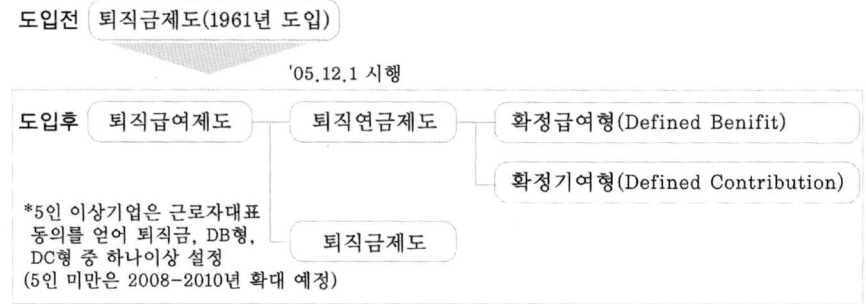

2) 도입형태

　퇴직연금 도입형태는 크게 네 가지로 구분할 수 있다. 첫째 퇴직연금을 도입하지 않고 현행 퇴직금 제도를 존속하는 방법이다. 이는 법적으로 문제는 없으나 사내 충당하는 퇴직금의 손비 인정한도가 지속 축소될 예정이어서 궁극에는 퇴직연금제도로 변경될 수밖에 없다. 두 번째는 퇴직금과 퇴직연금 제도를 병행하는 방법으로 과거에 기 적립된 퇴직금은 그대로 유지하되 신규로 도입되는 퇴직연금은 해당기간에 대해서만 적용하는 방법이다. 퇴직연금의 도입취지를 명확히 이해 못하는 사업장에서는 두 번째 방법이 유용하다. 세 번째는 기존의 퇴직금을 중간 정산하는 형태로 청산하고 퇴직연금을 도입하는 방법이다. 동 방법은 일시에 퇴직목돈이 필요한 급한 사정이 있는 경우에 적합하다. 네 번째는 기존의 퇴직금 제도를 100% 퇴직연금제도로 전환하는 방법이다. 동 방법은 과거 근무분에 대한 비용은 일정 기간 동안 상각해야 하는 부담이 있다. 이를 도해하면 다음 <그림 11 - 2>와 같다.

그림 11-2 ➡ 퇴직연금 도입형태

Case	운영형태		비고
	과거근무시간	미래근무시간	
현행 퇴직금제도 유지	퇴직금		-법적으로 문제는 없으나 사내 충당금에 대한 손비 인정한도 가 지속적으로 축소될 예정(현 행 40%→30%)
퇴직금과 퇴직연금 병행	퇴직금	퇴직연금	-과거 분은 기존 퇴직금제도로 유지 -도입 후 근무기간에 대해서만 퇴직연금제도로 지급
퇴직금 중간정산 후 퇴직연금 도입	퇴직금	퇴직연금	-기존퇴직금제도는 제도 도입 시 모두 청산하고 퇴직연금제 도(DB 또는 DC형)도입
퇴직금을 100% 퇴직연금제도로 전환	퇴직연금		-과거 근무분을 포함한 기존 퇴직금 제도를 100% 퇴직연 금으로 전환(과거 근무분에 대 한 비용은 일정 기간 동안 상 각→분담 가능)

3) 운영형태

퇴직연금 운영은 기본적으로 확정급여형(DB; Defined Benefit)과 확정기여형(DC; Defined Contribution)으로 구분된다. 확정급여형은 근로자가 퇴직 시 수령할 퇴직급여가 사전에 확정되는 점에서 기존의 퇴직금 제도와 유사하다. 매년 정기적으로 사용자가 부담하는 금액은 사용자 책임하에 운용되며, 근로자가 퇴직 시 근로자 개인퇴직계좌로 이전이 가능하다. 동 형태는 주로 장기 근무한 경우 선택하면 유리하다. 한편, 확정기여형은 사용자가 부담해야 할 금액을 사전에 정하고 근로자 개인별 계좌에 적립되며 근로자 책임하에 운용되는 형태이다. 따라서 퇴직급여 수준이 확정되지 않는다. 이는 이직이 빈번하거나 연봉제를 실시한 기업 등에서 적합한 유형이다. 이를 표로 정리하면 다음과 같다.

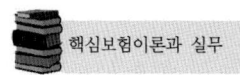

표 11-2 ➡ 퇴직연금 운영형태

구분	확정급여형(Defined benefit)	확정기여형(Defined Contribution)
개념	- 근로자가 퇴직 시 수령할 퇴직급여가 사전에 확정 (사용자의 부담금이 변동)	- 사용자가 부담해야 할 부담금을 사전에 정하여 근로자 개인별 계좌에 적립(근로자의 퇴직급여가 변동)
부담금 납입	- 연금계리 방식을 통해 산출된 부담금을 매년 정기적으로 납입(근로자별 개별계좌 필요 없음)	- 근로자별 연간 임금총액의 1/12 이상을 매년 1회 이상 납입(추가납입 가능하므로 근로자별 개별계좌 필요하며 소득공제 효과)
운용 책임	- 사용자가 운용지시 및 책임 부담	- 근로자가 운용지시 및 책임부담 (직접투자 불가능, 위험자산 편입한도 40%)
급여 수준	- 퇴직금과 동일(일시금 기준) (연금은 가입기간 10년 이상, 55세 이상 시 가능)	- 미정
이직	- 개인퇴직계좌로 이전가능	- 새 회사의 DC형 또는 개인퇴직계좌로 이전가능
특징	- 동일직장에서 장기근무 후 퇴직하는 경우 유리. - 재무상태 양호한 기업에 적합	- 이직이 빈번하거나 연봉제를 실시기업에 적합 (제도이동 용이) * 적립금의 운용책임이 근로자에게 있으므로 이에 따른 가입자 교육이 중요

4. 개인연금

1) 가입요건

만 18세 이상 국내 거주자로, 월 100만 원 또는 분기 300만 원 범위 내에서, 10년 이상 연금을 불입해야 하며, 취급기관은 보험사, 우체국, 공제, 은행, 증권사, 투신사 등이며, 연금은 만 55세 이후부터 지급된다.

2) 세제지원

(1) 연금보험료 소득공제

본 제도는 근로소득자뿐만 아니라 모든 소득자가 공제대상이 되는 조세특

레제한법상의 규정에 의해 세제혜택을 주고 있기 때문에 가입조건, 납입금액, 납입기간 등 적격요건을 까다롭게 두어 운영하고 있으며, 이러한 조건에서 이탈할 때에는 추징세액을 적용하는 엄격한 제한을 두고 있다. 이러한 혜택은 1994년 이전에는 연금보험을 일반보험에 준하여 세제혜택을 부여해 왔었다. 그러나 1994년 6월 20일부터 판매한 개인연금저축(개인연금보험)에 대해서는 보험료 납입 시나 연금 지급 시 모두 세제혜택[4]을 부여받았다. 2001년 1월부터 판매 개시한 연금저축(연금저축보험)에 대해서는 보험료 납입 시 더 많은 세제혜택을 주었으나 연금 지급 시에는 연금액에 대한 소득세를 부과하였다.

개인연금과 연금보험의 세제적격요건으로는 10년 이상의 납입기간, 만 20세 이상부터 가입해야 하며, 매월 100만 이상을 불입하고 만 55세부터 연금을 수령해야 하는 등 요건을 충족해야 한다. 다만 연금보험의 가입은 18세부터 가능하다. 한편, 세제지원은 개인연금은 최대 72만 원 한도로, 연금보험은 240만 원 한도이며 소득세는 개인연금은 비과세되나, 연금보험은 과세되는 특징이 있다. 이를 요약하면 다음 <표 11 − 3>과 같다.

표 11 - 3 ➡ 주요 세제지원 내용

구분		개인연금	연금보험
세제 적격 요건	납입기간	10년 이상	좌동
	가입자격	만 20세 이상(계약자, 피보험자, 수익자가 동일해야 함)	만 18세 이상(계약자, 피보험자, 수익자가 동일해야 함)
	저축형태	매월 100만 원 또는 3개월간 300만 원 범위	좌동
	연금지급조건	만 55세부터 5년 이상 연금으로 지급	좌동
세제 지원 내용	소득공제	저축불입액의 40% (72만 원 한도)	저축불입액의 전액 (240만 원 한도)
	소득세	연금소득 비과세	연금소득 시 과세

---

4) 이러한 세제혜택은 모든 금융기관이 취급기관으로 인가됨으로써 보험사의 연금상품이 독자적으로 사회보장적 기능을 근거로 세제혜택을 누릴지는 불투명해졌다.

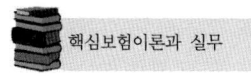

(2) 연금수령 및 일시금 수령 시

개인연금보험의 경우 10년 이상 납입한 후 5년 이상 연금을 수령할 경우에는 그 연금소득에 대하여 비과세한다. 다만 보험금을 일시에 수령할 경우에는 불입기간 10년 이상을 충족한 경우라도 보험차익 과세대상이 된다. 연금저축의 경우 연금액을 수령할 시 연금소득의 5.5%(주민세 포함)를 원천징수한다. 또한 다른 종합소득이 있는 경우에는 종합과세를 원칙으로 한다.

3) 연금보험의 구조

은행의 연금저축과 보험사의 연금보험은 금리를 적용하는 방법은 거의 동일하나, 연금보험만이 위험에 따른 보장을 한다는 점이 다르다. 이 위험에 대한 보장을 위해서는 사망률이 적용되는데 이것이 일반 은행상품과 다른 요소가 된다. 연금보험의 기본구조를 도해하면 다음 그림과 같으며, 제1보험기간은 위험에 대해 보장하는 기간으로 위험보장기간이라 하며, 제2보험기간은 연금이 지급되는 기간이다.

그림 11 - 3 ➡ 연금보험의 기본구조

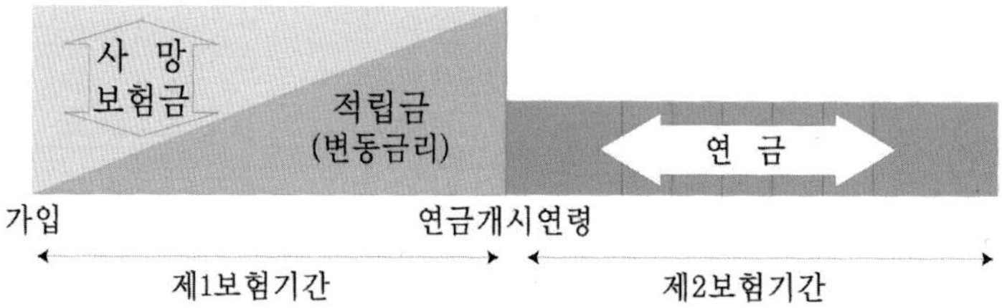

사 망
보험금 / 적립금
(변동금리) / 연 금

가입 / 연금개시연령

제1보험기간 / 제2보험기간

(출처: 미래에셋생명 상품개발 분석자료, 2004)

한편, 연금보험은 세제지원 여부, 적용금리별, 연금수령형태별, 연금형태별, 납입방법별에 따라 구분되는데 이를 정리하면 다음 <표 11 - 4>와 같다.

표 11-4 ➡ 연금보험 종류 [5]

구분	상품종류
세제지원	세제적격상품(개인연금저축, 연금저축), 세제비적격 상품
적용금리	확정금리형상품, 금리연동형상품(공시이율 적용), 실적배당형상품
연금수령	종신형, 확정형, 상속형
연금형태	정액형상품, 체증형상품(물가상승률 및 인플레이션 적용)
납입방법	단기납상품, 일시납(즉시연금보험)상품

연금보험 중 확정 금리형 상품은 크게 세 가지 형태로 구분되는데 우선 기본연금은 자산운용 결과와 관계없이 확정적으로 보장하는 연금이고, 증액 연금은 연금지급 전 발생한 배당금에 의해서 증액된 연금이며, 가산연금은 연금개시 후 발생한 배당금에 의해서 늘어난 연금을 말한다. 한편, 금리연동 형의 연금은 부리이율이 변동되므로 최저보증 연금액이 설정되어 있다.

---

5) 연금의 개시시점에 따라 즉시연금과 거치연금으로도 구분된다.

The Core Theory and Practice of the Insurance Industry

chapter

기타 보험

The Core Theory and Practice of the Insurance Industry

기타 보험

The Core Theory and Practice of the Insurance Industry

1. 사회보험

사회보험이란 국민의 경제적 불안을 야기하는 인적 위험에 대한 국가적 차원의 대비책으로 최저보장을 제공하는 사회보장의 한 형태로 고용보험, 산재보험, 건강보험, 국민연금이 대표적이다. 이 중 국민연금은 제11장 연금제도 부분에서 살펴보았기 때문에 나머지 3가지 형태만 살펴보겠다.

1) 고용보험

이는 실업예방, 고용촉진, 근로자의 직업능력 개발 및 향상은 물론 생활에 필요한 급여를 지급하여 실직근로자의 생활안정 및 재취업을 지원하는 사회보장제도이다. 본 제도는 1995년 7월부터 운영[1]되었으며 크게 세 가지 사업, 즉 고용안정 사업, 직업능력개발사업, 실업급여로 구분된다. 각각의 납입하는 보험료는 고용안정 및 직업능력 개발사업 보험료에 대하여는 사업주가 전액 부담하여야 하나, 실업급여 보험료에 대하여는 노·사가 각각 절반씩 부담하여야 한다. 해당 보험료는 해당 근로자의 임금총액[2]에서 각 사업

---

[1] 도입 당시에는 30인 이상 사업장에만 적용되었다. 이후 1998년 1월에 10인 이상, 동년 3월부터 5인 이상, 2002년 12월부터는 근로자 1인 이상 고용하는 법인까지 확대되었다.

별 보험요율을 곱하여 산정한다. 한편 보험료 산정기간은 통상 매 보험년도 1월 1일부터 12월 31일까지이다. 이러한 고용보험을 통하여 사업주는 기존 인력의 유지 및 신규인력의 채용과 관련하여 고용유지지원금, 재고용장려금, 고령자·여성, 장기실업자장려금 등을 활용하여 인력수급이 가능하다. 또한, 여성근로자가 많은 사업 분야는 직장보육시설과 관련한 지원융자금을 활용할 수 있다.

종업원은 퇴직 시 최단 90일, 최장 240일간 근로당시의 급여대비 50%를 지급받을 수 있다.

2) 산업재해보상보험

이는 산업재해를 당한 근로자에게는 신속한 보상을 하고, 사업주에게는 근로자의 재해에 따른 일시적인 경제적 부담을 덜어 주기 위해 국가에서 관장하는 최초의 사회보험으로 1964년 도입, 500인 이상 사업장에만 적용[3]되었다. 이의 급여는 크게 산재발생 이후의 장해보상 및 요양급여, 근로자가 사망한 경우 장례비 및 유족에 대한 생계비 등의 급여, 산재가 발생한 후 근로자의 휴업 및 취업까지의 생계에 대한 급여로 나뉘며, 재해발생에 따른 손해 전체를 보상하는 것이 아니라 평균임금을 기초로 하는 정률보상 방식으로 지급한다. 한편, 이는 사용자의 무과실책임을 전제로 근로자의 업무상 재해를 보상하는 것으로, 과실 책임을 전제로 하는 민법상의 손해배상과는 다르다. 또한 보험료는 원칙적으로 사업주가 전액 부담한다. 그 외 자진신고 및 자진납부를 원칙으로 하고 재해보상과 관련되는 이의 신청을 신속히 하기 위하여 심사 및 재심사청구제도를 운영하고 있다.

---

2) 사용자가 근로의 대상으로 근로자에게 임금, 봉급, 기타 여하한 명칭으로든지 지급하는 일체의 금품을 말하며 임금 이외의 현물(급식, 정기승차권 등)로 지급되는 임금도 포함된다. 그러나 결혼축의금, 재해위문금 등과 작업상 필수적으로 지급되는 현물급여(작업복 등)와 퇴직금은 산입되지 않는다.

3) 이후 확대, 적용되어 오다가 2000년 7월부터는 근로자 1인 이상 사업장까지 확대되었다.

3) 국민건강보험

이는 국민들의 의료복지를 위한 공적보험으로 강제보험이기도 하다. 본 제도는 1963년에 도입된 이후 일반직장인, 공무원 및 교직원, 농어촌, 자영업자 등으로 분산되어 발전해 오던 중 2000년에 직장가입자와 지역가입자를 근간으로 통합되어 운영되고 있다. 보험료는 직장인과 지역가입자들이 소득 및 재산 등 경제적 능력에 따라 차등적으로 부담한다. 직장가입자는 보수월액[4]에 보험료율을 곱하여 결정하고, 지역가입자는 가입자의 경제적 능력을 참작하여 정한 부과요소별 점수를 합산한 보험료부과점수에 점수당 금액을 곱하여 산정한 후 경감률 등을 적용하여 세대 단위로 부과한다. 이러한 보험료를 재원으로 하여 가입자들에게 요양급여, 건강검진 및 요양비, 장제비 등의 급여를 제공하는 소득재분배 기능이 있다. 그리고 건강보험료는 강제납입이 원칙이므로 그 금액을 줄이는 방법은 없지만 미래의 현금흐름에 문제가 없도록 지출현황을 정확히 파악해야 한다. 또한 보험가입과 급여수급 대상을 정확히 이해하여야 한다. 예를 들어, 직장가입자는 피부양자의 동일주거의 요건에 크게 영향을 받지 않는다. 하지만 지역가입자는 동일세대원외 보험혜택을 받을 수 없다. 또한 사적 건강보험과 조화를 이루어야 한다. 특히 치료가 어렵고 비용이 많이 드는 중대한 질병, 노년의 간병치료비 등에 대해서는 이를 중점적으로 보장하는 보험과 연계해야 한다.

한편, 건강보험의 주요 재원으로는 가입자와 사용자로부터 징수하는 갹출금과 건강증진기금지원금 등이 있으며, 지역가입자에 대한 보험급여비용과 지역가입자의 건강보험 사업에 대한 운영비의 10%에 상당하는 금액을 국민건강 증진법에 의하여 국민건강증진기금에서 국민건강보험공단에 지원하고 있다. 그리고 건강보험관련 주요 당사자로는 국가를 대신하여 건강보험사업을 수행하는 국민건강보험공단, 심사평가원, 요양기관과 보험가입자가 있다.

---

4) 이는 당해연도에 받은 보수총액을 근무월수로 나눈 금액을 말한다.

국민건강보험공단은 가입자와 피부양자의 자격관리, 보험료 부과 및 징수 등 보험재정 관리와 포괄적 업무를 수행하고, 심사평가원은 요양기관이 제공한 의료서비스와 서비스비용의 적정성을 객관적으로 공정하게 심사·평가하여 공단이 지급할 비용을 확정한다. 요양기관은 가입자에 대한 의료서비스를 제공하고, 서비스 비용은 공단과 계약으로 정하며, 보험자가 일방적으로 요양기관을 지정하는 방식에서 요양기관의 범위 및 종류를 구체적으로 법에 규정하는 당연 요양기관 제도로 전환되었다.

4) 민영보험과의 비교

사회보험을 민영보험과 비교하면 우선적으로 운영목적이 서로 다르다. 민영보험은 주로 영리를 목적으로 하는 사기업이 운영하고 있으나, 사회보험은 정부가 독점적, 비영리적으로 운영하기 때문에 판매비용이나 이윤을 고려하지 않아도 된다. 두 번째로 가입의 강제 여부이다. 민영보험은 가입 여부가 가입자의 의사에 따르는 임의보험인 데 비해 사회보험은 법에 의하여 가입이 강제되어 있기 때문에 보험대상이 되는 사람은 누구나 가입하게 함으로써 위험의 역선택을 방지할 수 있다. 따라서 민영보험은 일부 가입자의 자의에 의해 보험가입이 되므로 언더라이팅을 통하여 이를 방지할 필요가 있다. 세 번째 위험에 대한 보장의 크기가 다르다. 사회보험은 최저생활을 보장하는 수준에서 급여가 제공되나, 민영보험은 최저생활 이상의 경제생활을 누리기 위해 개인이 임의로 선택하여 가입하기 때문에 고액보장이 가능하다. 네 번째로 갹출금의 부담이다. 사회보험의 갹출금은 고용주의 단독부담 또는 고용주와 수혜대상자 양자가 공동 부담한다. 반면, 민영보험은 가입자가 전액 부담한다.

다섯 번째, 갹출금과 해당 급부와의 관계이다. 민영보험에서는 가입자가 지불하는 보험료의 정도에 따라 보험계약의 급부가 정해지는 수지 상등의 원칙이 적용된다. 반면, 사회보험은 모든 가입자에게 최저생활을 보장하기 위한 것으로 사회적 배려가 강조되어 급여의 정도가 갹출금에 비례하지 않고 저소득자나 부양가족이 많은 사람일수록 많이 지급되는 소득의 재분배 기능이 있다. 여섯 번째, 인플레이션 시 급여방법의 차이다. 사회보험의 급여방법은 법에 의해 경제상황이 변하면 납부자의 추가적 부담 없이 갹출금을 증액할 수 있으나, 민영보험은 보험료의 추가납입인 경우에만 급여액이 증가된다. 따라서 인플레이션이 심하게 진행되면 민영보험의 경우 보험금의 실질가치가 떨어지게 되지만, 사회보험은 급여액과 연결되어 있어 인플레이션에 대비할 수 있다.

일곱 번째, 보험원가 예측방법에서 차이가 있다. 사회보험의 보험원가는 민영보험에 비해 예측이 어렵다. 사회보험은 출생, 사망, 결혼, 고용, 실업, 장해, 퇴직, 평균소득액, 급여액, 이자율, 인플레이션 등을 비롯하여, 경제적, 인구 통계적, 사회학적 변수들을 고려하여 산정하여야 하기 때문이다. 여덟 번째, 책임준비금 적립에 대한 차이로 민영보험은 장래의 보험금 지급을 위하여 충분한 책임준비금을 적립하여야 하지만, 사회보험은 준비금이 부족할 경우 조세권을 이용하여 부족분을 충당할 수 있기 때문에 사실상 책임준비금이 충분하지 않아도 된다. 아홉 번째, 자산 운용 면에서도 양자는 차이가 있다. 사회보험의 적립기금은 공공성의 원칙에 의하여 투자되어야 하지만, 민영보험은 보다 자유롭게 투자할 수 있어 사회보험보다 수익성이 높은 부분에 투자할 수 있다. 열 번째, 소득재분배 기능의 차이다. 사회보험의 경우 저소득층 가입자들이 그들의 갹출료에 비해 고소득층 가입자들보다 상대적으로 많은 급부를 받게 되어 최저생활이 보장되도록 함으로써 소득재분배 효과가 있다. 반면, 민영보험은 위험의 정도에 따라 지급한 보험료에 상응한 급부를 받게 된다. 따라서 소득재분배 효과가 당연히 없다.

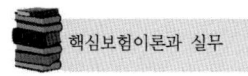
5) 공적 부조와의 비교

사회보험은 필요성 검증을 하지 않고 일정한 조건을 갖춘 사람은 당연히 수혜자가 되는 반면, 공적 부조는 저소득층의 빈곤을 해결하기 위한 사회보장제도로서 급여대상자는 자신의 소득과 재산이 일정수준 이하임을 증명해야 하기 때문에 급여를 받는 것이 불명예가 될 수 있으며 이에는 생활보호제도, 의료보험제도, 국가보훈 등이 있다. 또한, 공적 부조는 급여금액이 수혜자의 재산 상태와 필요성의 기준에 따라 변할 수 있기 때문에 급여액 산정이 사회보험보다 훨씬 어려우며, 그 재원 또한 정부의 일반예산에서 조달된다.

✿ 참고

민영의료보험

민영의료보험이란 운영주체가 국가가 아닌 민영보험회사이고, 상해, 질병 등으로 인하여 실제로 지출된 입원비용과 통원치료비 등의 의료비에 대하여 급부를 보장하는 보험을 말한다. 이의 도입배경을 살펴보면 우선적으로 국가에서 시행하고 있는 건강보험의 재정적자가 지속된다는 점이다. 점차 건강보험의 급여범위가 확대됨에 따라 보험료 수가에 비해 급여비의 과다지출로 재정적자 폭이 커지고 있는 추세이다. 특히, 평균수명의 연장으로 노인인구의 증가와 고가품의 의료장비 확산 등으로 인해서 급여비는 지속적으로 증가추세이다. 두 번째, 과다한 본인부담금이다. 아직까지 우리나라의 의료보험은 보험의 주요기능인 큰 위험이 발생한 경우 이를 실질적으로 담보하지 못하고 있는 실정이다. 그러므로 암과 같은 치명적 질환이나 사고의 경우 가계의 파탄을 초래할 정도이다. 세 번째, 의료서비스에 대한 수요증대를 들 수 있다. 국가전체적인 경제 및 생활수준의 향상으로 의료시설과 서비스 수준이 고급화되고 있으며 고급의료 서비스를 선호하는 환자들이 증가하고 있다.

2. 제3보험

생명보험과 손해보험 중 어느 분야에 속하는지 불명확한 보험을 말하며 이에는 상해·질병·장기간병(개호) 보험이 있다. 이러한 상품은 사람의 신체에 관한 보험이란 점에서 생명보험으로, 그리고 신체에 발생한 비용 손해를 보상한다는 측면에서 손해보험으로도 분류될 수 있어 현행 규정상 별도로 제3보험으로 분류하고 있다. 상해보험은 우연한 외래의 사고로 인한 사람의 신체상해에 대하여 치료비용 및 상해의 결과에 기인한 사망 등의 위험을 담보하는 보험을 말하며, 질병보험은 질병에 걸리거나 질병으로 인한 입원, 수술 등의 위험을 담보하는 보험이다. 다만 질병으로 인한 사망은 보장에서 제외한다. 한편, 장기간병보험은 활동불능 또는 인식불명 등 타인의 간병을 필요로 하는 위험을 담보하는 보험을 말한다.

3. 재보험

1) 의의

재보험이란 보험회사가 인수한 원수보험계약의 보험책임에 대하여 원수보험 계약과는 별도로 보험계약상의 책임 전부 또는 일부를 타 보험회사에게 전가하는 보험계약을 말한다. 즉 보험을 위한 보험이라고 할 수 있다. 본 제도는 스스로의 인수능력을 초과하는 부분에 대하여 타 재보험회사에 출재하여 위험 분산화를 도모하기 위해 마련된 것이고, 불량위험을 타인에게 전가하는 것이 아니다. 이러한 재보험에 관한 법적인 근거는 크게 세 가지 계약설이 있다. 우선 조합계약설로 이는 원보험자와 재보험자가 위험의 분산과 이익의 분배를 공동목적으로 조합계약을 맺는다는 설이다. 두 번째가 원보험 계약설로 원보험자와 재보험자가 보험사고에 대한 계산 기초를 같이한다는 점에서 원보험과 동종으로 간주하는 설이다. 세 번째 책임보험계약설이다. 재보험의 성질을 책임보험 계약의 일종으로 간주하고 손해보험에 속한다는 설로 상법상 책임보험의 규정을 재보험에 준용하고 있다.

한편, 원보험자가 원보험 계약상의 책임의 일부 또는 전부를 다른 보험회사에 전가하는 것을 출재라고 하며, 보험자가 전가 받는 것을 수재라고 한다. 재보험을 출재하는 회사는 출재회사, 원수보험자가 보유하는 부분을 보유한도 또는 순보유라고 한다. 재보험자는 그의 보상책임의 전부 또는 일부를 다시 또 다른 보험자에게 재보험할 수 있는데 이를 재재보험(Retrocession)이라고 한다.

2) 기능

재보험의 가장 중요한 기능은 무엇보다도 위험분산을 통한 인수능력을 높일 수 있다는 것이다. 이러한 재보험을 통하여 원수보험자는 아무리 큰 위험이라 하더라도 인수능력 범위에 해당하는 위험은 자신이 보유[5]하고 나머지는 재보험으로 위험을 분산 처리할 수 있게 된다. 이러한 기능에는 대규모 위험을 인수할 수 있는 양적 분산기능, 위험률이 높은 보험종목의 위험을 인수할 수 있는 질적 분산기능, 공간적으로 분산시킬 수 있는 장소적 분산기능 등이 있다. 두 번째, 보험계약 심사과정인 언더라이팅을 보다 탄력적으로 전개할 수 있어 보험 마케팅능력이 향상된다. 즉 원보험자가 종종 겪게 되는 대규모 재난 손실이나 경기변동에 의한 언더라이팅 손실도 재보험을 통하여 안정화시킬 수 있으며, 따라서 이러한 틈새영역에 대한 마케팅능력도 강화된다. 세 번째, 보험자산운용의 원활화로 재무구조가 개선된다. 원보험자는 재보험을 통하여 자산운용을 통한 투자현금흐름, 수익비용의 개선, 세금 절약, 지급여력비율 개선 등 재무구조가 개선되는데 무엇보다 미래 손실 변동 폭을 일정범위 내로 줄일 수 있어 위험관리를 보다 효율적으로 할 수 있게 된다. 네 번째, 신규 상품개발이 용이하고 재보험을 통한 선진 보험기술을 습득할 수 있다. 재보험자는 정확한 경험통계를 기초로 원보험

---

5) 최근에는 자회사 즉 캡티브(Captive)를 설립하여 모회사의 위험물건을 인수하는 형태가 활성화되고 있다.

자의 보험을 수재하므로, 원보험자는 상품개발을 보다 쉽게 할 수 있게 된다. 또한 국제적인 기술교류를 통하여 보험요율, 보유한도, 보상한도 등 위험선택 기법에 대한 다양한 자문과 서비스를 받을 수 있다.

3) 종류

일반적으로 재보험은 계약절차상의 차이에 따라서 임의재보험과 특약재보험으로 분류되며, 책임분담방법의 차이에 따라 비례재보험과 비비례 재보험으로 분류된다. 임의재보험은 가장 오래된 원시적인 형태로 원보험자가 개별계약마다 자유로이 재보험자를 선택해서 재보험을 청약하여 출재하고, 재보험자는 개개의 위험판단에 의거하여 각개의 재보험청약에 대한 인수 여부를 결정하는 재보험이다. 또한 특약재보험은 개개의 계약건마다 재보험의 교섭을 행하지 아니하고 원보험자와 재보험자 간에 미리 출재 대상계약의 범위, 재보험자의 책임한도액, 담보지역, 처리방법, 재보험수수료 등 여러 가지 담보조건을 정하고 계약내용에 따라 원수계약에 대한 재보험특약을 체결하는 것으로 약정기간 중에 계속적, 자동적으로 재보험을 처리하게 된다. 실무적으로 재보험 거래의 대부분은 특약재보험의 형태로서 비례재보험 특약과 비비례 재보험특약으로 처리되고 있다.

한편, 책임분담방법에 따라 구분되는 비례재보험은 원수보험자와 재보험자가 각각 인수하기로 한 계약금액의 비율에 따라 재보험료가 배분되고, 보험금에 대해서도 동일한 비율로 손실부담액이 정해지는 재보험 형태이다. 그리고 비비례 재보험은 인수한 금액을 기준으로 하지 않고, 원보험 계약에서 발생된 사고의 손해액을 기준으로 원보험자와 재보험자의 책임이 분담된다. 따라서 미리 정해진 손해액을 초과하는 손실액만을 재보험자가 책임지는 형태로 재보험료도 초과손해액의 발생가능성과 규모에 따라 정해지게 되어 있어 원보험자와 재보험자의 책임에 대한 어떠한 비례성도 존재하지 않는 방식이다.

The Core Theory and Practice of the Insurance Industry

부 록

The Core Theory and Practice of the Insurance Industry • • • • • • • • • • • • • • •

The Core Theory and Practice of the Insurance Industry

보험업법 제120조(책임준비금 등의 적립) (1) 보험회사는 결산기마다 보험계약의 종류에 따라 대통령령이 정하는 책임준비금과 비상위험준비금을 계상하고 따로 작성한 장부에 각각 기재하여야 한다.

보험업법 제121조(배당보험계약의 구분계리 등) 보험회사는 배당보험계약에 대하여는 대통령령이 정하는 바에 따라 다른 보험계약과 구분하여 계리하여야 한다.

시행령 제63조(책임준비금 등의 계상) (1) 보험회사는 법 제120조 제1항의 규정에 의하여 장래에 지급할 보험금 환급금 및 계약자배당금(보험금 등)의 지급에 충당하기 위하여 다음 각 호의 금액을 책임준비금으로 계상하여야 한다.

    1. 매 결산기 말 현재 보험금 등의 지급사유가 발생하지 아니한 계약에 대하여 보험종목별 또는 계약기간 경과별로 보험료 및 책임준비금 산출 방법서에서 정하는 바에 따라 계산한 보험료 적립금과 미경과 보험료

    2. 매 결산기 말 현재 보험금 등의 지급사유가 발생한 계약에 대하여 보험금 등에 관한 소송이 계속 중인 계약이나 지급이 확정된 금액과 보험금 지급사유가 발생하였으나 보험금 지급금액의 미확정으로 인하여 아직 지급하지 아니한 금액

    3. 보험회사가 보험계약자에게 배당하기 위하여 적립한 금액

(2) 보험회사가 보험계약을 재보험에 붙인 경우에는 재보험에 붙인 분에 대한 책임준비금은 계상하지 아니하며, 재보험을 받은 보험회사가 이

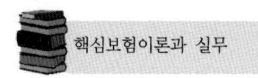

를 계상하여야 한다.

시행령 제64조(배당보험계약의 구분계리 등) (1) 계약자지분의 30% 이내에서 손실보전준비금을 적립할 수 있다.

시행규칙 제29조(책임준비금 등의 계산) (1) 영 제63조 제2항 제1호의 규정에 의한 보험료 적립금은 이미 납입된 순보험료를 기준으로 한 순보험료식에 의하여 계산한 금액보다 적은 금액으로 할 수 없다.

감독규정 제6 - 11조(생명보험 책임준비금의 적립) (1) 보험계약에 대한 책임준비금은 보험료적립금, 미경과보험료 적립금, 지급준비금, 계약자 배당준비금, 계약자이익배당준비금, 재보험료적립금으로 구분하여 각각 적립한다.(유배당 손실보전 준비금)

(2) 보험료적립금은 대차대조표일 현재 유지되고 있는 계약에 대하여 장래의 보험금 등의 지급을 위해 적립하여야 하는 금액으로서 감독규정 제6 - 12조(보험료적립금의 적용이율 및 위험률 등)의 규정에 의하여 계산한 금액으로 한다. 다만, 보험료적립금이 영보다 작은 경우에는 영(Zero)으로 한다.

(3) 미경과보험료 적립금은 회계연도 말 이전에 납입기일이 도래한 보험료 중 차기 이후의 기간에 해당하는 보험료로서 보험료 및 책임준비금 산출 방법서에 의하여 계산한 금액으로 한다.

(4) 지급준비금은 매회계연도 말 현재 보험금 등의 지급사유가 발생한 계약에 대하여 보험금, 환급금, 계약자배당금에 관한 분쟁 또는 소송이 계류 중인 금액이나, 보험금 지급이 확정된 금액과, 보험금지급금액의 미확정으로 인하여 아직 지급하지 아니한 금액으로 한다.

(5) 계약자 배당준비금은 금리차보장준비금, 위험률차 배당준비금, 이자율차 배당준비금, 사업비차 배당준비금, 장기유지특별재당준비금, 재평

가 특별배당준비금으로 구분한다.

(6) 계약자이익배당준비금은 장래에 계약자배당에 충당할 목적으로 법령이나 보험약관에 의해 영업성과에 따라 총액으로 적립하는 금액을 말한다.

(7) 보험계약을 출재한 경우에는 출재금액을 출재보험준비금의 과목으로 하여 책임준비금에서 차감하는 방법으로 표시하고, 수재한 경우에는 출재보험회사가 적립하지 아니한 책임준비금 전액을 재보험료 적립금의 과목으로 하여 적립하여야 한다.

감독규정 제6 – 12조(보험료적립금의 적용이율 및 위험률 등) (1) 보험료적립금은 다음 각 호의 기초율을 적용하여 계산한다.

1. 감독원장이 정하는 이율(표준이율)
2. 감독원장이 정하는 위험률(표준위험률). 다만, 표준위험률이 지정되지 않은 위험률은 보험료산출 시 석용한 예정 위험률

(2) 표준이율이 보험계약이 체결되는 연도의 표준이율을 전 보험기간에 걸쳐 적용한다. 다만, 금리연동형 보험계약의 적립부분은 보험료 및 책임준비금산출 방법서에서 정한 부리이율 중 최고이율을 적용한다.

(3) 제1항의 규정에 불구하고 이율 및 위험률 각각에 대하여 보험료 산출 시 적용한 기초율로 계산한 보험료적립금과 제1항에서 정하는 기초율로 계산한 보험료적립금이 다른 경우에는 큰 금액을 보험료적립금으로 한다.

감독규정 제6 – 18조(손해보험 보험계약준비금) (1) 보험계약준비금은 책임준비금과 비상위험준비금으로 구분한다.

(2) 책임준비금은 지급준비금, 장기저축성보험료적립금, 미경과보험료 적립금, 계약자배당준비금 및 계약자이익배당준비금으로 세분한다.

(3) 장기저축성보험료적립금은 대차대조표일 현재 유지되고 있는 계약에

대하여 장래의 보험금 등의 지급을 위하여 적립하여야 하는 금액으로서 감독규정 제6 - 12조의 규정에 의하여 계산한 금액으로 한다. 다만, 보험료적립금이 영보다 작은 경우에는 영으로 한다.

(4) 미경과보험료는 회계연도 말 이전에 납입기일이 도래한 보험료 중 차기 이후의 기간에 해당하는 보험료를 적립한 금액으로서 산출기준은 감독원장이 정한다.

(5) 지급준비금은 매회계연도 말 현재 보험금 등의 지급사유가 발생한 계약에 대하여 아직 지급하지 아니한 금액으로 보험사고별로 추산하여 산출하거나 통계적인 방법 등을 사용하여 산출하며 산출기준은 감독원장이 정한다.

(6) 비상위험준비금의 적립과 환입사용기준은 다음 각 호와 같다.

  1. 비상위험준비금은 '보험종목별 보유보험료 *예정이익률'의 50% 이상의 금액을 대차대조표일 이전 1년간 경과보험료의 50%에 달할 때까지 매기 누적하여 적립하여야 한다.

  2. 비상위험준비금은 보험종목별(화재, 해상, 자동차, 특종보험, 보증보험, 해외수재 및 원보험의 6개 종목)로 경과손해율이 100%를 초과하는 경우와 이익잉여금을 초과하는 결손이 발생하는 경우 그 초과금액을 환입할 수 있다. 다만, 환입 전의 당기순손실을 초과하지 못한다.

  3. 예정이익률은 기초서류에서 정한 율을 말한다. 단, 수재보험 및 해외원보험의 예정이익률은 2%를 적용한다.

감독규정 제5 - 6조(특별계정의 설정 운용) (1) 보험회사는 법 제108조 제1항 및 영 제52조의 규정에 따라 다음 각 호의 1에 해당하는 보험계약을 특별계정으로 설정 운용하여야 한다.

  1. 조세특례제한법 제86조의 2의 규정에 의한 연금저축생명(손해)보험계약

  2. 근로기준법 제34조의 규정에 의한 퇴직보험계약

  3. 생명보험회사가 판매하는 변액보험계약

4. 조세특례제한법 제86조의 규정에 의한 세제지원개인연금손해보험계약

5. 손해보험회사가 판매하는 장기손해보험계약

감독규정 제6 - 26조(특별계정 계약자적립금의 적립) 특별계정의 계약자 적립금은 다음 각 호의 방법에 의한다.

1. 변액보험은 회계연도 말 개별 특별계정에서 발생한 손익을 전액 보험계약의 계약자적립금으로 적립한다.

2. 원리금보장형은 일반계정의 보험료 및 책임준비금 산출 방법서에 따라 산출한 계약자 적립금을 적립한다.

감독규정 제6 - 3조(신계약비의 이연 및 상각) (1) 신계약비는 보험계약별로 구분하여 실제 신계약비를 이연하되, 보험료 및 책임준비금산출 방법서에서 정한 예정신계약비를 한도로 한다. 다만, 예정신계약비를 초과하는 금액과 신계약비를 조기에 회수할 복적으로 부가보험료의 비율이 보험기간의 초기에 높게 책정되어 있는 경우의 신계약비는 당해 회계연도에 비용처리한다.

(2) 신계약비는 당해 보험계약의 보험료 납입기간에 걸쳐 균등하게 상각한다. 다만, 보험회사별 미상각신계약비가 당해 회계연도 말 순보험료식 보험료적립금과 해약환급금식 보험료적립금과의 차액보다 큰 경우에는 그 초과금액을 당해 회계연도에 상각하여야 한다.

(3) 제2항의 규정에 의한 신계약비의 상각은 보험료 납입기간이 7년을 초과하는 경우에는 상각기간을 7년으로 하며 해약일(해약 이전에 보험계약이 실효된 경우에는 실효일로 한다)에 미상각 잔액이 있는 경우에는 해약일이 속하는 회계연도에 전액 상각한다.

보험업회계처리준칙 제15조(책임준비금)

가. 보험계약을 체결한 경우 장래에 지급할 보험금, 환급금, 계약자배

당금 및 이에 관련되는 비용에 충당하기 위하여 책임준비금을 적립하여야 한다.

나. 재보험계약으로 인하여 재보험사로부터 회수 가능한 금액은 출재보험준비금의 과목으로 하여 책임준비금에서 차감하는 방식으로 표시한다.

다. 책임준비금은 보험료적립금, 지급준비금, 미경과보험료 적립금, 계약자배당준비금, 계약자이익배당준비금 및 재보험료 적립금 등으로 한다.

1) 보험료적립금은 대차대조표일 이전에 체결된 장기보험계약으로 인하여, 대차대조표일 후에 보험계약자에게 지불하여야 할 보험금의 현재가치에서 대차대조표일 후에 회수될 순보험료의 현재가치를 차감한 금액을 말한다.

2) 지급준비금은 대차대조표일 이전에 보험사고가 발생하였으나 보험금액이 확정되지 않은 경우 추정금액을 말한다. 지급보증에 대한 보험계약의 경우에는 대차대조표일 현재 보험사고가 발생하지 않은 보험계약에 대하여도 '28'의 규정을 준용하여 지급준비금을 적립하여야 한다.

3) 미경과보험료 적립금은 회계연도 말 이전에 회수기일이 도래한 보험료 중 차기 이후의 기간에 해당하는 보험료를 말한다.

4) 계약자 배당준비금은 법령이나 약관 등에 의하여 계약자배당(이차배당, 장기유지특별배당, 위험률차배당 등)에 충당할 목적으로 적립하는 금액을 말한다.

5) 계약자이익배당준비금은 장래에 계약자배당에 충당하거나 계약자이익배당준비금 이외의 책임준비금을 추가적으로 적립할 목적으로 법령이나 약관에 의해 영업성과에 따라 총액으로 적립하는 금액을 말한다.

6) 재보험료 적립금은 대차대조표일 이전에 발생한 장기보험계약으로

인하여, 대차대조표일 후에 타 보험회사에게 지불하여야 할 보험
금의 현재가치에서 대차대조표일 후에 회수될 재보험료의 현재가
치를 차감한 금액을 말한다.

(15-1) 책임준비금은 보험계약시점에서 적용 가능한 예정이익률, 예정사망
률(생존율), 예정손해율, 예정상해율, 예정해약률, 예정사업비율 등 기타
많은 가정을 적용하여 계산된다. 이러한 가정들은 '6'의 규정에 의한 보험
료결손이 예상되는 경우를 제외하고는 매기 계속적으로 적용하여야 한다.

(15-2) 보험료적립금은 대차대조표일 이전에 회수기일이 도래한 순보험료
의 대차대조표일의 현재가치에서 대차대조표일 이전에 지급한 보험금의
대차대조표일의 현재가치를 차감하는 방식으로 산정할 수 있다.

(15-3) 지급준비금을 추정함에 있어서 소송이나 중재 등 보험사고 해결과
정에서 발생하는 비용 등을 가산하고, 보험사고의 해결과정에서 취득하
는 담보자산의 매각 또는 구상권 등 기타 권리의 행사로 인한 회수가능
액은 차감한다.

(15-4) 지급보증에 대한 보험계약의 경우 보험사고가 발생하지 않은 보험
계약에 대해서도 지급준비금을 적립하는 이유는 보험사고의 발생이 주채
무자의 부실화와 직접 관련되어 있고, 부실화는 일시에 발생하는 것이
아니라 기간이 경과에 따라 진행되기 때문이다. 즉 대지급은 차기 이후
기간에 발생하더라도 당기에 이미 신용등급의 하락, 수익성 악화 등 주
채무자의 부실화의 징후가 발생하였다면 이를 반영하여 지급준비금을 계
상하는 것이 수익비용대응의 원칙에 비추어 볼 때 타당한 회계처리방법
이다. 따라서 지급보증에 대한 보험계약이라 하더라도 주채무자의 과거
부실화정도와는 직접 관계없이 보험사고가 발생하는 경우의 지급보증계
약에 대하여는 사고발생 전까지는 지급준비금을 적립하지 않는 것이 타
당한 회계처리방법이다. 예를 들어 이행성 보증보험으로서 보험사고가
과거와 관계없이 발생하는 경우에는 지급준비금을 적립할 필요가 없다.

(15-5) 미경과보험료적립금은 일할 또는 월할을 기준으로 계산한다. 다만,

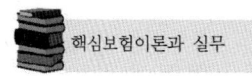

동일한 종류의 보험이라 하더라도 보험기간이 다양한 경우에는 평균보험 기간을 기준으로 하여 계산할 수 있다.

보험업회계처리준칙 제16조(보험료결손 예상 시의 회계처리)

가. 보험료적립금을 적립함에 있어서 적용하는 예정이율이 회계연도 말 현재의 1년 만기 정기예금이자율보다 높고 이러한 현상이 장 기간 계속될 것으로 예상됨으로써 보험료결손(보험료적립금 기말 잔액이 미래의 보험금부채의 현재가치에서 미래에 유입될 순보험 료의 현재가치를 차감한 금액보다 적은 경우 동차액을 말한다. 이 하 같다)이 발생하는 경우 보험료결손에 상당하는 금액만큼 신계 약비를 추가적으로 상각하여야 한다.

나. 보험료결손이 신계약비 추가상각액보다 큰 경우에는 계약자이익배 당준비금 또는 계약자배당안정화준비금을 보험료적립금으로 대체하 고, 계약자이익배당준비금 또는 계약자배당안정화준비금이 없거나 부족한 경우에는 부족한 금액만큼 보험료적립금을 추가적으로 적립 하여야 하다.

(16 – 1) 1년 만기 정기예금이자율은 시중은행이 공시하는 1년 만기 정기예 금이자율 중 최저이자율로 한다.

(16 – 2) 보험료결손은 동종 또는 유사한 보험계약별로 구분하여 계산한다.

보험업회계처리준칙 제31조(신계약비)

가. 장기보험계약으로 인하여 발생한 신계약비(예정신계약비를 초과하 는 금액은 제외한다. 이하 같다)는 당해 계약의 유지기간에 걸쳐 균등하게 상각하여 비용으로 처리한다. 계약의 유지기간이 7년을 초과하는 경우에는 7년으로 하며, 해약일(해약 이전에 계약이 실 효된 경우 실효일로 한다. 이하 같다)에 미상각잔액이 있는 경우에 는 해약일이 속하는 회계연도에 전액 상각한다.

나. '가'의 규정에 불구하고 신계약비를 조기에 회수할 목적으로 보험료의 산정은 평준보험료방식임에도 부가보험료는 평준식 부가보험료가 아니어서 보험료에서 차지하는 부가보험료의 비율이 균등하지 않고 보험기간의 초기에 높게 되어 있는 경우 장기보험계약으로 인하여 발생한 신계약비는 당기비용으로 처리한다.

다. 단기보험계약으로 인하여 발생한 신계약비는 보험기간 이내의 기간에 매기 균등액을 상각하여 비용으로 처리하며 해약의 경우에는 '가'의 규정을 준용하여 처리한다. 다만, 보험기간이 1년 이하인 단기보험계약으로 인하여 발생한 신계약비는 발생 시 당기비용으로 처리한다.

(31 - 1) 보험계약으로 인한 신계약비는 보험계약연도에 일시에 지출되나 신계약비의 회수는 보험기간에 걸쳐 이루어진다. 따라서 정확히 수익과 비용이 대응되기 위해서는 신계약비 지출액을 매기 예정이자율로 부리하여 보험료가 회수될 때 보험료 중 신계약비에 해당하는 금액에 비례히여 상각하는 것이 타당하나 이 방법은 신계약비에 대한 상각시스템을 별도로 유지 관리함으로써 드는 비용에 비해 이로 인한 효익은 미미하다고 판단되고, 기업회계기준상 자산가액은 역사적 원가로 평가하는 것이 타당하므로 신계약비 지출액은 부리하지 않고 이연하여 계약의 유지기간에 걸쳐 균등하게 상각하여 비용으로 처리한다.

(31 - 2) 기타자산으로 계상되는 신계약비는 실제 지출된 금액으로 하되, 실제 지출된 금액이 예정신계약비보다 큰 경우에는 예정신계약비로 하며, 예정신계약비를 초과하는 금액은 당기비용으로 처리한다.

(31 - 3) 장기보험계약과 관련하여 발생한 신계약비 중 기타자산에 해당하는 신계약비의 상각은 '1)'의 방법에 의한 것을 원칙으로 하되, '2)'의 방법에 의하여 계산된 신계약비상각비와 '1)'의 방법에 의하여 계산된 신계약비상각비와의 차이가 중요하지 않는 경우에는 '2)'의 방법에 의하여 신계약비를 상각할 수 있다.

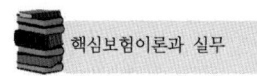

1) 보험계약별로 구분하여 신계약비상각비를 계산함

2) 전기말미상각신계약비와 당기에 발생한 신계약비의 합계액에서 대차대조표일 현재 순보험료 방식에 의한 보험료적립금과 해약환급금 방식에 의한 보험료적립금과의 차액을 차감하는 방식으로 계산함

법인세법 통칙 신계약비의 손금 산입시기(40 – 71……23) 2003. 5.

보험 사업을 영위하는 법인이 영 제47조의 규정에 의하여 각 사업연도에 지출한 사업비 중 장기보험계약으로 인하여 발생한 신계약비(모집수당, 점포 운영비 등)는 그 보험계약에 의한 보험료 납입기간(그 기간이 7년을 초과하는 경우에는 7년)에 안분하여 손금에 산입한다.

부록2 　보험회사 리스크관리 체크리스트 　*Insurance*

(**8**개 부문, **41**개 항목, **145**개 세부평가내용)

❧ 평가부문

Ⅰ. 이사회와 경영진의 인식 및 기능(4개 항목, 18개 세부평가내용)

Ⅱ. 통합리스크관리 체제(5개 항목, 19개 세부평가내용)

Ⅲ. 보험리스크 관리(언더라이팅 리스크)(8개 항목 25개 세부평가내용)

Ⅳ. 금리리스크(ALM 리스크) 관리(5개 항목 15개 세부평가내용)

Ⅴ. 시장리스크(가격변동리스크) 관리(5개 항목 19개 세부평가내용)

Ⅵ. 신용리스크 관리(6개 항목 20개 세부평가내용)

Ⅶ. 유동성리스크 관리(4개 항목, 11개 세부평가내용)

Ⅷ. 비재무 리스크 관리(4개 항복 18개 세부평가내용)

❧ 평가부문별 평가항목

Ⅰ. 이사회와 경영진의 인식 및 기능(4개 항목, 18개 세부평가내용)

　1. 이사회와 경영진의 리스크관리에 대한 역할 및 인식(6개 세부평가내용)

　2. 리스크를 감안한 지급능력(solvency) 관리의 적정성(3개 세부평가내용)

　3. 경영의사결정 및 경영전략 수립 시 리스크관리 체제의 활용정도(5개 세부평가내용)

　4. 리스크에 기초한 경영체제 구축을 위한 중장기계획 수립 및 이행의 적정성(5개 세부평가내용)

Ⅱ. 통합리스크관리 체제(5개 항목, 19개 세부평가내용)

　1. 리스크관리 제 규정의 적정성(3개 세부평가내용)

2. 리스크관리 조직의 독립성(3개 세부평가내용)

3. 통합리스크 관리체제 및 보고의 적정성(4개 세부평가내용)

4. 리스크관리 인력 구성 및 전문성(3개 세부평가내용)

5. 리스크에 기초한 한도관리 및 성과평가의 적정성(6개 세부평가내용)

Ⅲ. 보험리스크 관리(언더라이팅 리스크)(8개 항목 25개 세부평가내용)

1. 보험리스크 관리 규정 및 방침의 적정성(4개 세부평가내용)

2. 보험리스크 측정의 적정성(5개 세부평가내용)

3. 보험가격설정의 적정성(3개 세부평가내용)

4. 손익분석 및 상품 포트폴리오 관리의 적정성(5개 세부평가내용)

5. 인수 및 지급관리의 적정성(2개 세부평가내용)

6. 재보험 관리의 적정성(4개 세부평가내용)

7. 보험리스크 한도관리의 적정성(3개 세부평가내용)

8. 위기상황 분석 및 관리의 적정성(2개 세부평가내용)

Ⅳ. 금리리스크(ALM 리스크) 관리(5개 항목 15개 세부평가내용)

1. 금리리스크 관리 규정 및 방침의 적정성(4개 세부평가내용)

2. 금리리스크 측정의 적정성(4개 세부평가내용)

3. 금리리스크 관리방법의 적정성(4개 세부평가내용)

4 금리리스크 한도관리 적정성(3개 세부평가내용)

5 위기상황 분석 및 관리의 적정성(2개 세부평가내용)

Ⅴ. 시장리스크(가격변동리스크) 관리(5개 항목 19개 세부평가내용)

1. 시장리스크 관리 규정 및 방침의 적정성(4개 세부평가내용)

2. 시장리스크 측정의 적정성(3개 세부평가내용)

3. 시장리스크 관리방법의 적절성(4개 세부평가내용)

4. 시장리스크 한도관리 적정성(3개 세부평가내용)

5. 위기상황 분석 및 관리의 적정성(2개 세부평가내용)

Ⅵ. 신용리스크 관리(6개 항목 20개 세부평가내용)

　1. 신용리스크 관리 규정 및 방침의 적정성(4개 세부평가내용)

　2. 신용리스크관리를 위한 데이터 관리의 적정성(3개 세부평가내용)

　3. 신용평가체제의 적정성(3개 세부평가내용)

　4. 신용공여 관리의 적정성(4개 세부평가내용)

　5. 신용리스크 한도관리의 적정성(4개 세부평가내용)

　6. 위기상황분석 및 관리의 적정성(2개 세부평가내용)

Ⅶ. 유동성리스크 관리(4개 항목, 11개 세부평가내용)

　1. 유동성리스크 관리 규정 및 방침의 적정성(4개 세부평가내용)

　2. 유동성리스크 관리방법(3개 세부평가내용)

　3. 유동성리스크 한도관리의 적정성(2개 세부펑가내용)

　4. 유동성리스크 관련 위기상황 분석 및 관리(2개 세부평가내용)

Ⅷ. 비재무 리스크 관리(4개 항목 18개 세부평가내용)

　1. 비재무 리스크 관리 규정 및 방침의 적정성(4개 세부평가내용)

　2. 운영리스크 관리의 적정성(7개 세부평가내용)

　3. 평판리스크, 법적리스크 등 관리의 적정성(5개 세부평가내용)

　4. 내부통제체제의 적정성(4개 세부평가내용)

Ⅰ. 이사회와 경영진의 인식 및 기능(4개 항목, 18개 세부평가내용)

　1. 이사회와 경영진의 리스크관리에 대한 역할 및 인식(6개 세부평가내용)

　　1) 이사회 또는 이사회 내의 리스크관리위원회(이하 '이사회'라 한다)
　　　및 경영진의 리스크관리에 대한 책임 및 역할이 명확히 규정되어
　　　있는가.

2) 이사회는 리스크관리 기본방침 수립, 리스크관리 세부기준의 제정 및 개정 등에 관한 중요사항을 실질적으로 심의·의결하는가.

3) 이사회는 부담가능 리스크수준 결정, 각종 한도(리스크한도, 투자한도, 손실한도 등) 설정 및 변경에 대한 사항을 실질적으로 심의·의결하는가.

4) 이사회와 경영진은 리스크 관련 결정사항에 대해 이행상황점검 등 적절한 사후관리를 하고 있는가.

5) 이사회와 경영진은 리스크관리 체제 구축의 필요성을 인식하고 인력·예산상의 지원을 적절히 하고 있는가.

6) 이사회와 경영진은 회사가 직면하는 모든 리스크를 포괄하며 조직 전반에 걸친 리스크관리 체제 구축을 위해 관련규정 정비, 조직구조 조정, 책임 및 역할의 분배 등 적절한 조치를 취하는가.

2. 리스크를 감안한 지급능력(Solvency) 관리의 적정성(3개 세부평가내용)

1) 이사회 및 경영진은 지급여력비율, 노출 리스크 규모 등 회사의 지급능력(Solvency)과 관련된 사항에 대하여 정기·수시로 점검하고 필요시 적절한 조치를 취하는가.

2) 이사회 및 경영진은 지급능력의 안정적 유지를 위하여 미래의 시장 환경 변화(금리, 주가 등 시장변수의 변화 또는 영업환경의 변화)가 회사의 지급능력에 미칠 영향을 분석·평가하도록 하고 경영전략 및 경영목표 수립 시 이를 반영하도록 하는가.

3) 이사회와 경영진은 부담가능 리스크수준, 각종 한도 설정 시 회사의 지급능력과 리스크성향을 감안하는가.

3. 경영의사결정 및 경영전략 수립 시 리스크관리 체제의 활용정도(4개 세부평가내용)

1) 이사회 및 경영진은 회사의 리스크 전반(보험, 금리, 시장, 신용,

유동성, 비재무 리스크 등)에 대한 현황분석, 예측, 대응방안 등에 대한 종합보고를 정기적으로 받고 있으며 이에 대한 적절한 조치를 취하는가.

2) 이사회 및 경영진은 각종 한도의 준수, 리스크관리 관련 규정 및 절차의 준수 등 내부통제에 관한 사항을 정기적으로 보고하도록 하고 이에 대한 적절한 조치를 취하는가.

3) 주요 경영의사결정(경영계획 수립, 신규 사업 진출, M&A 등) 시 리스크 관련사항을 보고하도록 하여 수익성과 리스크를 동시에 고려하는가.

4) 상품전략, 투자전략, 성장전략 등 경영전략 수립 시 리스크 관련 사항이 적절히 반영되는가.

4. 리스크에 기초한 경영체제 구축을 위한 중장기계획 수립 및 이행의 적정성(5개 세부평가내용)

1) 중장기 경영목표와 연계하여 리스크관리에 기초한 경영체제 구축을 위한 중장기 계획을 수립하는가.

2) 중장기 계획은 리스크관리 조직 개선방안, 리스크관리 전산시스템 도입계획, 성과평가의 합리화 방안 등 필요한 사항을 적절히 포함하고 있는가.

3) 중장기 계획의 이행상황을 정기적으로 평가하고 적절한 조치를 취하는가.

4) 현재 리스크관리 체제의 미진사항을 파악하고 시장상황의 변화 등을 고려하여 중장기 계획을 수정·보완하는가.

5) 중장기계획의 수립, 이행상황 점검, 수정·보완 등의 사항이 이사회 및 경영진에 보고·심의·의결되는 절차를 거치는가.

Ⅱ. 통합리스크관리 체제(5개 항목, 19개 세부평가내용)

1. 리스크관리 제 규정의 적정성(3개 세부평가내용)

   1) 회사가 직면하는 모든 리스크를 포함하고 조직전반에 걸친 리스크 관리 체제를 포괄하는 리스크관리 제 규정(규정, 세칙, 지침, 절차 등)이 체계적으로 마련되어 있는가.

   2) 리스크관리 제 규정은 리스크관리와 관련된 조직의 구성, 권한 및 책임의 소재, 타부서와의 업무협조 등을 명시하고 있는가.

   3) 리스크관리 제 규정은 리스크보고의 내용 및 주기, 리스크관리 시스템에 대한 접근 및 활용, 각종 한도설정 및 운영 등에 대한 사항을 명시하고 있는가.

2. 리스크관리 전담조직의 독립성(3개 세부평가내용)

   1) 리스크관리 전담조직이 회사가 직면하는 모든 리스크를 인식, 측정, 통제 및 감시하고, 부문별 리스크를 그 특성에 맞게 관리할 수 있도록 관련 규정, 절차 등이 적절히 마련되어 있는가.

   2) 리스크관리 전담조직이 타부서로부터 업무상 필요한 정보를 입수하는 데 필요한 권한과 절차가 적절한가.

   3) 조직구조, 업무절차, 권한 등을 감안할 때 리스크관리 전담조직이 리스크관련 업무를 수행하고 보고하는 데 있어 일선 거래 및 영업부서 등으로부터의 실질적 독립성이 보장되는가.

3. 통합리스크 관리체제 및 보고의 적정성(4개 세부평가내용)

   1) 리스크관리 전담조직이 리스크관리 기획, 리스크현황분석 및 대책마련, 한도관리, 시스템 관리 등 리스크관리 전반에 대한 사항을 통합 관리하고 있는가.

   2) 통합리스크 관리 및 부문별 리스크관리를 위해 필요한 거래 및 상품관련 정보, 고객정보, 시장정보 등이 적기에 입수되며, 체계화되

어 집적·관리될 수 있는 체제가 구축되어 있는가.

3) 이사회 및 경영진에 보고하는 통합리스크관리 보고서가 회사 전체의 리스크 노출정도, 부문별 리스크의 노출정도, 평가손익, 향후 리스크 변화에 대한 예상 및 대응방안 등을 종합적으로 반영하고 있는가.

4) 통합리스크관리 보고서의 보고주기가 적절하며 필요시 수시보고를 적시에 하고 있는가.

4. 리스크관리 인력 구성 및 전문성(3개 세부평가내용)

1) 리스크관리 전담조직이 리스크관리 전반에 대한 통합관리를 수행하기에 충분한 인력규모를 보유하고 있는가.

2) 리스크관리 전담조직의 구성원이 보험리스크, 금리리스크, 시장리스크, 신용리스크, 유동성리스크, 비재 무리스크 등 부문별 리스크의 특성을 이해하고 분석할 수 있는 전문성을 보유하고 있는기.

3) 리스크관리 전담조직 구성원의 전문성을 유지·제고하기 위하여 충분한 연수 및 보상, 인사정책 등의 조치가 취해지고 있는가.

5. 리스크에 기초한 한도관리 및 성과평가의 적정성(6개 세부평가내용)

1) 리스크관리 전담조직은 부문별 리스크관련 각종 한도(리스크한도, 투자한도, 손실한도 등)의 준수 여부를 정기·수시로 점검하는 등 적절히 관리하고 있는가.

2) 각종 한도 설정 시 회사의 부담가능 리스크 규모와 경영목표, 부문별 리스크 특성 등을 전반적으로 고려하는가.

3) 회사의 부담가능 리스크 수준으로부터 부문별 리스크한도를 배분하는 합리적인 기준이 마련되어 있는가.

4) 각종 한도의 설정 또는 변경 시 이사회의 승인 등 필요한 절차를 명시하고 준수하는가.

5) 각종 한도의 위반 시 원인을 분석하고 적절한 조치(이사회 및 경영진 보고, 포지션축소, 일정범위의 초과운용 허용 등)를 취하는가.

6) 일선부서의 업무실적을 평가할 때 수익성과 함께 관련 리스크를 고려하여 평가할 수 있는 기준 및 체제가 마련되어 있는가.

Ⅲ. 보험리스크 관리(언더라이팅 리스크)(8개 항목 25개 세부평가내용)

1. 보험리스크 관리 규정 및 방침의 적정성(4개 세부평가내용)

   1) 리스크관리 제 규정에 보험리스크의 정의, 관리 목적, 관리범위, 관리방법(인식, 측정, 통제, 감시) 등이 명시되어 있는가.

   2) 보험리스크 관리의 책임소재가 명시되어 있으며 담당부서 또는 담당직원이 업무수행에 필요한 적절한 권한을 갖고 있는가.

   3) 보험리스크 관리범위는 모든 계정, 재보험관련 사항 등을 포함하는가.

   4) 상품 포트폴리오와 보험리스크의 현황 및 전망, 재보험 관련 사항, 위기상황 분석결과, 필요 조치사항 등에 대해 정기 또는 수시로 이사회 및 경영진에 보고하는가.

2. 보험리스크 측정의 적정성(5개 세부평가내용)

   1) 담보별 손해율자료, 사망률자료, 고객자료 등을 체계적으로 집적하고 관리하는가.

   2) 적절한 보험리스크 관리를 위한 지표(손해율, 보험금 지급률, 손해진전계수, 미래현금흐름 분석, EaR, VaR 등)를 마련하여 체계적으로 운영하는가.

   3) 보험리스크 측정 시 전제된 가정, 측정방법, 한계 등을 문서화하고 그 적정성을 수시로 점검하는가.

   4) 손해율, 수입보험료 등의 변화가 기간별 손익 변화에 미치는 영향을 정기·수시로 측정하여 회사의 리스크 부담가능 여부를 확인

하는가.

5) 고객행동의 변화요인(시장상황변화, 신상품출시, 경쟁 등)을 분석·모형화하고 상품전략, 손익분석 등 보험리스크 관리에 활용하는가.

3. 보험가격설정의 적정성(3개 세부평가내용)

1) 각종 예정기초율의 적정성을 주기적으로 분석·관리하는가.

2) 각종 기초율(사망률, 손해율, 사업비율 등)을 보험종목별, 상품별, 회차별 등의 기준에 따라 집계·분석 및 예측하고, 예정률 설정 시 반영하는가.

3) 보험가격 설정 시 사망률, 손해율, 사업비율, 금리 등의 변동가능성을 고려하는가.

4. 손익분석 및 상품 포트폴리오 관리의 적정싱(5개 세부평가내용)

1) 상품 개발 시 손해율 등 각종 보험리스크 요인의 변동에 따른 손익변화를 고려하는가.

2) 상품 개발 시 리스크 특성에 대하여 인수부서 및 보험금 심사부서와이 충분한 협의를 거치는가.

3) 상품 포트폴리오 관리의 목표와 절차를 마련하여 준수하는가.

4) 시장 환경의 변화와 기초율의 변동 등을 고려하여 준비금의 적정성을 점검하고 상품 포트폴리오를 적절히 조정하는가.

5) 회사의 부담가능 리스크 규모를 감안하여 보험리스크 익스포저를 관리하는가.

5. 인수 및 지급관리의 적정성(2개 세부평가내용)

1) 상품개발 담당조직, 계약인수 담당조직, 보험금 심사 담당조직 간의 독립성이 확보되어 견제와 균형이 보장되는가.

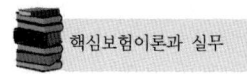

2) 보험계약 인수 시 점검사항, 절차 등 인수기준을 적절히 마련하여 운영하는가.

6. 재보험 관리의 적정성(4개 세부평가내용)

1) 재보험 정책의 수립 및 실행절차, 인수지침, 출재 여부 및 적정수준 결정과정, 내부통제에 의한 재보험거래 감시기능 등 세부적인 내용을 포함한 재보험 리스크관리기준이 마련되어 있는가.

2) 재보험 출재에 따른 보험리스크 익스포저 변화를 분석하고 회사가 부담가능 리스크 규모를 감안하여 출재규모를 결정하는가.

3) 재보험사(중개사 포함)에 대한 신용평가체제를 마련하여 정기적으로 재평가를 실시하고 평가결과에 따라 적절히 관리하는가.

4) 재보험 계약 상대방을 적절히 분산하여 집중리스크를 관리하는가.

7. 보험리스크 한도관리의 적정성(3개 세부평가내용)

1) 회사의 부담가능 리스크수준을 감안하여 보험리스크 관리를 위한 지표(손해율, 보험금 지급률, 손해진전계수, 미래현금흐름 분석, EaR, VaR 등)의 한도를 설정하고 적절히 운영하는가.

2) 상품별, 보종별 손익한도를 설정하고 운영하는가.

3) 설정된 한도의 준수 여부를 정기·수시로 확인하고 한도 초과 시 이사회 및 경영진에 대한 보고, 상품포트폴리오 조정 등 적절한 조치가 이루어지는가.

8. 위기상황 분석 및 관리의 적정성(2개 세부평가내용)

1) 시장상황의 변화, 대규모 손해발생, 대규모 해약사태 등 발생 가능한 시나리오에 대해 보험리스크에 비칠 영향을 정기·수시로 분석하는가.

2) 위기상황 분석결과에 기초하여 한도조정, 상품포트폴리오 조정,

대응방안 수립 등 적절한 조치를 취하는가.

Ⅳ. 금리리스크(ALM리스크) 관리(5개 항목 15개 세부평가내용)

1. 금리리스크 관리 규정 및 방침(4개 세부평가내용)

   1) 리스크관리 제 규정에 금리리스크의 정의, 관리 목적, 관리범위, 관리방법(인식, 측정, 통제, 감시) 등이 명시되어 있는가.

   2) 금리리스크 관리의 책임소재가 명시되어 있으며 담당부서 또는 담당직원이 업무수행에 필요한 적절한 권한을 갖고 있는가.

   3) 금리리스크 관리범위는 부내 자산·부채뿐만 아니라 파생상품 등 부외거래, 자회사, 해외지점 등을 포함하고 있는가.

   4) 금리리스크 현황 및 전망, 한도준수현황, 위기상황 분석결과, 필요 조치사항 등에 대해 정기 또는 수시로 이사회 및 경영진에 보고하는가.

2. 금리리스크 측정의 적정성(4개 세부평가내용)

   1) 회사가 보유한 자산·부채 및 부외거래의 금리특성 자료, 금리와 관련된 고객행동자료, 관련 시장자료 등을 체계적으로 집적하고 관리하는가.

   2) 적절한 금리리스크 관리를 위한 지표(금리갭, NII분석, 금리EaR, 듀레이션갭, 금리VaR, 미래현금흐름분석, 시뮬레이션 분석 등)를 마련하여 체계적으로 운영하는가.

   3) 금리리스크 측정 시 전제된 가정, 측정모형, 한계 등을 문서화하고 그 적정성을 수시로 점검하는가.

   4) 장·단기금리에 대한 예측이 정기적으로 이루어지고 예측결과가 금리리스크 분석, 대응전략 수립 등에 적절히 반영되는가.

3. 금리리스크 관리방법의 적정성(4개 세부평가내용)

1) 금리의 변화가 기간별 손익 변화에 미치는 영향을 정기·수시로 측정하여 회사의 리스크 부담가능 여부를 확인하는가.

2) 해지, 조기상환 등 고객행동의 변화요인(시장금리변화, 거시경제상황, 대체상품출현 등)을 분석·모형화하고 손익분석, 금리리스크 관리전략 수립 등에 활용하는가.

3) 금리 리스크 인식 및 측정결과를 예정이율 설정, 자산·부채 매칭전략, 준비금 적정성 분석 등에 활용되는지 여부

4) 금리리스크 경감을 위해 파생상품 활용, 다양한 금리특성의 상품개발 등 적극적인 수단을 강구하는가.

4. 금리리스크 한도관리 적정성(3개 세부평가내용)

1) 회사의 부담가능 리스크수준을 감안하여 금리리스크 관리를 위한 지표(금리갭, 듀레이션갭, NII분석, 금리EaR, 금리VaR, 미래현금흐름분석, 시뮬레이션 분석 등)의 한도를 설정하는가.

2) 상품별, 보종별, 자산별 금리관련 손익한도를 설정하고 운영하는가.

3) 설정된 한도의 준수 여부를 정기·수시로 확인하고 한도 초과 시 이사회 및 경영진에 대한 보고, 상품포트폴리오 조정, 자산포트폴리오 조정 등 적절한 조치가 이루어지는가.

5. 위기상황 분석 및 관리의 적정성(2개 세부평가내용)

1) 시장상황의 변화, 급격한 금리변화 등 발생 가능한 시나리오에 대해 금리리스크에 미칠 영향을 정기·수시로 분석하는가.

2) 위기상황 분석결과에 기초하여 한도조정, 리스크관리전략 수립, 대응방안 수립 등 적절한 조취를 취하는가.

핵심보험이론과실무

V. 시장리스크(가격변동리스크) 관리(5개 항목 19개 세부평가내용)

1. 시장리스크 관리 규정 및 방침의 적정성(4개 세부평가내용)

   1) 리스크관리 제 규정에 시장리스크의 정의, 관리 목적, 관리범위, 관리방법(인식, 측정, 통제, 감시) 등이 명시되어 있는가.

   2) 시장리스크 관리의 책임소재가 명시되어 있으며 담당부서 또는 담당직원이 업무수행에 필요한 적절한 권한을 갖고 있는가.

   3) 시장리스크 관리범위는 시장가격의 변동으로 인해 가치가 변화하는 상품(주식, 채권, 파생상품, 외화표시상품 등)을 포함하는가.

   4) 시장리스크 현황 및 전망, 한도준수현황, 위기상황 분석결과, 사후 검증 결과, 필요 조치사항 등에 대해 정기 또는 수시로 이사회 및 경영진에 보고되는가.

2. 시장리스크 측정의 적정성(6개 세부평가내용)

   1) 회사가 보유한 시장리스크 노출상품의 내역 및 리스크 특성, 시장리스크 요인의 변동성 및 상관관계, 기타 시장자료 등 시장리스크 측정·관리에 필요한 자료를 체계적으로 집적하고 관리하는가.

   2) 시장리스크 노출상품별, 상품그룹별, 계정별, 운용부서별로 리스크요인에 대한 민감도를 정기·수시로 측정하는가.

   3) 리스크요인의 변동성 및 상관관계를 체계적인 방법으로 측정하고 주기적으로 갱신하는가.

   4) 모든 시장리스크 노출상품에 대하여 체계적·과학적으로 가치를 평가하고 리스크를 측정할 수 있는 체제를 구축하여 운영하는가.

   5) 가치평가 및 시장리스크 측정 시 전제된 가정, 측정방법, 한계 등을 문서화하고 그 적정성을 수시로 점검하는가.

   6) 가치평가 및 시장리스크 측정결과의 신뢰성을 정기·수시로 점검하고 드러난 문제점에 대해 적절한 조치를 취하는가.

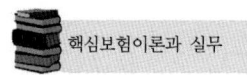

3. 시장리스크 관리방법의 적절성(4개 세부평가내용)

　1) 시장리스크 노출 상품별, 상품그룹별, 계정별로 시가변화에 따른 손익분석 및 리스크 수준평가를 적시에 실시하여 운용부서에 적절한 조치를 취하는가.

　2) 시장리스크 노출상품의 리스크요인(주가, 금리, 환율, 기타 시장변수)을 체계적으로 설정하고 분석·관리하는가.

　3) 장내·장외파생상품, 외환거래, 외환파생상품 등의 거래목적(투자목적, 헤지목적 등)을 명시하고 체계적으로 리스크수준을 평가하는가.

　4) 수익증권, 일임매매 등 위탁운용 자산의 포지션 내역과 리스크 수준을 수시로 확인하는 등 적절히 관리하고 있는가.

4. 시장리스크 한도관리 적정성(3개 세부평가내용)

　1) 회사의 부담가능 리스크수준을 감안하여 상품그룹별, 계정별, 운용부서별로 투자한도, 거래한도, 손실한도, 시장리스크 관리지표(민감도, VaR 등) 한도 등을 설정하여 운영하는가.

　2) 집중리스크의 관리를 위하여 상품별, 상품그룹별, 개별종목별 분산투자기준을 마련하여 운영하는가.

　3) 설정된 한도의 준수 여부를 정기·수시로 확인하고 한도 초과 시 이사회 및 경영진에 대한 보고, 포트폴리오 조정, 한도조정 등 적절한 조치가 이루어지는가.

5. 위기상황 분석 및 관리의 적정성(2개 세부평가내용)

　1) 급격한 리스크요인 변동, 시장상황의 변화 등 발생 가능한 시나리오에 대해 시장리스크에 미칠 영향을 정기·수시로 체계적인 분석을 하는가.

　2) 위기상황 분석결과에 기초하여 한도조정, 리스크관리전략 수립,

대응방안 수립 등 적절한 조취를 취하는가.

Ⅵ. 신용리스크 관리(6개 항목 20개 세부평가내용)

1. 신용리스크 관리 규정 및 방침의 적정성(4개 세부평가내용)

   1) 리스크관리 제 규정에 신용리스크의 정의, 관리 목적, 관리범위, 관리방법(인식, 측정, 통제, 감시) 등이 명시되어 있는가.

   2) 신용리스크 관리의 책임소재가 명시되어 있으며 담당부서 또는 담당직원이 업무수행에 필요한 적절한 권한을 갖고 있는가.

   3) 신용리스크 관리범위는 신용리스크 노출상품(대출, 어음할인, 사모사채, 장기투자 채권, 장외파생상품 등)을 모두 포함하는가.

   4) 신용리스크 현황 및 전망, 한도준수현황, 위기상황 분석결과, 필요 조치사항 등에 대해 정기 또는 수시로 이사회 및 경영진에 보고하는가.

2. 신용리스크 관리를 위한 데이터 관리의 적정성(3개 세부평가내용)

   1) 회사가 보유한 신용리스크 노출자산 내역을 차주별, 업종별, 상품구분별, 리스크 특성별 등으로 체계화하여 집적·관리하는가.

   2) 신용리스크 누출자산의 상품데이터, 고객특성 데이터, 담보 및 보증 데이터 등을 체계적으로 집적·관리하는가.

   3) 차주 및 상품 특성별 부도율, 회수율 등을 체계적이고 일관성 있게 산출하여 집적·관리하는가.

3. 신용평가체제의 적정성(3개 세부평가내용)

   1) 거래상대방(기업·개인 등)의 재무상태, 과거 거래실적, 채무상환능력 등을 고려하여 체계적이고 객관적인 신용평가등급을 산정하는가.

   2) 신용평가등급에 기초하여 거래승인 여부, 거래한도, 거래형태 등

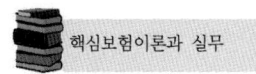

을 결정하는 체계를 구축하여 운영하는가.

3) 외부기관의 평가결과와의 비교 등 신뢰도 검증을 통해 평가모형의 적정성을 평가하고 모형의 수정, 정교화 등 적절한 조치를 취하는가.

4. 신용공여 관리의 적정성(4개 세부평가내용)

1) 신용공여 관련 거래업무, 신용평가 및 심사업무, 감리(Loan Review) 업무가 서로 독립성을 확보하고 적절히 운영되고 있는가.

2) 신용공여 거래 시 거래상대방의 법적지위 확인, 신용등급평가, 자금용도 확인 등 취급절차를 명시하여 운영하는가.

3) 신용공여 거래 후 차주의 사업현황, 재무상태 및 자금용도 확인, 담보가치 재평가 등 사후관리가 정기·수시로 이루어지는가.

4) 신용공여 사후관리 결과에 따라 담보보강 요구, 자금회수 등 조치수단을 마련하여 적절히 운영하는가.

5. 신용리스크 한도관리의 적정성(4개 세부평가내용)

1) 회사의 부담가능 리스크수준을 감안하여 신용리스크 관리지표(부도율, 회수율, 신용 VaR 등)의 한도 및 목표수준을 설정하여 운영하는가.

2) 회사전체, 차주별, 상품구분별, 리스크 특성별로 신용리스크 익스포저 한도, 예상손실한도, 신용 VaR 한도 등을 설정하고 한도 초과 시 필요한 조치수단을 마련하여 적절히 운영하는가.

3) 집중리스크 관리를 위해 차주별, 기업집단별, 자금용도별 등 신용공여 한도를 설정하고 한도 초과 시 필요한 조치수단을 마련하여 적절히 운영하는가.

4) 설정된 한도의 준수 여부를 정기·수시로 확인하고 한도 초과 시 이사회 및 경영진에 대한 보고, 포트폴리오 조정, 한도조정 등 적절한 조치가 이루어지는가.

6. 위기상황분석 및 관리의 적정성(2개 세부평가내용)

1) 급격한 리스크요인 변동, 시장상황의 변화, 경기순환 등 발생 가능한 시나리오의 영향을 체계적으로 정기·수시 분석을 하는가.

2) 위기상황 분석결과에 기초하여 한도조정, 리스크관리전략 수립, 대응방안 수립 등 적절한 조치를 취하는가.

Ⅶ. 유동성리스크 관리(4개 항목, 11개 세부평가내용)

1. 유동성리스크 관리 규정 및 방침의 적정성(4개 세부평가내용)

1) 리스크관리 제 규정에 유동성리스크의 정의, 관리 목적, 관리범위, 관리방법(인식, 측정, 통제, 감시) 등이 명시되어 있는가.

2) 유동성리스크 관리의 책임소재가 명시되어 있으며 담당부서 또는 담당직원이 업무수행에 필요한 적절한 권한을 갖고 있는가.

3) 유동성리스크 관리범위는 부내 자산·부채뿐만 아니라 파생상품 등 부외거래를 포함하고 있는가.

4) 유동성리스크 현황 및 전망, 위기상황 분석결과, 비상계획(비상시 자금조달 방법 등)에 대한 사항을 정기·수시로 이사회 및 경영진에 보고하는가.

2. 유동성리스크 관리방법(3개 세부평가내용)

1) 유동성 갭, 유동성관리지표(유동성비율 등), 현금흐름분석 등 적절한 유동성리스크 측정방법을 도입하여 주기적으로 점검하고 있는가.

2) 유동성리스크 관리를 위한 각종 자료(시장자료, 재무자료, 거래자료, 고객자료 등)를 적기에 입수하여 체계적으로 집적·관리하는가.

3) 자금조달 및 운용에 대한 계획을 수립하여 종합적으로 관리하고 시장 및 회사 상황의 변화에 따라 적절히 수정·보완하고 있는가.

3. 유동성리스크 한도관리의 적정성(2개 세부평가내용)

　　1) 시장상황, 회사의 재무구조, 부담가능 리스크 수준 등을 고려하여 유동성리스크 허용한도 및 관리지표 목표치를 설정하는가.

　　2) 설정된 유동성리스크 허용한도 및 유동성리스크 관리지표 목표치의 준수 여부를 적절히 확인하고 한도 초과 시 이사회 및 경영진에 대한 보고 등 적절한 조치가 이루어지는가.

4. 유동성리스크 관련 위기상황 분석 및 관리(2개 세부평가내용)

　　1) 시장상황의 변화, 대규모 해약사태, 자금조달원의 고갈 등 발생 가능한 시나리오에 대해 유동성리스크에 미칠 영향을 적절히 분석하며 대응방안을 수립하고 있는가.

　　2) 유동성 위기상황 발생 시 비상자금조달 방안 등 현실성 있는 비상계획(contingency plan)을 수립하여 관리하는가.

Ⅷ. 비재무 리스크 관리(4개 항목 18개 세부평가내용)

1. 비재무 리스크 관리 규정 및 방침의 적정성(4개 세부평가내용)

　　1) 리스크관리 제 규정에 비재무 리스크의 구분(운영리스크, 법적리스크, 평판리스크 등), 구분별 정의, 관리 목적, 관리범위, 관리방법, 보고체계 등이 명시되어 있는가.

　　2) 비재무 리스크 관리의 책임소재가 명시되어 있으며 담당부서 또는 담당직원이 업무수행에 필요한 적절한 권한을 갖고 있는가.

　　3) 비재무 리스크의 측정 및 관리를 위한 수단(운영 VaR 산출, 점수표 활용, 예기치 못한 사고 및 손실에 대비한 보험계약 등)을 마련하고 활용하는가.

　　4) 비재무 리스크 현황 및 전망에 대한 사항이 정기 또는 수시로 보고되는가.

2. 운영리스크 관리의 적정성(6개 세부평가내용)

  1) 운영리스크 발생사건(내부사취, 외부사취, 업무마비, 시스템 장애 등)의 유형을 분류·정의하고 유형별 발생빈도, 심도 등을 관리하는가.

  2) 사고 및 부정의 방지, 업무처리의 합리화를 위해 중요서류의 관리, 사고취약부문 담당자 관리, 보안유지 등에 대한 업무처리 규정, 지침, 매뉴얼 등을 제정하여 운영·관리하는가.

  3) 금융사고 예방대책을 수립·운영하고 정기적인 이행상황 점검 및 보완이 이루어지는지 여부

  4) 일선부서의 거래내역과 결재부서의 업무내역을 정기 또는 수시로 대조하고 불일치 시 신속한 보고 및 대응체계가 마련되어 있는지 여부

  5) 전산업무와 관련하여 업무처리절차 및 준수사항 등을 제정하여 운영하는지 여부

  6) 전산시스템의 장애발생시를 대비해 비상대책을 마련하고 비상대책의 적정성을 정기 또는 수시로 점검하는지 여부

3. 평판리스크, 법적리스크 등 관리의 적정성(4개 세부평가내용)

  1) 고객과의 분쟁, 민원에 대한 처리절차 및 사후관리가 적절한가.

  2) 재무건전성, 대고객 서비스 등 회사의 이미지에 대한 평가를 점검하고 대응방안을 마련하는 등 체계적으로 관리하고 있는가.

  3) 거래 및 계약체결 전 거래의 법적 적합성을 검토하는가.

  4) 현재 진행 중 또는 향후 발생 가능한 법적분쟁에 대한 전망, 이로 인한 대규모 손실 발생 시의 대응책 등을 수립하고 있는가.

4. 내부통제체제의 적정성(4개 세부평가내용)

  1) 내부통제체제의 관리방침, 관리범위, 책임소재, 보고체계 등이 적

절한가.

2) 일선부서 및 리스크관리 조직의 리스크관리 규정, 절차 등 내부규정의 준수 여부에 대한 점검이 정기·수시로 이루어질 수 있는 내부통제체제가 적절히 구축되어 있는가.

3) 리스크관리 규정, 운용방법, 각종 한도 등을 위반했을 경우 적절한 제재조치가 취해지고 있는가.

4) 리스크관리 제 규정, 내부통제 기준, 업무처리지침 등 내부규정에 대한 직원교육이 체계적으로 이루어지는가.

참고문헌

김성재 · 김용덕 외, 『보험과 리스크관리』, 문영사, 2006.

김두철, 서병남, 『생명보험 이론과 실무』, 보험연수원, 2003.

문종진 · 고일용 · 임철순외, 『BASEL Ⅱ와 리스크관리』, 경문사, 2007.

서영수 외 『리스크와 재무설계』, 서울사이버대학교 출판부, 2008.

서영수, 『ALM 전략 시뮬레이션(working paper)』, 금융연수원, 2001.

　　　　『생명보험 상품의 해약옵션가치 평가』, 한국금융학회, 2006.

안용운 · 이준승 외, 『위험관리와 보험설계』, FPSB Korea, 2006.

원재환, 김도성, 『금융환경 변화와 금융위험관리』, 서강대학교출판부

윤평식 외 역, 『VAR, 시장위험관리』, Philippe Jorion, VAR, 경문사, 2000.

이경룡, 『현대인을 위한 리스크관리와 보험』, 영지문화사(서울), 2009.

이봉주, 『핵심 보험경영론』, 경희대학교 출판국, 2005.

이재복, 『보험학원론』, 두남(서울), 2008.

황희대, 『보험이론과 실무』, 보험연수원, 2005.

교보생명, 『보험수리 실무교본』, 2003.

금융감독원, 『보험업 감독규정』등 제 규정 다수

　　　　　『보험회사 리스크평가제도 해설서』, 2007.

　　　　　『시장과 함께하는 리스크관리 콘서트』, 금김원, 2006.

보험개발원, 『생명보험 상품개발 모범규준』, 2006.

보험연수원, 『보험기초이론』, 2005.

　　　　　『보험수리 실무과정』, 2008.

　　　　　『위험관리와 보험설계(상, 하)』, 2005.

한국리스크관리학회, 『저금리시대의 생명보험업 발전방안』, 2006.

기타 미래에셋생명, 교보생명, AIA 생명 등 보험업계 내 다수 분석자료 참조

서영수 ─────────────────────────────────

▌약 력

－ 성균관대학교 (보험)경영학 박사
－ 한국보험학회, 한국보험계리사회 정회원
－ 보험계리사, 보험중개사
－ AIG생명(현 AIA생명) 리스크관리담당 이사 역임
－ (현) 서울사이버대학교 금융·보험학과 교수

▌저서 및 논문

－ 『리스크와 재무설계』(2008), 공저, 현학사.
－ "생명보험 상품의 해약옵션가치 평가에 관한 연구", 한국금융학회, 2005. 6.
－ "Black－Scholes모형을 이용한 변액보험의 최저사망보증보험금 옵션가치 평가",
  한국보험계리사회, 2006. 5.

┌─────────┐
│ 핵심보험 │
│ 이론과 실무 │
└─────────┘

초판인쇄 │ 2009년 11월 30일
초판발행 │ 2009년 11월 30일

지 은 이 │ 서영수
펴 낸 이 │ 채종준
펴 낸 곳 │ 한국학술정보㈜
주   소 │ 경기도 파주시 교하읍 문발리 파주출판문화정보산업단지 513-5
전   화 │ 031) 908-3181(대표)
팩   스 │ 031) 908-3189
홈페이지 │ http://www.kstudy.com
E-mail │ 출판사업부 publish@kstudy.com
등   록 │ 제일산-115호(2000. 6. 19)

ISBN   978-89-268-0583-1 93320 (Paper Book)
        978-89-268-0584-8 98320 (e-Book)